Fee Kiekenbeck

Personal-
Fachkaufleute

Zusammenfassung für die schriftliche IHK-Prüfung der Situationsaufgabe

Saarbrücken, Juli 2024

Letzte berücksichtigte Klausur:
Oktober 2023

Kontakt: Pfk@fachwirteverlag.de

Umschlaggestaltung: Simone Meckel

1. Auflage – V. 2.0

www.fachwirteverlag.de

Herstellung und Vertrieb:
Books on Demand, Norderstedt

ISBN 978-3-95887-500-5

MIX
Papier aus verantwortungsvollen Quellen
Paper from responsible sources
FSC® C105338

A. Vorwort

In den letzten Wochen vor der Klausur steht oft die **Wiederholung** des gesamten Stoffs auf dem Programm. In unzähligen Unterlagen versucht man den Überblick zu behalten und die wichtigsten Punkte noch einmal durchzugehen. Dabei soll Sie die Reihe „Prüfungswissen kompakt" unterstützen.

Die **Prüfung** zur/zum Personalfachkauffrau/Personalfachkaufmann besteht aus vier Prüfungen an zwei aufeinander folgenden Tagen:

- Personalarbeit organisieren und durchführen (120 Minuten)
- Personalarbeit auf Grundlage rechtlicher Bestimmungen durchführen (150 Minuten)
- Personalplanung, -marketing und -controlling gestalten und umsetzen (150 Minuten)
- Personal- und Organisationsentwicklung steuern (150 Minuten)

und einem **situationsbezogenen Fachgespräch** (30 Minuten inklusive 10 Minuten Präsentation zu Beginn).

In den schriftlichen Prüfungen werden je Handlungsbereich komplexe Situationsaufgaben bearbeitet. Die dafür relevanten Prüfungsthemen wurden hier für Sie zusammengestellt und sollen das knappe Wiederholen kurz vor der Prüfung unterstützen.

Es wurden alle Stichpunkte des **Rahmenplans** und **Klausurfragen** seit Frühjahr 2019 in dem vorliegenden Buch berücksichtigt. Bei den entsprechenden Gliederungspunkten finden Sie *kursiv* gedruckt den Hinweis auf die jeweilige Prüfung und Frage in der dieser Stoff behandelt wurde. Daran erkennen Sie schnell bei jedem Thema die Relevanz.

Von Vorteil ist das alphabetische **Register**, denn die Themen finden sich zum Teil übergreifend in verschiedenen Handlungsbereichen.

Nach jeder Prüfung werden alle davon betroffenen Bände der Reihe überarbeitet; in den Klausuren eventuell aufgetretene neue Themen werden ergänzt bzw. erweitert, und die Angabe der gestellten Themen wird integriert.

Hinweis
Sobald eine neue Klausur verfügbar ist, wird eine pdf-Datei der erforderlichen Aktualisierungen und eventuellen Ergänzungen erstellt und allen registrierten Lesern per E-Mail zugesandt.

Zur Registrierung genügt eine E-Mail mit Betreff „**newsletter**" an pfk@*fachwirteverlag.de*

Mit einer E-Mail mit Betreff „**Grafiken**" an die gleiche Adresse können Sie auch eine 4-farbige pdf-Datei der in diesem Buch enthaltenen Grafiken anfordern, die im kostensparenden s/w-Druck nicht immer gut lesbar sind.

1. Personalarbeit organisieren und durchführen

Im Handlungsbereich „Personalarbeit organisieren und durchführen“ soll der Prüfungsteilnehmer nachweisen, dass er die Personalarbeit eines Unternehmens unter den Aspekten Wirtschaftlichkeit, Qualität und Kundenorientierung organisatorisch gestalten und in diesem Rahmen mit seinen Partnern innerhalb und außerhalb der Organisation zielgerecht kommunizieren und kooperieren kann.

1.1 Personalbereich in die Gesamtorganisation des Unternehmens einbinden

1.1.1 Begriff und Wesen der Unternehmensorganisation

Grundbegriffe

Der Begriff „**Organisation**“ hat zwei etwas verschiedene Bedeutungen: es kann damit ein Unternehmen oder eine Institution gemeint sind (z.B. die OPEC als „Organisation der Erdöl-exportierenden Staaten“). Im hier gegebenen Zusammenhang versteht man jedoch unter Organisation ein System von Regeln, das sich auf die Struktur (siehe Aufbauorganisation) oder die Abläufe (siehe Ablauforganisation) beziehen kann. Existiert für den Umgang mit einer Anforderung oder Aufgabe keine „Organisation“, ist Improvisation gefordert. Das Substitutionsprinzip besagt, dass diese Lücke aber alsbald durch eine organisatorische Regelung geschlossen werden soll. Dabei besteht andererseits die Gefahr einer Überorganisation in der Weise, dass keine ausreichenden Spielräume mehr für fallgerechte Einzelentscheidungen bleiben; diese Freiheit der Anpassung und Anwendung bestehender Regeln an die konkreten Anforderungen wird als Disposition bzw. Dispositionsfreiheit bezeichnet. Der optimale Organisationsgrad ist erreicht bei einem „harmonischen Gleichgewicht" zwischen Organisation und Flexibilität.

Anforderungen an die Organisation

- Zweckmäßigkeit (ergebnisorientiert)
- Wirtschaftlichkeit (sparsam)
- Übersichtlichkeit (knapp und präzise)
- Dauerhaftigkeit (verlässlich; länger gültig)
- Flexibilität (anpassungsfähig)

Aufgaben der Organisation

Ziele der Organisation

Sachziele: Marktaufgabe. Mitarbeiter werden zur Erfüllung der dafür anstehenden Aufgaben benötigt

Formalziele: Gewinnmaximierung; Kostenreduzierung; Qualität; Marktführerschaft

Einflussgrößen – *F2020 Teil 1 Aufg.1*

Interne: Aufgaben, Umfang, Art, Zahl, Mitarbeiter, Betriebsgröße, Technische Ausstattung

externe: Rechtliche Rahmenbedingungen, Standort, Umfeld, Gesellschaftliche Rahmenbedingungen, Digitalisierung, Entwicklung zu kürzeren Prozesszeiten; Konkurrenz/Mitbewerber; Fachkräftemangel

Organisation hat die Aufgabe all das zu koordinieren, um die Ziele des Unternehmens zu erreichen.

Gestaltungsprinzipien:

- Wirtschaftlichkeit
- Koordination
- Flexibel genug, aber auch Stabilität

Improvisation
Unvorhersehbares – muss neu /spontan geregelt werden
Disposition
Grundsätzliches vorhanden, zusätzlich Ausnahmen (wenn dann)
Überorganisation
Kann Unflexibilität zur Folge haben
Es kann auch **Unterorganisation** geben

Management-Regelkreis- *H2020 Teil 1 Aufg.2*

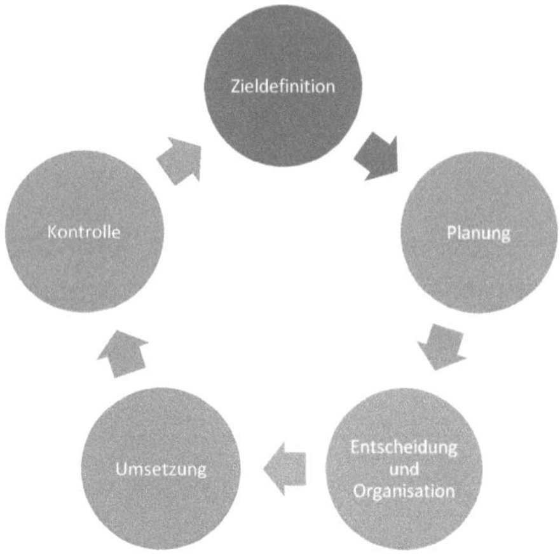

Vorweg steht die Ist-Aufnahme und Analyse, daraus wird das Ziel entwickelt. Da die Kontrolle vergleichbar zur Ist-Aufnahme und Analyse ist, beginnt der Kreislauf in der Regel, hervorgerufen durch permanente Veränderungen, erneut.

Lernende Organisation ist flexibel, kann sich auf Unvorhergesehenes und Veränderungen leichter einstellen, ist sich des im Unternehmen vorhandenen Wissens bewusst und greift darauf zurück, prüft sich wiederkehrend und seine Prozesse, lebt betriebliches Vorschlagswesen

Lernende Organisation - Ziele

- Veränderungs-/Verbesserungsbereitschaft aller Mitarbeiter
- Kritikfähigkeit und Objektivität auf allen Ebenen
- Hohe Lernbereitschaft
- Offene sachliche Kommunikation
- Systematische Erfassung und Weitergabe von Wissen
- Stete Motivation zur Optimierung von Prozessen.

1.1.1.1 Die Elemente des Systems „Unternehmensorganisation“

H2023 Teil 1 Aufg.1

Elemente:

- Mensch – Fähigkeiten, Fertigkeiten, Kenntnisse, Einstellungen (Mitarbeiter und Kunden) Mitarbeiter ihren Kompetenzen entsprechend einsetzen
- Maschine
- Information
- Kommunikation
- Aufgaben
- Organisatorische Regelungen

Die kleinste Einheit in einer Organisation ist eine **Stelle.** Einer Stelle sind bestimmte Aufgaben zugordnet. Zu jeder Stelle gehört nur ein Mitarbeiter.

Stellen werden unterteilt in Leitungsstellen – auch Instanzen genannt-, Stabsstellen (Stab hat nur beratende Funktion) und Ausführungsstellen (hier finden sich die meisten Mitarbeiter)

1.1.1.2 Die Beziehungen im System „Unternehmensorganisation“

F2019 Teil 1 Aufg.1 | H2023 Teil 1 Aufg.1

Interne: Prozesse mit ihren Beziehungen innerhalb und miteinander; sowohl Mitarbeiter als auch Arbeitsmittel betreffend
Aufnahme durch **Ist-Analyse,** um es erstmals zusammenzustellen, abzubilden, Verbesserungspotenzial zu erkennen.
Durch Analyse der Aufgaben werden zusammengehörende Aufgabenkomplexe einer Stelle zugeordnet (Aufgabensynthese). Die Zusammenfassung erfolgt nach einem festgelegten Kriterium (Verrichtungsaspekt, Objektaspekt).
Externe: betrifft Bewerber, Arbeitsagenturen, SV, Kommunen, Finanzamt, Gesetzgeber, Kunden, Lieferanten, Wettbewerber, Presse

1.1.2 *Aufbauorganisation*

F2019 Teil 1 Aufg.1 | F2023 Teil 1 Aufg.1

Organisationsstrukturen sind in der Regel als **Aufbauorganisation, Ablauforganisation** oder **Matrixorganisation** zusammen zu fassen.
Bei der **Aufbauorganisation** erfolgt die Gliederung in Funktionen/ Aufgaben (Stelle, Instanz, Abteilung, ggf. Stab).
Gegenstand der Aufbauorganisation ist die Regelung der Struktur des Unternehmens durch Festlegen von Hierarchien und Funktionen. Im Besonderen:

- Aufgaben nach Zuständigkeitsbereichen
- Entscheidungs- und Anweisungsbefugnisse
- Über- und Unterstellung
- Zusammenarbeit, Vertretung
- Berichtswege

Hier werden die Informationswege und Weisungsbefugnisse, sowie die jeweiligen Zuständigkeiten deutlich ablesbar.

Grundlage für die Organisation des Aufbaus: Bildung von Stellen; Mittel ist die Aufgabenanalyse.

1.1.2.1 Gliederungsprinzipien

Zum Beispiel nach

- Verrichtung
- Objekt
- Rang
- Phase
- Zweckbeziehung

Phasen: Abteilungen nach Planung, Durchführung, Kontrolle gebildet

Personenbezogene Abteilungsbildung auf Führungskraft ausgerichtet (auf Kompetenz und Eignung)
Zentralisation: Bündelung gleicher Aufgaben
Dezentralisation: räumlich getrennte Verteilung gleichartiger Aufgaben

Vorteil zentral:

- ➢ Bessere Übersicht
- ➢ Effizientere Nutzung von Ressourcen
- ➢ Einheitliche Entscheidungen
- ➢ Nutzung Vorteile starker Spezialisierung
- ➢ Verringerung egoistischem Abteilungsdenkens

Vorteile dezentral:

- ➢ Kurze Dienst- und Entscheidungswege
- ➢ Größere Flexibilität
- ➢ Möglichkeit schneller Entscheidung
- ➢ Entlastung der Leitungsebene

Gliederungsprinzipien

- nach Tätigkeitsbereichen (Verrichtungsprinzip) = **funktionale** Gliederung
- nach Gleichartigkeit der „Objekte" (Kundengruppen; Produktgruppen; Regionen) = **objektbezogene** Gliederung

Die Benennung erfolgt normalerweise nach dem Prinzip, das auf der 2. Hierarchie-Ebene, also der 1. unterhalb der Geschäftsführung angewendet wird.
Bei Gliederung nach Objekten mit ein oder zwei verbleibenden zentralen Funktionsbereichen spricht man von **Spartenorganisation** oder **divisionaler Organisation,** bei gleichzeitiger Anwendung beider Prinzipien von **Matrixorganisation.**
Die Vorteile der **funktionalen Gliederung** sind eindeutige Zurechenbarkeit von Verantwortung und Kosten zu organisatorischen Einheiten und höhere Spezialisierung.

Die Vorteile bei der **objektbezogenen Gliederung** sind bessere Marktnähe mit größerer Flexibilität bei sich ändernden externen Anforderungen, bessere Möglichkeiten der Beteiligung der Mitarbeiter am Ergebnis und eine höhere Identifikation.

1.1.2.2 Organisationsformen.

Zum Beispiel:

- Einlinien-Organisation
- Mehrlinien-Organisation
- Stab-Linien-Organisation
- Matrix-Organisation
- Projekt-Organisation
- Teamorientierte Organisation

Liniensysteme

In der Aufbauorganisation die Struktur des Unternehmens nach Form der Über- und Unter-Stellung:

Einliniensystem

Für jede Stelle gibt es nur einen disziplinarischen und fachlichen Vorgesetzten („Einheitlichkeit der Unterstellung").

Vorteile: Klare Weisungsbefugnisse und Zuständigkeiten; Transparenz für Mitarbeiter.

Nachteile: Bei vielen Stufen Schwerfälligkeit; Informationsverlust durch lange Kommunikationswege; Problem der Kontrollspanne.

Stabliniensystem - Integration von Stellen mit besonderer Fachkompetenz; Zuordnung dieser Stellen als „Stab" zu Führungsstellen mit beratender und unterstützender Aufgabe.

Vorteile: Entlastung oberer Instanzen; bessere Fundierung von Entscheidungen.

Nachteile: unklare Kompetenzverteilung zwischen Stab und Linie; inoffizielle Macht der Experten; Interessenkollisionen zwischen Linie und Stab; zusätzliche Kosten.

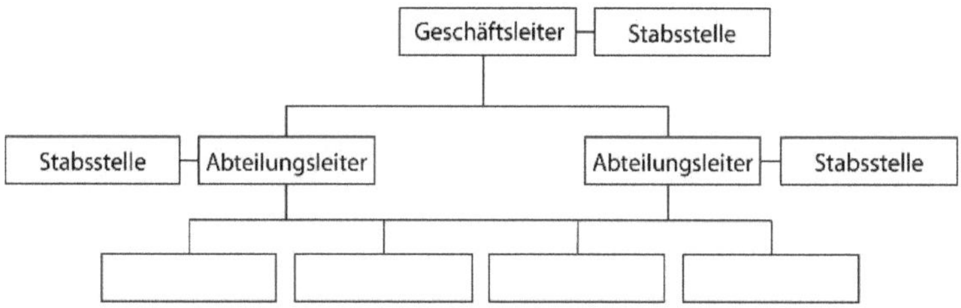

Stabliniensystem

Mehrliniensystem
Anweisungen erfolgen durch die jeweils sachlich zuständige und damit durch verschiedene Stellen.
Vorteile: Wegfall bzw. Verkürzung des Instanzenweges; kompetentere Entscheidungen; schnellerer Informationsfluss.
Nachteile: Gefahr von Kompetenzüberschneidungen; Interessenkonflikte zwischen beteiligten Führungskräften; Überforderung der mehrfach unterstellten Mitarbeiter; Loyalitätskonflikte.

Kontrollspanne
Leitungskapazität; also die Anzahl der nachgeordneten Stellen, die von einer Instanz angeleitet und geführt werden kann.

Spartenorganisation (auch: Divisionalorganisation)
F2020 Teil 1 Aufg1 | H2020 Teil 1 Aufg.1
Gliederung des Unternehmens nach **Objekten** (Produktgruppen; Kundengruppen; Märkten) in wirtschaftlich weitgehend selbständige Geschäftsbereiche (Sparten; divisions), wobei meist einige funktionale Zentralbereiche (EDV; Einkauf) erhalten bleiben oder mit ihren Dienstleistungen als selbständig agierende Einheiten geführt werden, die ihre Leistungen an die anderen Sparten verrechnen.

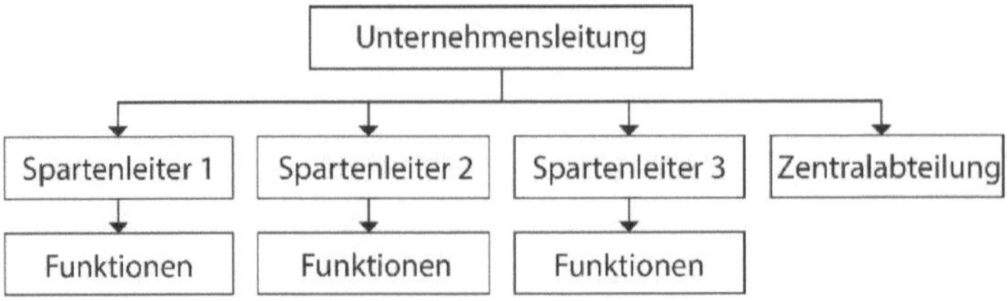

Spartenorganisation

Matrixorganisation

Gleichzeitige Strukturierung des Unternehmens nach funktionaler Gliederung und nach Objekten. Meist disziplinarische Zuordnung in der funktionalen Linie; fachliche Zuordnung (auch)
nach Objekt:

Vorteile: Flexibilität; kompetentere Entscheidungen; größere Markt- / Kundennähe.

Nachteile: Gefahr von Kompetenzüberschneidungen; Interessenkonflikte zwischen beteiligten Führungskräften; Überforderung der mehrfach unterstellten Mitarbeiter; Loyalitätskonflikte.

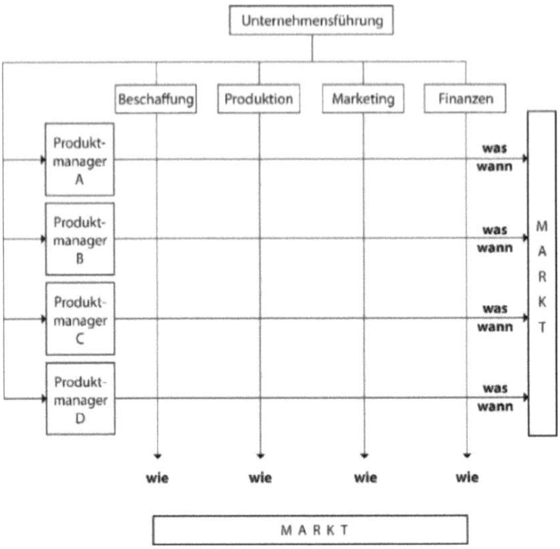

1.1.3 Ablauforganisation

F2023 Teil 1 Aufg.1

Ablauforganisation
Die **Ablauforganisation** zeigt die zeitliche, räumliche oder personelle (Einzel oder Gruppen) Abfolge von Arbeitsabläufen unter Berücksichtigung der eingesetzten Sachmittel. Die Abläufe werden zu Prozessen zusammengefasst. Dadurch werden Durchlaufzeiten und Auslastungen ablesbar. Die Darstellung hilft bei Arbeitsablaufoptimierungen und Abweichungsanalysen. Auch für die Betrachtung der Arbeitsbedingungen der Mitarbeiter ist sie geeignet.
Geeignet zur Darstellung sind Flussdiagramme, Netzpläne oder ereignisgesteuerte Prozessketten.
Immer öfter liest man in diesem Zusammenhang statt Ablauforganisation die Begriffe **Prozessmanagement** oder **Work-flow-Management**.

Regelung der **Prozesse** innerhalb der Aufbauorganisation durch Festlegungen für das Zusammenwirken von:

- verschiedenen Menschen mit
- erforderlichen Sachmitteln
- im zeitlichen Ablauf
- ergebnisorientiert und nach dem
- „ökonomischen Prinzip“

Mit der Anforderung des Ökonomischen Prinzips ist natürlich auch enthalten, dass Zeit- und Raumbedarf als Kostenfaktoren neben dem Bedarf an Sachmitteln und Personen minimiert werden.

Ziele:
Optimierung von

- Durchlaufzeiten;
- Kosten;
- Schnittstellen

Ablauffolgen

Einfache: Ende – Anfang – Beziehungen zwischen den Tätigkeiten; jede Tätigkeit setzt auf die vorangegangene auf und schließt sich zeitlich und sachlogisch an sie an.
Komplexe Ablauffolge: zeitliche Überlappung oder Gleichzeitigkeit von mindestens zwei Vorgängen, die auch unterschiedliche Dauer haben können.

Strukturen
Funktionsorientiert: Orientierung an den erforderlichen einzelnen Tätigkeiten, stärker arbeitsteilig und spezialisiert ausgerichtet. - **Prozessorientiert**: Orientierung an der inhaltlichen bzw. objektbezogenen Zusammengehörigkeit von Tätigkeiten, entsprechend mehr Zusammenfassung von Tätigkeiten zu einer komplexen Aufgabe als Teilabschnitt eines Prozesses.

1.1.3.1 Leitsätze der Ablauforganisation

- Optimale Auslastung von Maschinen, Menschen und Sachmitteln
- Optimaler Aufwand für jede Aufgabe bei bester Qualität
- Einhaltung aller Terminvorgaben
- Hohe Mitarbeiterzufriedenheit durch beste Arbeitssicherheit und Arbeitsumgebung

1.1.3.2 Organisationsformen der Arbeitsabläufe

- Verfahrensorientierung
- Objektorientierung
- Raumorientierung
- Zeitorientierung
- Entscheidungsorientierung

Je nach Organisationsform stehen die entsprechenden Namensgebenden Umstände im Mittelpunkt.
Zeitorientiert - alles ist auf die vorgegebenen Zeitpunkte ausgerichtet.

1.1.3.3 Arbeitsabläufe und ihre Darstellung

Prozesslandkarten
dokumentieren die Geschäftsprozesse der gesamten Ablauforganisation oder einzelner Bereiche (DIN EN ISO 9001). Sie sollen Prozesse in einfach gehaltener Form strukturiert und übersichtlich darstellen.

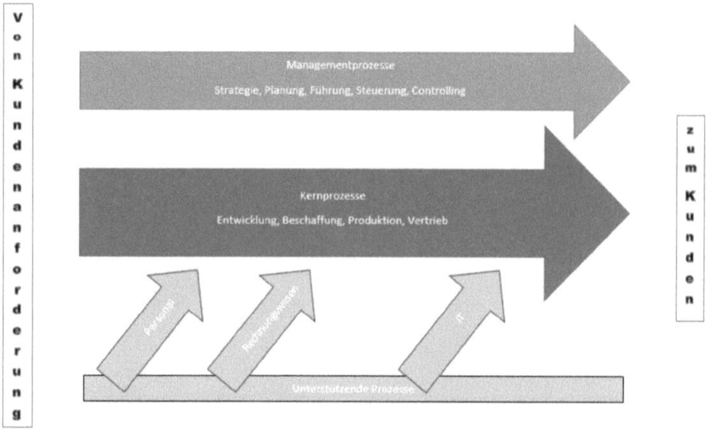

*Beispiel für eine **Prozesslandkarte** – je nach Unternehmen anzupassen und zu erweitern*

Eine einfache und übersichtliche Form zur Prozess-Visualisierung ist ein **Flussdiagramm**.
Ebenfalls eine gute Möglichkeit zur Darstellung ist die **Ereignis-Prozess-Kette (EPK)** und **eEPK,** die zusätzlich den Datenfluss und die verantwortlichen Organisationseinheiten darstellt.
Wichtig bei der EPK ist der Kontrollfluss, die unterschiedlichen Kernelement-Symbole und die Konnektoren.
Für Geschäftsprozesse eignet sich darüber hinaus gut **BPMN (Business Process Model and Nation)** zur Darstellung. Auch BPMN

arbeitet mit verschiedenen grafischen Elementen (Flow Objects, Connecting Objects, ...).
Teilweise werden Software-Programme zur Erstellung genutzt. In jedem Fall setzt aber besonders das Anlegen einer EPK oder BPMN Kenntnisse über die unterschiedlichen zu verwendenden Symbole voraus.

Flussdiagramm - Symbole

	Start- / Endpunkt
	Aufgabe, Tätigkeit (beide Formen genutzt)
	Dokument
	Daten
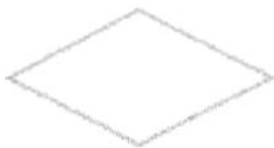	Verzweigung, Entscheidung
Mit Hinweis XOR OR AND	exklusive Oder-Verzweigung, nur ein Teilprozess tritt ein eine oder mehrere können eintreten alle treten ein
	Teilprozess
	Verbindungspfeil / Flusslinie
	Rücksprung, Sprungpunkt

Balkendiagramm
Visualisierung der Zeitdauer einfacher Vorgänge durch die Länge der Balken, z.B. Urlaubszeiten der Mitarbeiter einer Abteilung.

Flussdiagramm
Darstellung der logischen Folge eines Ablaufs, incl. Verzweigungen in Abhängigkeit von Antwort auf Ja/Nein-Fragen, z.B. Gesprächsführung bei einem Interview.

Zur Strukturierung und Visualisierung eines Arbeitsablaufes können auch **Balkendiagramm** (vor allem **Gantt**: leicht verständlich auch für ungeübte Leser; mit oder ohne Kalender) oder **Netzplantechnik** genutzt werden.
Visualisierung eines kompletten Arbeitsablaufs durch Darstellung aller Tätigkeiten in graphischem Symbol (Kreis oder Rechteck) und ihre Verbindung. Für jede Tätigkeit muss mindestens angegeben sein:

- laufende Nummer der Tätigkeit, normalerweise vergeben nach zeitlicher Folge der Starttermine, zur eindeutigen Identifikation, eventuell auch zum Auffinden in einer Legende der Erklärungen
- frühester Starttermin, der sich aus Vorgängertätigkeiten oder auch der Verfügbarkeit von Ressourcen ergibt
- spätester Starttermin aus Zeitbedarf für die Tätigkeit und dem Starttermin für nachfolgende Tätigkeiten
- Zeitdauer der Tätigkeit

Abkürzungen
In der grafischen Darstellung (sinnvollerweise in einem Rechteck mit entsprechenden Feldern) sind folgende Abkürzungen üblich:
Nr. – der Tätigkeit
D – Dauer der Tätigkeit (in Tagen)
FAZ – frühester Anfangszeitpunkt
FEZ – frühester Endzeitpunkt

SAZ – spätester Anfangszeitpunkt
SEZ – spätester Endzeitpunkt
GP – gesamte Pufferzeit

Pufferzeiten
Bei gleichzeitigen Tätigkeiten ergibt sich für die von kürzerer Dauer ein Zeitpuffer. Der **Gesamtpuffer** ist der Zeitraum, um den man eine Aktivität maximal verschieben kann, ohne die spätesten Termine seiner Nachfolger zu beeinflussen. Rechnerisch ermittelt man ihn folgendermaßen:

Gesamtpuffer eines Vorgangs GP
= SAZ – Minimum (Nachfolger) – FEZ

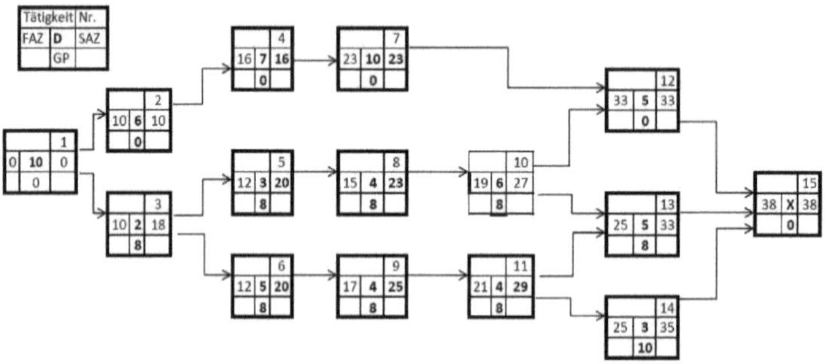

FAZ = Frühester Anfangszeitpunkt | D = Dauer
SAZ = Spätester Anfangszeitpunkt | GP = Gesamtpuffer
Der **Freie Puffer** (FP) ist der Zeitraum, um den man eine Aktivität maximal verschieben kann, ohne die frühesten Termine seiner Nachfolger zu beeinflussen. Rechnerisch ermittelt man ihn folgendermaßen:
Freier Puffer eines Vorgangs FP
= FAZ - Minimum (Nachfolger) – FEZ

Die Abfolge der Tätigkeiten ohne Zeitpuffer ergibt den **kritischen Pfad:** jede Verschiebung verursacht auch eine Verschiebung des Endtermins.
Vorteile eines Netzplans: Gesamtübersicht; Darstellung der wechselseitigen Abhängigkeiten; Hervorhebung zeitkritischer Ablauffolgen; rasche Aktualisierbarkeit; enthalten weitere Infos; zeigen Ablauf- und Terminplanung in einer Darstellung
Nachteile: hoher Erstellungsaufwand; setzt eine bereits vor dem Start erstellte vollständige Vorgangsliste einschließlich exakter und realistischer Zeitschätzungen voraus; benötigt Kenntnisse zur Erstellung und zum Lesen; unübersichtlich im Hinblick auf Bearbeitungsdauer, da alle Arbeitspakete gleich groß dargestellt werden. Darüber hinaus sind auch ePK und BPMN *(s. Kap. 1.2)* gute Möglichkeiten die Projektprozesse abzubilden. Beide bieten den Vorteil, dass sie auch „Ungeübte" schnell in die Symbole und den zusammenhängenden Ablauf einlesen können.

1.1.4 Entwicklung von der Tayloristischen Organisation zur Lean Organisation

Taylorismus

- Nicht mehr aktuell
- als Hauptmotivationsfaktor wird der Lohn gesehen
- Ziel ist die maximale Leistung bei minimalen Kosten durch sehr kleinteilige Aufteilung der Arbeitsschritte auf verschiedene Mitarbeiter

Lean Management – *F2022 Teil 1 Aufg.1*

- „schlankes Management“
- Ziel ist Wertschöpfung bei Kostenreduktion durch optimale Arbeitsabläufe und Standardisierung
- Alles überflüssige wird zeitnah identifiziert und eliminiert
- Voraussetzung dafür sind ständige Überprüfungen der Arbeitsprozesse und deren kontinuierliche Verbesserung
- Kundenorientierung und gute Fehlerkultur
- Mitarbeitermotivation durch Mitsprache, Wertschätzung, Weiterqualifizierung
- Schwerpunkt auf Team und Eigenverantwortung trotz standardisierten Abläufen
- Schwerpunkt auf Kerngeschäft

Zur Umstellung auf Lean Management wird die Bereitschaft und Verantwortung des Unternehmens-Managements benötigt. Alte Leitsätze müssen überprüft und angepasst, sowie die neue Einstellung gelebt werden.

Qualitätszirkel – *F2022 Teil 1 Aufg.1*
Arbeitskreise aus Mitarbeitern verschiedener Organisationseinheiten, die gemeinsam zu einem Thema, insbesondere einem Prozess, an dem alle beteiligt sind, regelmäßig auf Grundlage und durch Analyse gesammelter Erfahrungen nach Optimierungsmöglichkeiten suchen. Mittel zur Weiterentwicklung sind u.a. Brainstorming, Brainwriting, morphologischer Kasten, open space.
Häufige Schwachstellen in Prozessen betreffen die Durchlaufzeiten; diese werden auf Verbesserungsmöglichkeiten hin geprüft.

1.1.5 Die Personalabteilung in der Gesamtorganisation des Unternehmens

H2019 Teil 1 Aufg.1 | F2021 Teil 1 Aufg.1 | H2023 Teil 1 Aufg.1

Die Personalabteilung stellt in größeren Unternehmen eine eigene Organisationseinheit dar und ist in der Regel direkt der Geschäftsleitung unterstellt. In kleineren Unternehmen können die Aufgaben der Personalabteilung auch direkt von der Geschäftsführung übernommen werden. Ca. 1% der Gesamtbelegschaft eines Unternehmens sollte der Anzahl Mitarbeiter in der Personalabteilung entsprechen.

1.1.5.1 Zentrale Organisation

H2020 Teil 1 Aufg.1 | H2021 Teil 1 Aufg.5 | F2023 Teil 1 Aufg.1

Aufgaben werden in einer Organisationseinheit zusammengefasst.
Als zentrale Organisation fallen in den Bereich der Personalabteilung:
Aufgabenfelder des Personalmanagements:
Personalpolitik
Personalplanung
Personaleinsatzplanung
Personalführung
Personalcontrolling
Personalmarketing
Personalauswahl
Personalbeschaffung
Personalentwicklung
Personalentlohnung
Personalverwaltung
Personalfreisetzung
Zusammenarbeit in den Bereichen mit dem Betriebsrat

Vorteile zentraler Organisation:

- Klare Zuständigkeiten
- Optimale Ressourcennutzung
- Kostenminimierung
- Entscheidungen abteilungsübergreifend/Einheitlichkeit innerhalb des Unternehmens
- Zentralisiertes Fachwissen

Nachteile zentraler Organisation:

- Ggf. lange Bearbeitungszeit durch Unterbesetzung
- Lange Entscheidungswege/Entscheidungsdauer
- Wenig Flexibilität innerhalb der Abteilungen
- Einheitliche Entscheidungen nicht zwingend optimal für alle
- Keine Berücksichtigung regionaler Ziele und Erwartungen

Eine Möglichkeit vergleichbare Dienstleistungsprozesse eines Unternehmens zusammen zu fassen, ist ein **Shared Service Center**. Eine extra Abteilung innerhalb des Unternehmens, die transparent nach festgelegten Leistungskriterien und Prozessen arbeitet. In Ansätzen vergleichbar mit Outsourcing, allerdings mit Mitarbeitern des Unternehmens und allen Vorteilen der internen Bearbeitung (Qualität, Mitarbeiterbindung, schnellere Entscheidungen/Umsetzungen, Kostentransparenz, ...)

1.1.5.2 Dezentrale Organisation

H2020 Teil 1 Aufg.1

Aufgaben des Personalmanagements werden an einzelne Standorte und/oder Abteilungsleiter abgegeben, die zentrale Personalabteilung steht beratend zur Seite.

Vorteile sind die Nähe der jeweiligen Führungskräfte zu ihren Mitarbeitern (Kenntnisse der Umfeldsituation und Veränderungen); dadurch kürzere Informationswege, schnellere Entscheidungen, Entlastung der Zentrale, Ansprechpartner mit Entscheidungskompetenz vor Ort, Eigenverantwortung

Bessere Personalplanung auch durch die eigene Budget-Verantwortung

Gegebenenfalls werden Personal Recruiting und Entgeltabrechnung in Teilen oder komplett outgesourct.

1.1.5.3 Integration in Geschäftsbereiche

Aufteilung der Aufgaben auf Bereiche der zentralen und der dezentralen Organisation.

Zum Beispiel Bedarfsplanung über alle Standorte hinweg, nach entsprechender Absprache dann Rekrutierung am jeweiligen Standort.

1.1.5.4 Personalarbeit durch den direkten Vorgesetzten in der Fachabteilung

H2021 Teil 1 Aufg.5 | H2022 Teil 1 Aufg.1

Aufgaben der Führungskraft z.B.:

- Personaleinsatzplanung
- Belange der Mitarbeiter vor Ort
- Einarbeitung
- Mitarbeitergespräche
- Erster Ansprechpartner
- Teamangelegenheiten
- Personalentwicklung (Jahresgespräch, Mitarbeiterkontakt)
-

In Absprache mit der Personalabteilung:

- Personalbedarfsplanung
- Planung der Personalentwicklungen
- Personalauswahl

Weiterhin in den Bereich der Personalabteilung gehören:

- Personalcontrolling
- Personalentlohnung
- Strategische Personalausrichtung des Unternehmens
- Personalbeschaffung
- Personalmarketing

1.1.5.5 Outsourcing

H2019 Teil 1 Aufg.2 | F2020 Teil 1 Aufg.1 | F2021 Teil 1 Aufg.1

Häufige dafür geeignet sind Bereiche der

- Personalentlohnung (Entgeltabrechnung)
- Personalbeschaffung (auch Arbeitnehmerüberlassung)
- Personalgewinnung (Rekrutierung)
- Beratung im Arbeitsrecht
- Schulungen/Trainings
- Personaladministration

Dabei sind zu beachten:

- Datenschutz
- Kosten
- Qualität
- Falls vorhanden auch Betriebsrat
- Rechtliche Voraussetzungen
- Vertragsdauer; Kündigungsfristen
- Tatsächlich übernommene Leistungen
- Service und Servicelevel

Die rechtlichen Voraussetzungen spielen insbesondere auch beim **Offshoring** (Bereiche/Aufgaben werden ins Ausland abgegeben) eine Rolle.

Einige Bereiche sind weniger geeignet oder unmöglich auszulagern. Zum Beispiel:

- Personalauswahl
- Personalpolitik
- Personalführung
- Zusammenarbeit mit dem Betriebsrat

Grundsätzlich ist der Prozess des Outsourcings zeitintensiv und sollte gut überdacht und geplant werden.

Sollten ganze Bereiche an externe Partner abgegeben werden, bedeutet dies auch mittelfristig immer einen Verlust an vorhandenem Wissen im Unternehmen.

Zudem müssen die neuen Auftragnehmer im Vorfeld sorgfältig auf Verlässlichkeit geprüft werden (welche Erfahrungen liegen bereits vor? gibt es persönliche Ansprechpartner? u.a.)

Die Kosten-Nutzen-Frage ist gewissenhaft zu prüfen, auch für den Fall des späteren Anbieter-Wechsels.

Darüber hinaus ist die Kommunikation zu den Mitarbeitern zum Outsourcing und zur neuen Arbeitsweise wichtig (Datenschutz, neue Ansprechpartner, u.a.)

Gründe für eine **Rückverlagerung** („Insourcing“ oder „Re-Integration“) von Outsourcing-Prozessen ins Unternehmen
F2020 Teil 1 Aufg.1

- Kosten (können bei mehreren Beteiligten im Unternehmen günstiger)
- Kundennähe
- Dem Unternehmen entsprechende Qualität und schnellere Reaktion bei Qualitätsmängeln
- Rückkehr von Wissen (Know-how) ins Unternehmen
- Unabhängigkeit von externen Dienstleistern
- Ggf. schnellere Reaktionsmöglichkeiten im Unternehmen

1.1.6 Die Aufgaben und die Organisation der Personalabteilung

F2019 Teil 1 Aufg.1 und 3 | F2021 Teil 1 Aufg.2 | H2022 Teil 1 Aufg.1 | H2023 Teil 1 Aufg.2

Das Sachziel ist:
Die richtigen Mitarbeiter im erforderlichen Umfang und mit den erforderlichen Qualifikationen zum richtigen Zeitpunkt am richtigen Ort zu geplanten Kosten zu haben.

Formalziele sind:
Wirtschaftliche = Beschaffung von Mitarbeitern für das Unternehmen in genau der Quantität und Qualität, die den betrieblichen Anforderungen entspricht, nach dem ökonomischen Prinzip, also mit dem geringstmöglichen Aufwand.
Kosten einsparen, Arbeitsproduktivität erhöhen (beides z.B. durch Prämien/Anreiz); Arbeitsorganisation verbessern
Soziale = leistungsgerechte Entlohnung; effektive Arbeitszeitregelungen; Einhaltung der Schutzvorschriften.
Wechsel zu situativem Führungsstil; durch Selbstbestimmtheit schaffen von Leistungsanreiz; ausreichender Personalstamm (keine Überstunden, Reduzierung Stressfaktoren)

Aufgaben des Personalmanagement:

- Personalpolitik
- Personalplanung
- Personalführung
- Personalcontrolling
- Personalmarketing
- Personalauswahl
- Personalbeschaffung
- Personalentwicklung

- Personalentlohnung
- Personalverwaltung
- Personalfreisetzung
- Zusammenarbeit in den Bereichen mit dem Betriebsrat
- Informieren über arbeitsrechtliche Rahmenbedingungen Unterstützung im Change-Management
- Unterstützung bei der Integration neuer Unternehmensbereiche, z. B. durch Eingliederung/Neuorganisation von Mitarbeitern, Prozessen, IT, Information und Onboarding der übernommenen Mitarbeiter

Ziele des Personalmanagements

Allgemeines Ziel ist die Steuerung des Einsatzes des betrieblichen Produktionsfaktors Arbeit zur Erreichung der Unternehmensziele durch leistungsfördernde Gestaltung der objektiven und Förderung der subjektiven Arbeitsbedingungen.

1.2 Personalwirtschaftliches Dienstleistungsangebot gestalten

F2019 Teil 1 Aufg.2
Ein personalwirtschaftliches Dienstleistungsangebot soll helfen, die vorhandenen Mitarbeiter enger an das Unternehmen zu binden (Reduzierung der Fluktuation) und neue zu gewinnen. Dieses Dienstleistungsangebot umfasst die Potenzialanalyse und -entwicklung, Erkennen und Planen von notwendigen Schulungen, Stärkung des positiven Images nach draußen und bei Bedarf Unterstützung im Changemanagement.

1.2.1 Entwicklung von der Funktions- zur Kundenorientierung

Galt es früher vorwiegend das Personal zu „verwalten", kommt der Personalabteilung heute eine deutlich umfassendere und komplexere Aufgabe zu. Als Ihre Kunden können die Mitarbeiter, Abteilungen und Führungskräfte verstanden werden.

1.2.1.1 Funktion und Produkt im Mittelpunkt

Da Personalkosten nach wie vor einen hohen Anteil in deutschen Unternehmen haben, wird besonders Wert daraufgelegt, passende Mitarbeiter zu finden, weiterzubilden und langfristig im Unternehmen zu halten.

1.2.1.2 Kundenorientierung als Managementkonzept

Besonders in Zeiten des Fachkräftemangels und Wandels von einem Arbeitgeber- zum Arbeitnehmermarkt, ist das Verständnis von Mitarbeitern als Kunden wichtig geworden.

Das bezieht sich sowohl auf aktive Mitarbeiter im Unternehmen als auch auf potenzielle neue Mitarbeiter.

Zwischen Personalabteilung und Mitarbeitern wird mehr Wert auf Zusammenarbeit gelegt, auch Rückmeldungen der Mitarbeiter zur Personalabteilung werden hinterfragt.

1.2.1.3 Kollegen als Kunden

Wie bei allen Kunden sind Kommunikation und ein freundlicher und wertschätzender Umgang miteinander wichtig.
Es sollte soweit möglich offen und transparent, sowie proaktiv kommuniziert werden.
Die Kommunikationswege sollten für jeden Mitarbeiter klar und verständlich sein.
Anliegen der Mitarbeiter sollten ernst genommen und zeitnah bearbeitet werden.

1.2.2 Strategieentwicklung für Dienstleister

1.2.2.1 Zielsetzung für Dienstleistungen

Das Sachziel ist:

- Erforderliche Zahl an Mitarbeitern
- Mit der richtigen Qualifikation
- Zur rechten Zeit
- Am rechten Ort
- Zum richtigen Preis

Formalziele sind:
Wirtschaftliche = beste Qualität zu geringsten Kosten (z.B. bei Personalkosten, Kosten der Personalbeschaffung, u.a.)
Soziale = leistungsgerechte Entlohnung; effektive Arbeitszeitregelungen; Vereinbarkeit mit dem Privatleben; Einhaltung der Schutzvorschriften; allgemein Arbeitszufriedenheit der Mitarbeiter; Anerkennung

Mögliche **Zielsetzungen als Dienstleister:**
F2023 Teil 1 Aufg.2

- Qualifikation und Kompetenz
- Freundlichkeit
- Erreichbarkeit
- Reaktionszeit
- Bearbeitungszeit
- Kommunikationsfähigkeit
- Kundenorientierung
- Verbindlichkeit

1.2.2.2 Strategie und Taktik im Dienstleistungsmanagement

- Ist-Aufnahme und deren Analyse
- Ziele definieren
- Deren Umsetzung realistisch planen
- Umsetzung
- Kontrolle
- Anpassung der Ziele und/oder Umsetzungsmaßnahmen

Im Blickpunkt sollten sein:

- Das strategische Ziel,
- die aktuelle und zukünftige Mitarbeitersituation (Altersstruktur, vorhandene und benötigte Qualifikationen, Personalentwicklungsmöglichkeiten)
- die Organisation der Personalabteilung selbst
- die Wünsche und Vorstellungen von Mitarbeitern/Arbeitsmarkt, um Mitarbeiter zu halten und neue zu finden (hier kann auch die Flexibilität des Unternehmens und die Bereitschaft neu zu denken gefordert sein)

1.2.3 Ist-Situation

Die Ist-Situation setzt sich zusammen aus der aktuellen Situation der Personalabteilung und der Mitarbeiter.

1.2.3.1 Das Informationsproblem

F2019 Teil 3 Aufg.5
Genutzt werden können die gängigen Methoden zur Ist-Aufnahme wie z.B.

- Mitarbeiterbefragung per Interview
- Fragebogen (anonym)
- Beobachtung

Als Teil- oder Vollerhebung

Themen können sich auf Arbeitsbedingungen, Zusammenarbeit, Personalentwicklung, Vorgesetztenverhalten, freiwillige Sozialleistungen u.a. beziehen.

H2021 Teil 1 Aufg.2
Mitarbeiterbefragung mittels Fragebogen
Vorteile: geringere Kosten; Zeit zum Nachdenken für Befragte; keine Beeinflussung durch Interviewer; hohe Anonymität
Nachteile: keine Hilfe bei Missverständnissen; einfache Gestaltung des Fragebogens erforderlich; keine Kontrolle, wer tatsächlich den Fragebogen ausgefüllt hat; häufig geringe Rücklaufquote; Aufwand bei der Daten-Erfassung (entfällt bei Durchführung per Mail)
Vorab zu klären sind Fragen zu:

- Thema
- Umfang (Voll- oder Teilerhebung)
- Als Interview, Papier oder online
- Verantwortliche
- Methode (offene/geschlossene Fragen)

- Zeit (Vorbereitung/Durchführung/Auswertung)
- Auswertung/resultierende Maßnahmen
- Datenschutz

Problematisch können falsche Fragestellungen bei der Informationssuche im Internet genauso wie bei Mitarbeiterbefragungen, sowie subjektive Interpretationen bei der Auswertung der Antworten werden.

Darüber hinaus können genutzt werden:
- Zahlen aus dem Controlling
- Mitbewerber-Beobachtung
- Job-Portale
- Unternehmensberatungen

1.2.3.2 Ist-Analyse: Kundenmeinung

Zur Analyse werden die Lücken zwischen Ziel und Ergebnissen der Ist-Aufnahme aufgedeckt.

Gap-Analyse– *F2023 Teil 3 Aufg.2*
„Lücken-Analyse"; allgemein die Untersuchung von Umfang und zeitlicher Entwicklung sich abzeichnender Differenzen zwischen angestrebten und voraussichtlich tatsächlich eintretenden Zuständen; beim **Dienstleistungs-QM** auch zum Aufzeigen von Lücken zwischen Selbsteinschätzung und Fremdeinschätzung.
Langfristig z.B. zur Früherkennung erforderlicher Entwicklungen für neue Produkte, kurzfristig z.B. zur rechtzeitigen Erkennung von Differenzen zwischen der bei optimalem Einsatz aller Ressourcen möglichen und der tatsächlichen Entwicklung. Als spezielle Form des **Soll-Ist-Vergleichs** ist sie ein wichtiges Instrument des Controllings.

1.2.3.3 Strategische Kompetenzanalyse

Wie ist die strategische Ausrichtung und inwieweit wird sie von der Personalabteilung erfüllt (insbesondere Qualifikationen, Weiterbildung)

1.2.4 Prognose und Potenzialanalyse

H2019 Teil 1 Aufg.7
Um frühzeitig auf Veränderungen vorbereitet zu sein und rechtzeitig reagieren zu können, sind **Prognosen** und **Potenzialanalysen** unerlässlich. Sie bieten einen Anhaltspunkt zur weiteren Ausrichtung durch Einschätzung der zukünftigen Entwicklungen. Nur so ist eine Wettbewerbsfähigkeit und Bestehen am Markt gewährleistet. Dies gilt auch für das wichtige Thema Personal.
Hierfür relevant sind z.B.:

- Marktbeobachtung
- Demografische Entwicklung (vor allem am Standort)
- Technische Entwicklungen
- Umfeld
- Gesetzgebung (Mindestlohn, Klimaschutzvorgaben, u.a.)

Nicht zu verwechseln mit der Potenzialanalyse bei Mitarbeitern: Bewertungsfelder in Abstimmung mit in gleicher Weise standardisierten Anforderungsprofilen der verschiedenen Stellen und Arbeitsbereiche:

- Fachwissen
- Flexibilität
- Belastbarkeit
- Teamfähigkeit
- kommunikative Kompetenzen
- Gewissenhaftigkeit, Genauigkeit

1.2.4.1 Prognoseverfahren

Treffen von Annahmen über künftige Entwicklung; im einfachsten Fall durch Fortschreiben der Daten aus der Vergangenheit, Befragungen (unterschiedliche Zielgruppen, Experten, u.a.), Delphi-Methode, Auswertung externer Quellen (Verbände, Kammern), Auswertung interner Quellen (Altersstruktur, Fehlzeiten, Fluktuation, Bewerber, u.a.), Szenariotechnik

Szenario-Techniken

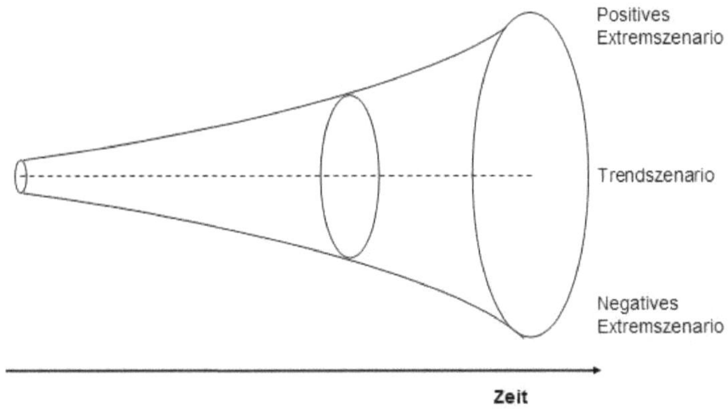

https://upload.wikimedia.org/wikipedia/commons/b/be/Szenario-trichter.jpg

Bei langfristigen Planungen Beschreibung der erwartbaren zukünftigen Entwicklung in einer Bandbreite zwischen „Best Case“ und „Worst Case“, in der mit unterschiedlichen Wahrscheinlichkeiten die künftige Entwicklung innerhalb einer Bandbreite um einen prognostizierbaren Trend erwartet werden kann. Dabei bedeutet „best“ bzw. „worst“ keine Wertung im Sinne von „bestenfalls“ bzw. „schlimmstenfalls“, sondern bezeichnet lediglich jeweils die Extremwerte.

Vorgehensweise

- Definition der Fragestellung, des Erkenntnisziels
- Evtl. Berechnung eines Trends aus Vergangenheitswerten
- Analyse der zu berücksichtigenden künftigen Faktoren
- Szenario-Erarbeitung durch Terminierung und Gewichtung der Faktoren
- Auswertung

Delphi-Befragung

- Befragung verschiedener Experten und somit aus unterschiedlichen Blickwinkeln
- In der Regel über mehrere Stufen
- Ziel: Prognosen zur Entwicklung von Trends, Produkten, u.a.m.
-

1.2.4.2 Strategische Frühwarnung

Rechtzeitiges Erkennen ermöglicht rechtzeitiges Handeln

Hilfreiche Frühwarnindikatoren können sein:

- Hoher Krankenstand
- Steigende Fluktuation
- Fallende Bewerberzahlen
- Schlechte Noten oder Abbrüche der Mitarbeiter in der Ausbildung oder Weiterbildung
- Unstimmigkeiten im Personalbudget
- Sinkende Bewertungen bei Mitarbeiterbefragungen

1.2.5 Innovationsmanagement in der Dienstleistung

1.2.5.1 Notwendigkeit der Innovationsfähigkeit

Gerade in Zeiten immer schnellerer Veränderungen und Entwicklungen ist die Fähigkeit und der Willen eines Unternehmens zu Innovationen wichtig. Nur so kann die Wettbewerbsfähigkeit und das Überleben am Markt gewährleistet werden.
Das betrifft auch das Personalmanagement. Hier zum Beispiel:

- Methoden der Personalgewinnung
- Technische Möglichkeiten
- Veränderung der Anforderungen
- Weiterbildung/Qualifizierungen der Mitarbeiter der Personalabteilung und Führungsmitarbeiter

1.2.5.2 Vorgehensweise im Zuge der Innovation

Ähnlich wie beim kontinuierlichen Verbesserungsprozess, sollten auch in der Personalabteilung bestehende und neue Prozesse permanent überprüft werden.
Im Sinne eines Lean Managements sind besonders Vereinfachungen zu erarbeiten, Vorgänge zusammen zu fassen und Zuständigkeiten zu überprüfen. Arbeitsschritte sollten auf Zielgenauigkeit überprüft und angepasst werden, so dass alles Überflüssige eliminiert und zeitlich gestrafft werden kann.

1.2.6 *Personalwirtschaftlicher Dienstleistungsprozess*

Prozesse sind **wiederkehrende** Abläufe. Deshalb ist es sinnvoll Prozesse zu dokumentieren und permanent auf Verbesserungen zu überprüfen.
Bei Dienstleistungsprozessen sind besonders die Erwartungen der Kunden und deren Erfüllung zu beachten. Hier insbesondere Mitarbeiter und Bewerber.

1.2.6.1 Bewertungskriterien

H2022 Teil 1 Aufg.2

Zum Beispiel innerhalb eines **Service-Level-Agreements (SLA)** werden im Vorfeld messbare Kriterien festgelegt. Die Erfüllung dieser Kriterien wird gemessen, indem die Bearbeitungszeit oder die Vollständigkeit bei der Erledigung der Aufgaben erfasst und ausgewertet werden.

Zur Bewertung der Aufgabe zählen unter anderem die Dringlichkeit, Wichtigkeit, Zeitaufwand, Lösbarkeit (auch im Hinblick auf das Unternehmen, andere Mitarbeiter).

Messbares Kriterium könnte sein: Erreichbarkeit, Fehlerquote, Erledigungsdauer, Einhaltung von Erledigungsterminen, Vertraulichkeit.

Oft werden im Vorfeld minimal Werte/Abstufungen vereinbart. Bei Nichteinhaltung des vereinbarten Service-Levels folgen direkt Maßnahmen (Nachschulungen, Überstunden, Sanktionen).

Zu Bedenken ist, dass unterschiedliche, sehr spezifische Fragen im Personalbereich aufkommen können, deren Bearbeitung viel Zeit in Anspruch nimmt (zum Beispiel durch das Thema Rechtssicherheit oder Kontrolle durch das vier-Augen-Prinzip). Um einen vereinbarten Service-Level einzuhalten wird ggf. entsprechend mehr

Personal benötigt, was wiederum zusätzliche Kosten nach sich zieht.

1.2.6.2 Gewichtungsfaktoren

Sind abhängig von der Unternehmensart, der jeweiligen Dienstleistung, den aktuellen Gegebenheiten, den angestrebten Zielen, und weiterer individueller Faktoren und somit speziell an den jeweiligen Anforderungen orientiert zu setzen.

1.2.6.3 Dienstleistungsspezifische Risiken

- nicht erfüllbare Erwartungen der Kunden (mit entsprechenden Auswirkungen auf den jeweiligen Mitarbeiter)
- finanzielle Grenzen (Budget)
- zeitliche Grenzen
- Überforderung, Frustration, Demotivation der Mitarbeiter der Personalabteilung
-

1.2.6.4 Entscheidung

Für und wider müssen gewissenhaft abgewogen werden. Dafür sollten möglichst alle gehört werden und die Entscheidung von vielen (möglichst allen) mitgetragen werden. Nur so ist der bestmögliche Rückhalt der betroffenen Mitarbeiter zu erwarten.

1.2.6.5 Informationspolitik

(Siehe auch 4.5.2.3)
F2021 Teil 1 Aufg.3

Zu unterscheiden sind **externe** und **interne** Informationsweitergabe.

Wichtig ist proaktiv, positiv und Fakten zu kommunizieren.

Die jeweiligen Kunden (Mitarbeiter, Führungskräfte oder die Öffentlichkeit) sollten je nach Thema wertschätzend mitgenommen werden, gegebenenfalls mitgestalten können (z.B. durch Vorschlagswesen)

Verlässliche Ansprechpartner und Kontaktmöglichkeiten sollten publiziert werden.

Klassische Kommunikationsmöglichkeiten sind:

Intern:

- Schwarzes Brett
- Intranet
- Rundmails
- Mitarbeiter-Newsletter
- Abteilungsversammlungen/Dienstbesprechungen
- Mitarbeitergespräche
- Protokolle/Ergebnisprotokolle

Extern:

- Homepage
- Pressemeldungen
- Newsletter
- Öffentliche Veranstaltungen
- Social Media

1.2.6.6 Unternehmenskultur und Wertesystem als mögliches Umsetzungshindernis

Besonders bei „alteingesessenen" Unternehmen findet sich häufig noch ein starres Konstrukt und nur geringe Gestaltungsmöglichkeiten. Änderungen sind nur in kleinen Schritten und mit langer Vorlaufzeit umsetzbar.
Kultur und Werte in Unternehmen sind sowohl im Laufe der Jahre gewachsen als auch Teil des Selbstbildes eines Unternehmens. Insofern kann ein sensibler Umgang mit Veränderungen und behutsamer Umgang bei der Einführung von Neuerungen sinnvoll und angebracht sein.
Ideen und Innovationen müssen mit den bisherigen Systemen verglichen und notwendige Veränderungen Stück für Stück herausgearbeitet und umgesetzt werden ohne Mitarbeiter auf diesem Weg zu verlieren.

1.3 Prozesse im Personalwesen gestalten

1.3.1 Ganzheitlicher Prozessgestaltungsansatz

Ist Abteilungsübergreifend:

- Der Abteilungsleiter definiert die Anforderungen
- Die Personalabteilung organisiert die Personalsuche (ggf. mit externen Dienstleistern)
- Abteilungsleitung und Personalabteilung arbeiten gemeinsam an der Personalauswahl
- Die Personalabteilung übernimmt die weiteren Verwaltungsleistungen (rechtliche Bestimmungen, Arbeitsvertrag, Entlohnung, Anmeldung der Sozialversicherung etc.)

Ziel ist ein möglichst reibungsloser Prozess der Zeit- und Kosteneffizient ist.

1.3.2 Grundlagen der Prozessgestaltung

Prozessaufzeichnungen dienen der Vereinheitlichung von wiederkehrenden Abläufen. Das bietet Mitarbeitern Orientierung und hilft Prozesse identisch durchzuführen.

Ein **Prozess** ist fortlaufend, wird durch ein Ereignis ausgelöst und hat ein definiertes Ergebnis.

Dafür werden die Abläufe erfasst, ausgewertet, an Bedarfsstellen neugestaltet, überprüft und fortlaufend optimiert.

Ein Prozessergebnis ist messbar und wird vom Process Owner (Prozessverantwortlichem) geplant, gesteuert und kontrolliert.

Ein Geschäftsprozess ist wertschöpfend.

1.3.2.1 Gestaltungsgrundsätze

F2023 Teil 1 Aufg.3

- Einheitliche, für alle verständliche Aufzeichnung (Klarheit und Transparenz)
- Zielangaben/Vorgaben
- Minimieren von Schnittstellen
- Minimieren von Dopplungen
- Beibehaltung bewährter Prozesse/Prozessschritte
- Optimale Durchlaufzeit
- Minimaler Aufwand/Kosten
- Geringe Fehlerquote
- Hohe Kundenzufriedenheit (z.B. Fehlerfreiheit, schnelle Bearbeitungszeit)
- Gute Möglichkeit der Zielerreichung für die Mitarbeiter

1.3.2.2 Modelle der Prozessgestaltung

Eines der häufig genutzten Modelle ist das
Sechs-Stufen-Modell

- Ist-Aufnahme
- Ziele definieren
- Passenden Prozess gestalten
- Prozess konkretisieren
- Prozesseinführung und Überprüfung
- Prozessumsetzung

1.3.2.3 Transparenz in den Abläufen

F2019 Teil 1 Aufg.3

Durch die Gestaltung von Abläufen als Prozesse werden die Verantwortlichen und die Arbeitsschritte transparent und nachvollziehbar.
Blueprinting bezeichnet die Darstellung als Diagramm, in der die einzelnen Schritte kleinteilig chronologisch aufgelistet sind.

1.3.2.4 Schnittstellenanalyse und -gestaltung

F2019 Teil Aufg.3

Schnittstellen zu anderen Abteilungen/Beteiligten sind besonders kritische Prozesspunkte und sollten genau von allen Beteiligten auf Sinnhaftigkeit, Dopplungen, Reibungslosigkeit überprüft werden. Das dient zudem der Reduzierung der Bearbeitungsdauer und Qualitätsverbesserung.

Das betrifft zum Beispiel in unterschiedlichen Konstellationen:

- Personalabteilung
- Fachabteilung
- Externe Dienstleister (z.B. beim Recruiting oder Abrechnung)
- Betriebsrat

1.3.2.5 Potenzialanalyse

F2019 Teil 4 Aufg.1

Betrifft die Mitarbeiter und prüft welcher Mitarbeiter an welcher Stelle im Prozess besonders geeignet erscheint im Hinblick auf vorhandene Kompetenzen und mögliches „Potenzial“.

Gemeint ist hier sowohl die zukünftigen Anforderungen des Unternehmens als auch die persönlichen Möglichkeiten des jeweiligen Mitarbeiters zu betrachten. Die persönlichen Möglichkeiten werden sowohl von außen eingeschätzt als auch von den Mitarbeitern selbst. Bereitschaft zur Weiterentwicklung vorausgesetzt.

1.3.3 Systematische Prozessverbesserung und -veränderung

Prozessmanagementsystem

- Entwicklung (Ziele, Strategie, Abläufe)
- Führung (Definition von messbaren Zielen, Verantwortliche bestimmen, Controlling)
- Optimierung von Prozessen (siehe auch KVP)
- Wird manchmal dokumentiert im Prozessmanagementhandbuch
- Gut zur Sichtbarmachung von Dopplungen und Schnittstellen

Wird auch unterteilt in

- strategisches Prozessmanagement (3-5 Jahre; Unternehmensziele)
- operatives Prozessmanagement (bis zu einem Jahr; Planung und Steuerung)

Prozessmanagement bietet die Möglichkeit flexibler und schneller Prozesse anzupassen; Mitarbeiter haben mehr Möglichkeiten und zur Mitgestaltung des Prozesses

1.3.3.1 Management von Veränderungsprozessen

F2021 Teil 1 Aufg.6 | H2020 Teil 4 Aufg.2 | H2020 Teil 4 Aufg.5 | H2023 Teil 1 Aufg.3

Changemanagement
Auslöser/Gründe für Veränderungen:

- Anforderungen von Kunden
- Wandel in der Kundenstruktur
- Anpassung an Marktbedingungen
- Werteveränderungen
- Anforderungen von Mitarbeitern

- Globalisierung
- Änderung der Rechtsgrundlagen
- Qualitätsverbesserung
- Prozessoptimierung
- Fehlerreduktion
- Kostenreduktion
- Produktivitätserhöhung
- Prozessverantwortlichkeiten definieren

Ursachen für Widerstände:

- generelle Angst der Menschen vor dem Unbekannten
- Angst vor Überforderung
- Bequemlichkeit
- Furcht vor dem Verlust von Privilegien
- Furcht vor Arbeitsplatzverslust
- Veränderungen widersprechen Mitarbeiterinteressen
- Sorge vor gesundheitlicher Überlastung

Vorbeugende Maßnahmen

- Umfassende und rechtzeitige Information;
- Transparenz;
- Einzelgespräche mit Meinungsführern;
- Einbeziehung von Meinungen und Vorschlägen;
- Kommunikation der Motive und Vorteile;
- frühzeitige Organisation von Schulungsmaßnahmen;
- Mitarbeitergespräche;
- Anreize schaffen

H2023 Teil 1 Aufg.3

1. **Unfreezing** (“ Auftauen”)

Durch ständige Wiederholung selbstverständlich gewordene Abläufe werden zuerst bewusstgemacht, dann in Frage gestellt. Aus Analyse dieser Ist-Situation werden neue Soll-Zustände erarbeitet und durch argumentative Information die Bereitschaft zur Veränderung geweckt.

2. **Moving** („Bewegen“)

Herausbildung neuer Verhaltensweisen und Abläufe. Zunächst Absinken der Produktivität durch Unsicherheit und mangelnde Routine. Einsicht und Akzeptanz wachsen mit.

3. **Refreezing** („Einfrieren“)

Die Neuerungen werden selbstverständlich. Mit der Neugewinnung von Routine erreicht die Effizienz ein höheres Niveau als zu Beginn der Organisationsentwicklung.

1.3.3.2 Aufbau integrierter Managementsysteme

Es gibt verschiedene Managementsysteme, die je nach Unternehmen Anwendung finden:

Beispiele:

- EFQM
- TQM
- KVP

Sinnvoll kann ein unternehmensweites Managementsystem statt verschiedener nebeneinander existierender Systeme sein. Dass sorgt für Transparenz und Nachvollziehbarkeit.

1.3.3.3 Prozessaudits

Durch ein Audit werden dokumentierte Prozesse überprüft und die Qualität der entsprechenden Abläufe bestätigt.

Als Beleg wird ein Handbuch erstellt, in dem alle überprüften Prozesse nachvollziehbar dargestellt sind. Sie dienen zusätzlich als

Handlungsanweisung für Mitarbeiter. Darüber hinaus werden kritische, anzupassende Punkte vermerkt und bei folgenden Audits besonders geprüft.
Sind Abläufe im Unternehmen einem Audit unterzogen worden, wirkt sich das zudem positiv auf das Image aus.

1.3.3.4 Prozessmessung und -controlling

Überprüft werden die verschiedenen Ziele der Prozesse auf den Grad der Zielerreichung. Das betrifft die Prozessabläufe, Kosten, Zeit, Qualität und Mitarbeiterzufriedenheit.

1.3.3.5 Prozessselbstbewertung

F2022 Teil 1 Aufg.3
European Foundation for Quality Management (EFQM)-Kriterien
Unternehmen überprüfen ihre Prozesse nach einheitlich festgelegten Kriterien.
Vorteil ist die allgemeine Anerkennung dieser Vorgaben als sinnvolle Ausgestaltung der Kriterien und die aus der Einheitlichkeit resultierende Vergleichbarkeit.
Darüber hinaus lassen sich so Verbesserungspotenziale identifizieren.

Ausgangsfragen zur Zusammenstellung betreffen z. B.

- Führung
- Mitarbeiterentwicklung
- Nachhaltigkeit
- Stakeholder
- Prozesse/Prozessentwicklung

1.4 Projekte planen und durchführen

1.4.1 Begriffliche Grundlagen

1.4.1.1 Projekt

H2020 Teil 1 Aufg.4 | H2023 Teil 1 Aufg.4
Ein **Projekt** hat einen Anfang und ein Ende und ist in der Regel **einmalig**. Der Aufbau zeigt die Verantwortlichkeiten.
Weiterhin findet sich bei einem Projekt ein festgelegtes Budget, bestimmte Ressourcen, ein Termin und ein überprüfbares Ziel. Ein Projekt ist komplex und aufgrund seiner Einmaligkeit immer auch Neuartig (wiederkehrend wäre es ein Prozess).

Projektphasen Einteilungen möglich. Zum Beispiel:

- **Initiierungsphase**: grundsätzlicher Beschluss, eine Aufgabe als Projekt zu behandeln
- **Analysephase** (Vorstudie): Untersuchung der externen und internen Voraussetzungen und Rahmenbedingungen
- **Designphase**: Definition des Projektauftrags; Festlegung von Strategie und Grundsätzen der Teamstruktur
- **Entwicklungsphase**: Installation des Projektteams; Festlegung von Budgets, Meilensteinen und Berichtswesen
- **Umsetzungsphase**: Durchführung des Projekts, Kontrolle und Korrekturen beim Erreichen von Meilensteinen
- **Abschlussphase**, Auswertung der Erfahrungen: Abschlussbericht; Dokumentation des Ablaufs, insbesondere der Meilensteine; Soll-/Ist-Vergleich Zielvorgabe / Zielerreichung; Soll-/Ist-Vergleich geplante / verbrauchte Ressourcen incl. Einhalten bzw. Überschreiten der Zeitplanung; Merksätze der zentralen Fehler bzw. Erfahrungen für künftige Projekte; evtl. Vermerke hinsichtlich Personalentwicklung.

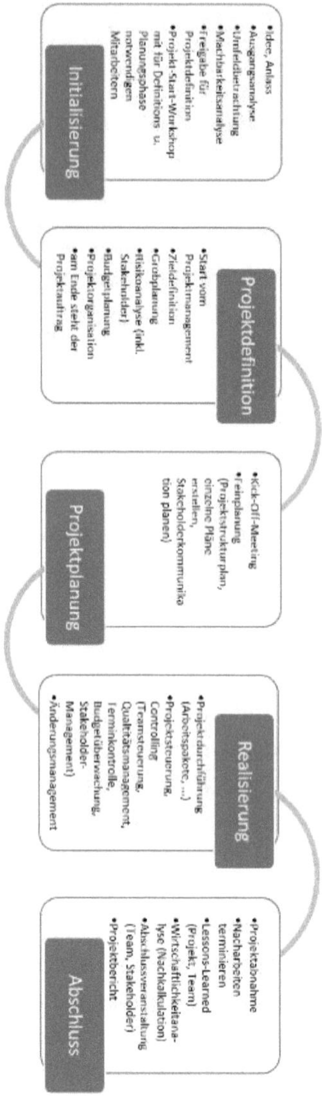

Insbesondere bei **EDV-Projekten** wie Implementierung neuer Systeme kommen hinzu:

- **Installationsphase**: Integration in die EDV-Umgebung; erforderliche Schulungsmaßnahmen
- **Roll-out-Phase:** Umstellung auf ein neues System, die je nach Einsatzbereich und Rahmenbedingungen entweder schrittweise („inkremental“) mit vorübergehendem Parallelbetrieb oder auf einmal zu einem definierten Zeitpunkt X schlagartig erfolgen kann.

Auch: **IDPSA** nach DIN 69901

- **I**nitiierung
- **D**efinition
- **P**lanung
- **S**teuerung

Abschluss

Projektmanagement nach DIN 69901

DIN 69901-5:2009 Projekt zeichnet sich durch **Einmaligkeit** aus

Ziel: Projekte richtig planen, steuern und Risiken begrenzen. Projektziele qualitativ, termingerecht und im Kostenrahmen erreichen.

Weitere Kennzeichen sind:

Projekte sind in der Regel außerhalb der Routinearbeit der Linienorganisation und werden durch ein (meist hierarchiefreies) Team aus Mitarbeitern verschiedener Funktionsbereiche bearbeitet. Ein Projekt ist komplex und erfordert zu Beginn die Herausarbeitung des Lösungsweges.

Vorteile der Projektarbeit - *H2022 Teil 1 Aufg.4*

- Neue Erfahrungen sammeln
- Teamfähigkeit stärken (Zusammensetzung des Teams durch unterschiedliche Mitarbeiter aus unterschiedlichen Abteilungen)
- Motivation (durch Teamzugehörigkeit, Teamarbeit auf ein Ziel hin, Zieleerreichung)

- Organisation (gute Planung, Struktur und Organisation für die Zielerreichung werden gelernt)
- Steigerung der Leistungsfähigkeit durch neu Erlerntes in der Projektarbeit.
- Konzentration auf das Problem
- Bündelung von Kompetenzen
- Synergieeffekte fördern effizienteres Arbeiten
- Vernetzung von Blickwinkeln
- Kostenersparnis durch Einsatz eigener Mitarbeiter
- Förderung Kreativität und Innovationsfreudigkeit
- Optimale Ressourcennutzung

Nachteile der Projektarbeit:

- Überforderung (inhaltlich / zeitlich) von Mitgliedern
- Belastung anderer Mitarbeiter durch Freistellungen
- zusätzliche Belastung der Linie.
- Probleme der Re-Integration nach Projektende
- Konflikt / Entfremdung zur Linienorganisation.
- fehlerhafte / unrealistische Zielsetzung
- unzureichende Mittel / Zeit (Zielkonflikte)
- Einflussnahmen von außen / oben
- Isolation und Akzeptanzprobleme

1.4.2 Projektorganisation

F2019 Teil 1 Aufg.4 | H2021 Teil 1 Aufg.4

Projekt: Organisationsformen
Die Mitarbeiter im Projekt-Team können je nach zeitlicher Anforderung durch das Projekt entweder ganz oder teilweise von ihren bisherigen Aufgaben freigestellt werden oder die Projektarbeit zusätzlich bewältigen.
Projektaufbauorganisation (Einbettung der Projektmitarbeiter in die Unternehmenshierarchie) **oder Projektablauforganisation** (zeitliche und sachliche Abfolge)

Reine Projektorganisation / Primärorganisation
Freistellung der Projektmitarbeiter (je nach zeitlicher Anforderung durch das Projekt entweder ganz oder teilweise), Weisungsbefugnis des Projektleiters für die gesamte Projektdauer. Das Projekt erhält eine eigene hierarchische Aufbauorganisation. Eher bei großen Projekten zu finden.
Vorteile: Volle Konzentration auf das Projekt, keine Konflikte über personelle Ressourcen mit der Linienorganisation, kurze Kommunikationswege
Nachteile: auf Dauer Isolierung des Teams und seiner Mitglieder, Probleme der Re-Integration nach Projektabschluss, Ersatz für die Projektdauer in der Linienorganisation, Isolation des Projekts.

Sekundärorganisation
Mitarbeiter verbleiben in ihren Aufgaben, Projekt zusätzlich.
Eher bei kleineren Projekten zu finden.
Vorteile: geringere Kosten, mehr Flexibilität

Linien-Projektorganisation
Eingliederung des Projektes in eine Linie; Projektleiter ist dem Leiter der Linie unterstellt; vorwiegend bei umfangreichen Projekten über längeren Zeitraum
Vorteile: Flexibilität; kurze Kommunikationswege; gute Ressourcennutzung der Linie
Nachteile: Interessenkonflikte möglich; Mitarbeiter unterstehen zwei hierarchisch unterschiedlichen Leitungen

Stab-Projektorganisation
Auch „**Einfluss-Projektorganisation**" genannt; rein beratende und eingeschränkt koordinierende Funktion einer Stabsstelle der Geschäftsführung als Projektmanagement, Entsenden von Mitarbeitern aus den Abteilungen in der Linienorganisation als Zusatzaufgabe. - **Vorteile**: keine organisatorischen Einschnitte, Linienfunktionen bleiben weitgehend unbeeinträchtigt; Fachwissen
Nachteile: geringe Eingriffsmöglichkeiten des Projektleiters (keine Weisungsbefugnis), Gefahr der Zurückstellung von Projektarbeiten hinter Routineaufgaben.

Matrix-Projekt-Organisation
Fachlich uneingeschränkte Verantwortung der Projektleitung, disziplinarische Befugnis jedoch weiter in der Linie, eventuell teilweise Freistellung der Mitarbeiter des Teams von Aufgaben in der Linie
Vorteile: Integration von Spezialisten in Projektteam ohne Verlust des Kontakts in die Linie, schnelle Zusammenstellung möglich, keine Probleme nach Projektende (durch Verbleib in eigener Linie), Synergieeffekte
Nachteile: Konfliktpotenzial zwischen Projektleitung und Linieninstanzen, Mitarbeiter unterstehen zwei Leitungen, schwierige zu gestaltende Informationsweitergabe/Gewährleistung von zuverlässiger Information

Entscheidungskriterien für Wahl der Organisationsform

- Größe des Projekts
- Projektdauer
- Komplexität des Projekts
- Struktur des Projektteams
- Bedeutung des Projekts für das Unternehmen
- evtl. vorhandener Zeitdruck für das Erreichen von Zielen

Ein Projekt kann auch als Organigramm der Beteiligten/ Abteilungen skizziert werden.

F2022 Teil 1 Aufg.4 | F2023 Teil 1 Aufg.4

Der **Lenkungsausschuss** eines Projektes ist für die Freigabe verantwortlich. Er ist die Schnittstelle nach außen und wählt den Projektleiter (die nachfolgende Ebene) aus. Der Projektleiter/die Projektleitung berichtet dem Lenkungsausschuss direkt. Besondere Veränderungen oder Budget-Probleme werden mit dem Lenkungsausschuss besprochen und benötigen dessen Freigabe.

1.4.3 Projektleitung

F2019 Teil 1 Aufg.4 | H2019 Teil 1 Aufg.4| F2022 Teil 1 Aufg.4| F2023 Teil 1 Aufg.4

- verantwortlich gegenüber Auftraggeber
- setzt die Ressourcen ein
- organisiert
- koordiniert (plant auch Arbeitspakete)
- kontrolliert
- dokumentiert
- motiviert
- löst Konflikte
- benötigte Fach- und Leitungs-Kompetenzen, Führungs-Kompetenz
- evtl. interkulturelles Know-how
- persönliche Eignung nach sozialer (z.B. teamorientiert) und kommunikativer Kompetenz
- persönliche Kompetenz (belastbar, organisiert, u.a.)
- strategisches Denken
- evtl. Methodenkompetenz (z.B. für Moderation, Präsentation, Projektmanagement)
- evtl. Sprachkenntnisse

H2022 Teil 1 Aufg.4

Kick-off-meeting

Übergang von der **Projektplanung** zum **Projektstart**, nachdem der **Projektauftrag** vereinbart wurde. Konstituierende Sitzung eines Projekt-Teams mit Auftraggeber / Kunden zur Orientierung aller Beteiligten auf den Projektauftrag. Neben den bei allen Sitzungen erforderlichen organisatorischen und inhaltlichen Vorbereitungen können hier speziell folgende Punkte zu berücksichtigen sein:

- Projektdefinition
- Projektziele

- Limitierungen
- Projektstruktur (Meilensteine)
- Projektorganisation
- Projekt-Risiken
- Kommunikationsregeln; Informationsstruktur

DIN-69901-5 - Das Kick-Off-Meeting findet nach erfolgter Projektplanung und vor dem Start der eigentlichen Durchführung statt. An einer Kick-Off-Veranstaltung nehmen mindestens alle Mitglieder des Projektteams teil. Darüber hinaus können der Auftraggeber und weitere relevante Stakeholder einbezogen werden. Geklärt werden inhaltliche, personelle und organisatorische Rahmenbedingungen des Projekts.

Ziele des Kick-off-meetings:

- Vorstellung des Projekts, seines Nutzens und seiner Bedeutung
- Vorstellen und Kennenlernen der Projektteilnehmer, Teambildung
- Aufgabenaufteilung und Aufgabenverteilung
- Unterstützung und Einstellung zum Projekt aller Teilnehmer positivieren

Mögliche Punkte der Agenda:

- Begrüßung durch Projektleiter
- Vorstellung der Teilnehmer
- Vermittlung der Projektziele
- Darlegung des Projektnutzens und der Projekterwartungen
- Vorstellung der Projektstrukturpläne (je nach Passung)
- Erläuterung und Festlegung der Verantwortlichen und Aufgaben
- Vorstellung/ Klärung des Berichtswesens
- Feedback- und Fragerunde
- Für die Pausen sollte die Möglichkeit des persönlichen Kennenlernens eingeplant werden.

1.4.4 Projektteam

F2019 Teil 1 Aufg.4 | F2022 Teil 1 Aufg.4 | F2023 Teil 1 Aufg.4

- ausführendes Organ (bearbeiten Arbeitspakete)
- meist formelle Gruppe
- evtl. wechselnde Zusammensetzungen je nach benötigten Kenntnissen
- bringen Verbesserungsvorschläge ein
- bei zu geringer Anzahl an Beteiligten Gefahr von Überforderung
- bei zu großer Anzahl an Beteiligten Gefahr von Ineffektivität
- benötigte Fach- Kompetenzen
- evtl. interkulturelles Know-how
- zu berücksichtigende Abteilungen, Bereiche
- persönliche Eignung der Beteiligten nach sozialer (z.B. teamorientiert) und kommunikativer Kompetenz
- persönliche Kompetenz (belastbar, organisiert, u.a.)
- evtl. Methodenkompetenz (z.B. für Moderation, Präsentation)
- Zeitbedarf; Verträglichkeit mit Aufgaben in der Linienorganisation, Fachabteilung
- Standortaspekt

1.4.5 Projektplanung

Ermittlung des voraussichtlichen Bedarfs an
- Ressourcen (Budgets)
- Mitarbeitern im Team
- Zeitbedarf

Entscheidung zur Projektdurchführung
aufgrund des Projektantrags. Zur Entscheidung, ob ein Projekt durchgeführt werden sollte, können folgende Analysen genutzt werden:
- SWOT-Analyse
- Nutzwertanalyse
- Wirtschaftlichkeitsanalyse

Analyse von Erfolgspotentialen -
SWOT-Analyse
F2020 Aufg.2 | H2022 Teil 3 Aufg.2 | F2023 Teil 3 Aufg.2
Kunstwort aus **S**trengths (Stärken), **W**eaknesses (Schwächen), **O**pportunities (Chancen), **T**hreats (Risiken).
Zusammenfassende Betrachtung interner Fähigkeiten (Stärken und Schwächen) und externer Einflussfaktoren (Chancen und Risiken) zur Beurteilung von Strategien vor allem bei Expansionsplänen. Die Darstellung ergibt eine Vier-Felder-Matrix der möglichen Kombinationen dieser Merkmale.
Die jeweils zugehörigen Strategien werden auch nach den Anfangsbuchstaben der Kombination benannt, z.B. ST-Strategie für das Vorgehen bei dem Zusammentreffen von internen Stärken mit externen Risiken.

Kostenschätzung

Angewandte Schätzmethoden für Zeit, Ressourcen, Kosten sind

- Vergleichsmethode (Erfahrungswerte)
- Kennzahlenmethode (Erfahrungswerte in Kennzahlen)
- Detailschätzung (Arbeitspakete/ Aufgaben werden geschätzt und ergeben eine Summe)

Ein Projekt kann **Top-Down** oder **Bottom-Up** geplant werden, je nachdem ob ausgehend von der Gesamtprojektaufgabe geplant wird oder ausgehend von einzelnen Aufgaben.

Beispiel für Projektstrukturplan

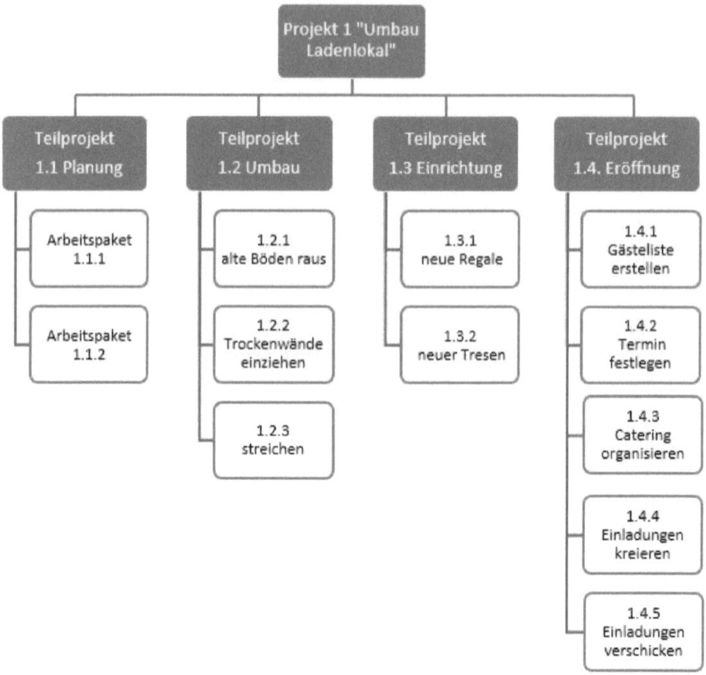

Für das Projektkonzept kann der **Projektstrukturplan** unterschiedlich aufgebaut sein:

- nach Objekten
- nach Funktion (Entwicklung, Einkauf, Produktion, Vertrieb)
- nach Projektphasen (Grobstruktur, noch ohne Termine)

1.4.5.1 Projektaufgabe

H2019 Teil 1 Aufg.4 | F2019 Teil 4 Aufg.5

Die eigentliche Aufgabe eines Projektes ist das Erreichen eines Ziels. Dieses wir oft mit Hilfe der SMART-Formel formuliert:

Zielformulierung anhand der SMART-Formel

Spezifisch	präzise, klar abgegrenzt
Messbar	genaue quantitative und qualitative Zielkriterien für Kontrolle bei Zielerreichung (Soll-Ist-Vergleich)
Attraktiv	anspruchsvoll, akzeptiert von allen Beteiligten
Realistisch	anspruchsvoll aber erreichbar unter gegebenen Mitteln und Zeitrahmen
Terminiert	Zeitrahmen vorgegeben, Deadline zum festgelegten Zeitpunkt

Zum Beispiel: Am Termin xx.xx.2024 funktioniert in allen Filialen das neue Überwachungssystem fehlerfrei unter Einhaltung des Budgets in Höhe von Summe xx.xxx €.

H2019 Teil 1 Aufg.4 | F2022 Teil 1 Aufg.4 | F2023 Teil 1 Aufg.4

Aus dem **Projektantrag** wird von dem Projektleiter der **Projektauftrag** entwickelt.

Beide Dokumente haben vergleichbare Inhalte. Beim Projektauftrag können einige Angaben bereits konkretisierter oder in nun angepasster/geänderter Form vorliegen.

Er regelt die Grundlagen der Projektdurchführung, das mit dem Kunden vereinbarte Ziel und die benötigten und bewilligten Ressourcen und ist deshalb auch ein wichtiges Dokument zur Klärung etwaiger Differenzen im Laufe des Projektes.

Inhalte sollten sein:

- Allgemeine Projektinformationen wie Projekttitel, Nummer, PL, Auftraggeber, Starttermin, Endtermin, Klassifizierung, Mitarbeiter
- Projektkontext (Ausgangssituation, Umfeld, Risiken)
- Projektbegründung (grobes Projektziel und strategische Bedeutung)
- Projektziele und Inhalt (Smart, Projektbeschreibung)
- Projektbeteiligte (gesamtes Team, Schnittstellen, externe Beteiligte)
- Termine (Start, Meilensteine, Ende)
- Budget und Ressourcen (Budget, Personal, andere Ressourcen)
- Relevante Anlagen und Dokumente
- Projektentscheidung (Projekt ja/nein, Datum, Unterschrift)

1.4.5.2 Anordnungsbeziehungen

Ein Projekt ist in viele verschiedene Arbeitspakete unterteilbar. Diese stehen in Beziehungen zueinander (siehe auch -> Netzpläne 1.4.7). Dasselbe betrifft die Mitarbeiter.

RACI-Matrix

Instrument im Projektmanagement zur Definition von Verantwortlichkeiten und Rollen. RACI steht als Akronym für die vier Hauptrollen:

R (Responsible): führt die Arbeit aus und sorgt dafür, dass die Aufgabe erledigt wird.

Aufgaben / Rollen	Projektmanager (A)	Entwickler (R)	Tester (R)	Kunde (C)	Support-Team (I/R)
Anforderungen sammeln	A			C	
Technische Spezifikation erstellen	A	R		C	
Code entwickeln		R			
Code überprüfen		A	R		
Tests durchführen			R		
Ergebnisse prüfen	A		A	C	
Dokumentation erstellen	A				R
Produkt ausliefern	A				I
Kundenschulung					R

A (Accountable): ist verantwortlich für die ordnungsgemäße und vollständige Fertigstellung der Aufgabe (nur eine "A" Rolle pro Aufgabe oder Entscheidung.
C (Consulted): muss vor einer Entscheidung oder Aktion konsultiert werden, weil deren Input benötigt wird.
I (Informed): diejenigen, die über den Fortschritt und die Ergebnisse informiert werden müssen.
Die **Matrix** selbst kann als Tabelle dargestellt werden, in der die Rollen bzw. Aufgaben entlang je einer Achse angeordnet sind. Durch die Zuordnung der Rollen zu den jeweiligen Aufgaben wird ersichtlich, wer für was verantwortlich ist.

1.4.6 Projektinformationssysteme

Die Aufgabe, allen die benötigten Informationen verfügbar zu machen, bedeutet nicht, alle verfügbaren Informationen allen verfügbar zu machen. Ein Verteilungsplan muss den Informationsbedarf der verschiedenen Beteiligten am Projekt berücksichtigen und die Informationen entsprechend klassifizieren. Dafür wird zu Beginn das sogenannte **Berichtswesen** erstellt, das Form, Termine, Verantwortliche, Beteiligte und Ablage regelt. Dafür werden zunehmend elektronische Systeme genutzt.

Aufgaben
Für das Projekt erforderliche und durch das Projekt selbst entstehende Informationen aller Art werden bereits in der Planungsphase vereinbart und erfordern im Einzelnen:
1. Erfassung
2. Auswertung
3. Bearbeitung, Aufbereitung
4. Verteilung, Verfügbarkeit
5. Recherchemöglichkeit
6. Verwaltung, Speicherung, Löschung
7. Archivierung

Wichtig ist auch hier ein Rechtesystem, das Erstellung, Zugriff, Änderung, Löschung und Archivierung regelt.

1.4.7 Projektsteuerung

H2019 Aufg.4

Aufgabe der Projektsteuerung ist die begleitende Überwachung des Projekts durch:

- Auswerten der Statusberichte
- Bei Bedarf Anforderung weiterer Berichte
- Zu gesetzten Zeitpunkten/Meilensteinen geplante Zeit, Kosten, Ressourcen prüfen, ggf. nachsteuern
- Laufender Soll-/Ist-Vergleich inklusive Analyse und Neubewertung oder Gegensteuern

Projektstrukturplan (PSP)

Der **Projektstrukturplan (PSP)** enthält Teilaufgaben zu den einzelnen Aufgaben und Arbeitspakete (kleinstes Element, ist 1 genau definierter Vorgang für 1 verantwortlichen Mitarbeiter). Der PSP wird in Diagramm oder Listenform gestaltet und nach Phasen gegliedert. Er enthält in der Regel:

- **Projektmanagement**
- **Konzentrationsphase**
- **Vorbereitungsphase**
- **Durchführungsphase**
- **Abschlussphase**

Er kann in der Planung **Bottom-Up** oder **Top-down** erarbeitet werden. Die Auflistung im PSP erfolgt hierarchisch und ist als Diagramm mit seinen Gliederungsebenen vergleichbar einer Aufbauorganisation gestaltet.

Techniken zur Strukturierung und Visualisierung des Projekts

Balkendiagramm (vor allem **Gantt**: leicht verständlich auch für ungeübte Leser; mit oder ohne Kalender)

Netzplantechnik
Visualisierung eines kompletten Projektablaufs durch Darstellung aller Tätigkeiten in graphischem Symbol (Kreis oder Rechteck) und ihre Verbindung. Für jede Tätigkeit muss mindestens angegeben sein:

- laufende Nummer der Tätigkeit, normalerweise vergeben nach zeitlicher Folge der Starttermine, zur eindeutigen Identifikation, eventuell auch zum Auffinden in einer Legende der Erklärungen
- frühester Starttermin, der sich aus Vorgängertätigkeiten oder auch der Verfügbarkeit von Ressourcen ergibt
- spätester Starttermin aus Zeitbedarf für die Tätigkeit und dem Starttermin für nachfolgende Tätigkeiten
- Zeitdauer der Tätigkeit

Abkürzungen
In der grafischen Darstellung sind folgende Abkürzungen üblich:
Nr. – der Tätigkeit
D – Dauer der Tätigkeit (in Tagen)
FAZ – frühester Anfangszeitpunkt
FEZ – frühester Endzeitpunkt
SAZ – spätester Anfangszeitpunkt
SEZ – spätester Endzeitpunkt
GP – gesamte Pufferzeit

Pufferzeiten
Bei gleichzeitigen Tätigkeiten ergibt sich für die von kürzerer Dauer ein Zeitpuffer. Der **Gesamtpuffer** ist der Zeitraum, um den man eine Aktivität maximal verschieben kann, ohne die spätesten Termine seiner Nachfolger zu beeinflussen. Rechnerisch ermittelt man ihn folgendermaßen:
Gesamtpuffer eines Vorgangs GP
= SAZ – Minimum (Nachfolger) – FEZ

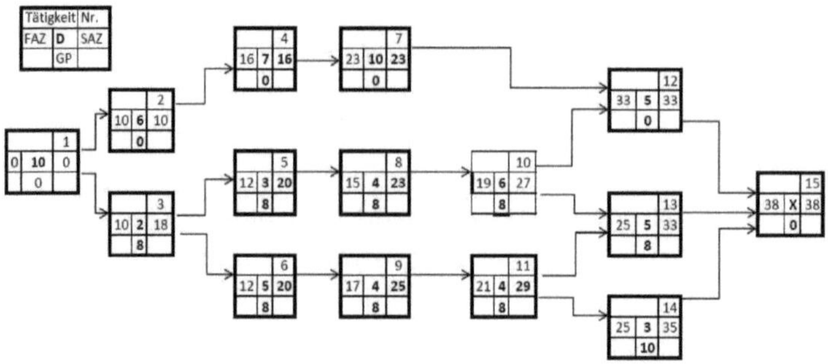

FAZ = Frühester Anfangszeitpunkt / D = Dauer
SAZ = Spätester Anfangszeitpunkt / GP = Gesamtpuffer

Der **Freie Puffer** (FP) ist der Zeitraum, um den man eine Aktivität maximal verschieben kann, ohne die frühesten Termine seiner Nachfolger zu beeinflussen. Rechnerisch ermittelt man ihn folgendermaßen:

Freier Puffer eines Vorgangs FP
= FAZ - Minimum (Nachfolger) – FEZ

Die Abfolge der Tätigkeiten ohne Zeitpuffer ergibt den **kritischen Pfad:** jede Verschiebung verursacht auch eine Verschiebung des Endtermins.

Vorteile eines Netzplans: Gesamtübersicht; Darstellung der wechselseitigen Abhängigkeiten; Hervorhebung zeitkritischer Ablauffolgen; rasche Aktualisierbarkeit; enthalten weitere Infos; zeigen Ablauf- und Terminplanung in einer Darstellung

Nachteile: hoher Erstellungsaufwand; setzt eine bereits vor dem Start erstellte vollständige Vorgangsliste einschließlich exakter und realistischer Zeitschätzungen voraus; benötigt Kenntnisse zur Erstellung und zum Lesen; unübersichtlich im Hinblick auf Bearbeitungsdauer, da alle Arbeitspakete gleich groß dargestellt werden. Darüber hinaus sind auch ePK und BPMN gute Möglichkeiten die Projektprozesse abzubilden. Beide bieten den Vorteil, dass sie auch „Ungeübte“ schnell in die Symbole und den zusammenhängenden Ablauf einlesen können.

1.4.8 *Projektkontrolle*

Kernaufgabe des Projektmanagements, über den Einsatz genereller Instrumente wie Soll-Ist-Vergleiche, Gap-Analysen, Gantt-Diagramme, Trendanalysen etc. hinaus mit projektspezifischen Techniken wie Netzplan und Cost-Baseline kontinuierlich die Entwicklung des Projekts zu überwachen und zu steuern und bei eventuellen Abweichungen entsprechende Maßnahmen zu beschließen und umzusetzen.

Abschlussphase - *H2019 Aufg.4*
Auswertung der Erfahrungen in einem **Abschlussbericht**
Enthalten sein können u.a.:

- Projektmanagement (Organisation, Berichtswesen)
- Projektbeschreibung
- Dokumentation des Ablaufs, insbesondere der Meilensteine und eventuellen Anforderungsänderungen
- Soll-/Ist-Vergleich Zielvorgabe/ Zielerreichung
- Soll-/Ist-Vergleich geplante/ verbrauchte Ressourcen incl. Einhalten bzw. Überschreiten der Zeitplanung
- Merksätze der zentralen Fehler bzw. Erfahrungen für künftige Projekte/ Evaluation
- evtl. Vermerke hinsichtlich Personalentwicklung
- Öffentlichkeitsarbeit
- Offene Punkte
- Abnahmeprotokoll des Projekts (inkl. Unterschriften)

Weitere Anmerkungen und Anhänge

Projektevaluation
Evaluation nach Projektende zur

- Wirtschaftlichkeit (durch Nachkalkulation)
- Erzielte strategische Bedeutung
- Zufriedenheit des Auftraggebers
- Erreichungsgrad Leistungs-, Kosten-, Zeitziels

- Prozessplanung (inkl. Zielformulierung, Ressourcenplanung, Mitarbeiterwahl, Projektsteuerungstechniken)

Wichtig ist bei Abweichungen auch eine Fehleranalyse der Planung, um bei zukünftigen Projekten eine optimalere Kalkulation erstellen zu können.

Feedback-Bogen - *F2020 Aufg.5*

Eine weitere Möglichkeit zur Evaluation ist die Befragung der Beteiligten mittels eines Fragebogens.

Vorteile: geringere Kosten; Zeit zum Nachdenken für Befragte; keine Beeinflussung durch Interviewer; Anonymität möglich; hohe Rücklaufquote, da wenig zeitintensiv

Nachteile: keine Hilfe bei Missverständnissen; einfache Gestaltung des Fragebogens erforderlich; keine Kontrolle, wer tatsächlich den Fragebogen ausgefüllt hat; Aufwand bei der Daten-Erfassung (entfällt bei online-Durchführung)

Inhalte können zum Beispiel sein:

- Projektqualität (Skala)
- Projektorganisation (Skala)
- Teamarbeit (Skala)
- Persönlicher Projektbeitrag (Skala)
- Persönliche Erfahrungen (offen)
- Anregungen für zukünftige Projekte/Verbesserungsvorschläge (offen)

Lessons Learned

- Nach jedem Projekt
- Erfahrungen aller Gruppenmitglieder sammeln
- Auswertung der gesammelten Punkte
- Zusammenfassung und Ergebnis (was haben wir gelernt/was kann beim nächsten Projekt besser, was sollte genauso gemacht werden)
- Speicherung an zentraler Stelle, damit auch andere bei späteren Projekten darauf zugreifen können.

1.4.9 Ressourcenmanagement

F2021 Teil 1 Aufg.4
Geplant werden müssen Umfang und Zeitlicher Bedarf an:

- Personal nach Quantität und Qualität, evtl. mit Planung des Einsatzes externer Fachkräfte (Fremdleistungen)
- Material (Arbeitsmittel)
- Infrastruktur, deren Verfügbarkeit und Nutzung für die Projektarbeit erforderlich ist (Räumlichkeiten, IT, ...)
- Kosten nach Umfang und Entstehungszeitpunkten
- Zur Verfügung stehende Zeitkontingente (gesamtes Projekt; Mitarbeiterverfügbarkeit; externe Beteiligte/Faktoren; ...)
- Informationsbeschaffung (woher und Zeitrahmen; vorhandenes Know-how)
- Liquidität sowohl in Ableitung der Budgets für das Projekt selbst als auch bei größeren Projekten seine Auswirkungen auf die Liquidität des Unternehmens

1.4.9.1 Menschliche Arbeit

Hier gilt es nach zwei Kriterien zu unterscheiden:

Quantitativ

- wie viele Mitarbeiter benötige ich und wie viele habe ich zur Verfügung
- Kann umstrukturiert werden
- Wird neues Personal benötigt
- Personalkosten-Budget

Qualitativ

- Welche Voraussetzungen/Erfahrungen/Kenntnisse benötigen die Mitarbeiter für ihre Arbeit im Projekt
- Über welche Kenntnisse/Erfahrungen verfügen die Mitarbeiter

- Kann weitergebildet/nachgeschult werden
- Werden neue Mitarbeiter mit anderen Fähigkeiten benötigt

1.4.9.2 Technische Mittel

Prüfung der vorhandenen technischen Mittel

- Sind sie grundsätzlich geeignet
- Stehen sie im gewünschten Zeitraum zur Verfügung
- Sind sie in ausreichender Zahl verfügbar
- können sie die gewünschte Menge produzieren
- kann nachgerüstet werden
- Kosten-Nutzen-Verhältnis
- Budget-Einhaltung

Anschaffung neuer Mittel

- Kosten-Nutzen-Verhältnis
- Erfüllung erforderlicher Kriterien

1.4.9.3 Finanzmittel

Das vorgegebene Budget sollte nicht überschritten werden. Kosten die darüber hinausgehen müssen im Vorfeld abgestimmt und bewilligt werden.

Hier zeigt sich eine gute und realistische Planung. Eine schlechte und/oder ungenaue Planung führt in der Regel immer zu einem im Vorfeld abgestimmten Budget, dass nicht den erforderlichen finanziellen Mitteln entspricht.

Zu beachten sind sowohl die kurzfristige Liquidität als auch langfristige Planungen (z. B. bei Anschaffung neuer technischer Mittel oder Personal) und in diesem Zusammenhang der Aspekt Finanzierung (vorhandene Mittel, Leasing, Finanzierung)

1.5 Informationstechnologie im Personalbereich nutzen

1.5.1 IT-Einsatz

Wie überall, finden sich auch im Personalbereich immer mehr IT-Einsatzmöglichkeiten.

1.5.1.1 Einsatzmöglichkeiten

F2019 Teil 1 Aufg.5 | F2020 Teil 1 Aufg.4 | H2021 Teil 1 Aufg.1 | H2023 Teil 1 Aufg.5

Zum Beispiel im Bereich

- Personalauswahl
- Personalentwicklung
- Personaleinsatz
- Personalbetreuung
- Personalabrechnung
- Zeiterfassung/Betriebsdatenerfassung
- Urlaubseinreichung/-bearbeitung
- Prozessgestaltungs- und Modellierungswerkzeuge
- Elektronische Personalakte
- Vorschlagswesen

F2022 Teil 1 Aufg.7 | H2023 Teil 1 Aufg.5

Bei Neueinführung von Software in bestimmte Bereiche der Personalwirtschaft sollten einige Punkte berücksichtigt werden:

- Software-Auswahl nach speziellen Anforderungen
- Implementierung (Zeit, Mitarbeiter, Schulungsbedarf, Kosten)
- Schnittstellen (intern und extern)

- Integration in vorhandene Systeme
- Überführen von gespeicherten Daten in das neue System
- Rollen und Rechte (Löschen, lesen, ...)
- Backup-Lösung
- Datenschutz und Datensicherheit
- Betriebsrat einbeziehen
- Lösch-/Aufbewahrungsfristen

1.5.1.2 Schnittstellen zu anderen Unternehmensaufgabenbereichen mit IT-Unterstützung

Zum Beispiel

- Gebäudezugangsberechtigung oder -kontrolle
- Projektmanagementsysteme
- Internes und externes Rechnungswesen
- Workflowmanagementsysteme
- Groupwaresysteme
- E-Mail-Systeme
- Terminplanung
- Gebäudemanagementsysteme
- Facility-Management-Systeme

1.5.2. Personalinformations- und -management-systeme

H2022 Teil 1 Aufg.5 | F2023 Teil 1 Aufg.5

Mitarbeiterportal / Personalinformationssysteme

Unterstützung der Personalverwaltung durch Speicherung, Strukturierung und Verfügbarkeit der Daten über die Mitarbeiter. Bestenfalls wird ein einheitliches System genutzt oder aber die unterschiedlichen Programme über Schnittstellen miteinander verbunden. So ist es sowohl in der Personalabteilung als auch für Mitarbeiter möglich alle notwendigen Informationen „per Knopfdruck“ abzurufen. Voraussetzung ist die aktuelle einheitliche Pflege der eingefügten Daten.

Praktisch auch für Bewerber ist das **E-Recruiting**. Bei **Employee-self-Services (ESS)** können die Bewerber ihre Unterlagen hochladen und nach Bedarf aktualisieren.
Ebenso kann ein **PIS** (Personal Informationssystem) hier bereits für die Einreichung der Bewerbungsunterlagen und das Bewerbermanagement genutzt werden, so **wie CV Parsing**, dass die Daten (Lesbarkeit vorausgesetzt) aus den Lebensläufen übernehmen kann.
Später sind Themen wie Einsatz- und Urlaubsplanung, Zeitkonten darüber abbildbar. Zum Beispiel können das Einreichen eines Urlaubsantrages, das Prüfen des Vorgesetzten und das Genehmigen, sowie das Abrechnen durch die Personalabteilung reibungslos digital durchgeführt werden (im Ggs. zu aufwendigen Papieranträgen, Kopien, Weiterleitungen, Rückgabe der Genehmigung…). Auch Änderungen persönlicher Daten kann der Mitarbeiter hier selbständig vornehmen.
Auch Statistiken zu Krankenquote, Fluktuation oder Aufschlüsselung der Belegschaft nach unterschiedlichen Kriterien sind einfach abrufbar.

1.5.3 Datenschutz und Datensicherheit

F2019 Teil 1 Aufg.5 | F2019 Teil 2 Aufg.2 | H2023 Teil 2 Aufg.1 | F2023 Teil 1 Aufg.5 | F2023 Teil 2 Aufg.7

Auf die Wahrung des Rechts auf informationelle Selbstbestimmung zielendes System von Regeln für Erhebung, Speicherung und Verarbeitung personenbezogener Daten. Zur Verwendung von persönlichen Daten (auch Fotos von Betriebsfeiern) ist eine Einverständniserklärung der Person notwendig. Bei Weitergabe an einen Dienstleister ist von diesem eine Vertraulichkeitsvereinbarung und eine Datenschutzerklärung einzuholen. Ggf. ist ein Audit des Dienstleisters vorteilhaft.
Der Datenschutzbeauftragte des Unternehmens sollte frühzeitig in Veränderungsplanungen relevanter Prozesse mit einbezogen werden.

Datenschutz
Auf die Wahrung des Rechts auf informationelle Selbstbestimmung zielendes System von Regeln für Erhebung, Speicherung und Verarbeitung personenbezogener Daten.
Rechtsgrundlage: Bundesdatenschutzgesetz (BDSG) und EU-Datenschutz-Grundverordnung (DSGVO)
Prinzip: Speicherung und Verarbeitung personenbezogener Daten nur mit Einwilligung des Betroffenen oder so weit durch ein Vertragsverhältnis notwendig oder wenn gesetzlich legitimiert.
Datensparsamkeit: Erhebung von Daten nur im erforderlichen Umfang, also so weit wie für die Erfüllung der Aufgabe notwendig.
Zweckbindung: Speicherung und Verarbeitung nur für die angegebenen Aufgaben.

Vorgänge Begriffe:

Speichern:

Erfassen, Aufnehmen oder Aufbewahren personenbezogener Daten auf einem Datenträger zum Zweck ihrer weiteren Verarbeitung oder Nutzung

Verändern:

inhaltliches Umgestalten gespeicherter personenbezogener Daten

Übermitteln:

Bekanntgeben gespeicherter oder durch Datenverarbeitung gewonnener personenbezogener Daten an einen Dritten

Sperren:

Kennzeichen gespeicherter personenbezogener Daten zur Einschränkung weiterer Verarbeitung oder Nutzung

Löschen:

endgültiges Unkenntlichmachen gespeicherter personenbezogener Daten

Anonymisieren:

Veränderung personenbezogener Daten in der Weise, dass die Informationen keiner Person mehr zugeordnet werden können

Pseudonymisieren:

Ersetzen von Namen durch andere, um die Identifikation auszuschließen

Datensicherheit

Gesamtheit der technischen und organisatorischen Maßnahmen zur Verhinderung von Verlust oder Manipulation von oder unbefugtem Zugang zu Daten.

Risiken: Menschen; Technik; Umwelteinflüsse.

Datensicherheit-**Maßnahmen**

- sorgfältige Auswahl der IT-Mitarbeiter
- Verpflichtung der Mitarbeiter auf Sicherheitsrichtlinien
- Schulungen der Mitarbeiter zu Sicherheitsfragen
- Regelung der Zugangsberechtigungen (Benutzernamen, Passwort, Rechte)
- Sicherung des Zutritts zu IT-Räumen
- Schutz der Netze vor Datendiebstahl, Missbrauch, Sabotage (Firewall; Proxy-Server)
- Backup-Verfahren

Backup-Verfahren

- **Vollständig:** es werden jeweils komplett alle Daten auf einen anderen Datenträger gespeichert.
- **Differenziell**: es werden alle Änderungen seit dem letzten vollständigen backup gesichert.
- **Inkremental**: es werden alle seit der letzten differenziellen Sicherung geänderten bzw. hinzu gekommenen Daten gespeichert.

1.5.4 Auswahlkriterien für Standardsoftware und deren Einführung

Bei der Auswahl zum Beispiel zu bedenken:

- Welche Anforderungen hat das Unternehmen
- Passen Unternehmensgröße und Software zusammen
- Aufwand der Implementierung
- Umfang/Kosten der Mitarbeiterschulung
- Kauf oder Leasing (einmalige oder monatliche Kosten)
- Wartung (wer? /Kosten)
- Erfahrungen mit dem Anbieter (auch durch andere)

Grundanforderungen die bei jeder Software mitbedacht werden sollten:

- **Verfügbarkeit**: jeder Mitarbeiter hat bei Bedarf Zugang zu den für die Erledigung seiner Aufgaben notwendigen Daten im Rahmen seiner Berechtigungen.
- **Datenintegrität**: Übereinstimmung der gespeicherten Daten mit den tatsächlichen Werten (Authentizität).
- **Vertraulichkeit:** Zugriff abgestuft für Lesen – Schreiben – verändern – Anliegen – Löschen; Datenschutz für personenbezogene Daten

1.5.4.1 Marktübersicht

Besonders in kleinen und mittelständischen Unternehmen wird in der Regel auf **Standardsoftware** zurückgegriffen.

Vorteile:

- Transparente Kosten
- Klar definierte Möglichkeiten der Software
- Erfahrungsberichte über Software und Anbieter

Vor allem in größeren Unternehmen ist auch **Individualsoftware** zu finden. Hierbei besteht die Gefahr höherer Kosten als ursprünglich eingeplant (z. B. durch nachträgliche Anpassungen/Korrekturen auf Wunsch des Käufers).
Der Vorteil ist klar der genaue Zuschnitt auf die Anforderungen des Unternehmens.

1.5.4.2 Phasen der Auswahl und Einführung

Grobe Übersicht über die einzelnen Schritte:
Vorbereitung

- Anforderungen klären
- Lösung wählen
- Kalkulation des Projektes

Implementierung

- Implementieren (technisch, Mitarbeiter schulen, ...)
- Testen
- Freigeben

Abschluss

- Nachkalkulation
- Nachbetreuung/nachsteuern
- Weiterentwicklung

Entscheidungskriterien Software/ EDV-Systeme

- Qualität der Dokumentation
- Service (bei Implementierung und im laufenden Betrieb)
- Integration in die vorhandene EDV-Umgebung
- Schnittstellenmöglichkeiten
- Referenzen
- Nutzerfreundlichkeit; variable Anpassungsmöglichkeiten

Entscheidungskriterien Lieferant der Software
Mögliche Kriterien zur **Lieferantenauswahl** können sein:

- Finanzielle Lage des Lieferanten

- Referenzen des Lieferanten
- Zertifizierungen
- Supportangebot
- Ausbaupotenzial der Software/Zusammenarbeit
- Kapazitäten des Lieferanten im geplanten Zeitraum
- Unabhängigkeit der Plattform
- Ergonomie

Bei mehreren möglichen Lieferanten kann eine **Kostenvergleichsrechnung** zur Entscheidung beitragen:
Gesamtpersonentage + Gesamtstunden = Gesamtkosten
Oder
Anschaffungskosten/p. a. + MA-Schulung + Supportkosten/p. a. + Updatekosten/p. a. = Gesamtkosten pro Jahr

Kriterien „make or buy“
Bei der Entscheidung zwischen Kauf von Standardsoftware ebenso wie bei der Entscheidung zwischen Angebotsalternativen können folgende Kriterien mit je nach Ausgangsbedingungen und Einsatzzweck zu entscheidender Gewichtung heran-gezogen werden:

- Kosten
- Grad der Erfüllung der Anforderungen
- Integration in IT-Umgebung
- Flexibilität, Anpassungsmöglichkeiten
- Service, Aktualisierung

Risiken bei IT-Einführung können sein

- Höhere Kosten als geplant (kann vertraglich gedeckelt werden)
- Neue IT-Lösung wird von den Nutzern nicht angenommen (Ursachen finden; ggf. Software modifizieren oder Mitarbeiter nachschulen)

- Erhoffte Erlöse werden nicht erwirtschaftet (Entscheidung der GL ab wann abgebrochen wird)
- Zu späte oder fehlerhafte Fertigstellung (vorher vertraglich Nachbesserungen oder Konventionalstrafen regeln; engmaschige Projektüberwachung mit Soll-Ist-Abgleich)

Software – Begriffe
Source-Code: Programm-Quelltext; Voraussetzung für Fehlerbeseitigung und Veränderung des Programms
Open Source: offen vorliegender verfügbarer Quelltext
closed source: unter Verschluss gehaltene Quelltext
Customizing: Anpassung der Software an spezifische Anforderungen des Kunden.
RAID: Redundant Array of Independant Disc (Datenspeicherung auf mehreren voneinander unabhängigen Festplatten
SaaS: Software as a Service
IaaS: Infrastruktur as a Service
DaaS: Desktop as a Service
Housing: eigene Infrastruktur bei externem IT-Dienstleister im Gegensatz zur vollständigen Bereitstellung bei diesem (z.B. SaaS)

Intranet: Verbindung von Rechnern in einem Unternehmen nur zur internen Nutzung.
Extranet: Zugriff auch für externe (Kunden, Lieferanten).
Server/Client: Server bietet Leistungen an, Client nimmt Leistungen in Anspruch.

Cloud-Dienste (Vorteile zur Client-Server-Architektur)
- Daten und Programme jederzeit Orts- und Geräteunabhängig nutzbar
- Zugriff aller auf einheitlichen Datenbestand
- Kostengünstig durch standardisierte Softwarelösungen
- Alle Nutzer arbeiten mit derselben Software-Version

Unterschieden wird zwischen **Private Cloud** und Public Cloud:
- Nur berechtigte Personen haben Zugriff
- Entscheidung über den Speicherort der Daten liegt beim Unternehmen (wichtig für das Datenschutzrecht)
- Größere Gestaltungsmöglichkeiten durch das Unternehmen
- Unternehmenseigene QM-Anforderungen besser umsetzbar

Informationsspeicherung: Formate

proprietäre Formate: Spezialprogramme, deren Format bzw. Code nicht offengelegt ist; zum Datenaustausch mit anderen Programmen spezielle Konvertierungssoftware erforderlich
Standardisierte Formate: als Open Source Software auf Grundlage einer übergeordneten Normierung entwickelte Programme

Data Warehouse

Zusammenführung der Daten aus verschiedenen unternehmensinternen Quellen in ein möglichst einheitliches Format. Liefert die Datenbasis für übergreifende Analysen und Entscheidungsvorbereitung. Zugleich können automatische periodische Auswertungen des Datenbestandes programmiert werden (**Data-Mining**), bei denen der Datenbestand nach statistischen Verfahren auf Strukturen und Zusammenhänge analysiert wird. Mitarbeiter können jederzeit auf alle Daten zugreifen (je nach Berechtigung).
Dazugehörige Prozesse:
- Datenbeschaffung (Erfassung in Echt-Zeit)
- Datenintegration (alle erzeugten Daten)
- Datensicherung (auch Datenarchivierung)

Datenauswertung (Informationen und Auswertungen in Echtzeit, Zugriff für unterschiedliche Mitarbeiter)

1.5.4.3 Mitbestimmung des Betriebsrates und des Datenschutz-beauftragten

H2020 Teil 1 Aufg.5 | F2020 Teil 2 Aufg.4

Der Betriebsrat hat Mitbestimmungsrecht im Sinne des Betriebsverfassungsgesetzes.

Unter bestimmten Voraussetzungen (Unternehmen mit mehr als 10 Mitarbeitern) ist ein **interner oder externer Datenschutzbeauftragter** zu bestellen, der ebenfalls mit einbezogen wird. Er überwacht die Einhaltung der DSGVO.

Datenschutzbeauftragte sind unabhängig/niemandem unterstellt, damit sie ihre Aufgabe sachlich und korrekt erledigen können (keine Angst vor Repressalien). Beraten und sind Ansprechpartner bei internen und externen Anfragen zu diesem Bereich. Sind darüber hinaus die Schnittstelle zur Aufsichtsbehörde und arbeiten teilweise zusammen.

Anforderungen/Voraussetzungen Datenschutzbeauftragter:

- Rechtliche Kenntnisse
- IT-Kenntnisse
- Zuverlässigkeit
- Verschwiegenheit
- Durchsetzungskraft
- Organisiert
- Kommunikationsstark (Überzeugen, schulen, ...)

1.6 Beraten und Fachgespräche führen

1.6.1 Grundlagen der Beratungsmethodik

Der beratene Kunde muss offen für die Beratung sein, bestenfalls hat er selbständig nach Beratung gesucht/um Beratung gebeten.

Der Berater sollte genau zuhören, um bestmöglich die Fragestellung zu verstehen und somit den besten/passendsten Rat geben zu können.

Der Berater bekundet möglichst für jeden offen seine Beratungsleistung und geht ohne Vorurteile auf jeden Ratsuchenden ein.

1.6.1.1 Der Beratene als Kunde

Häufige Themen zu denen Rat von Mitarbeitern gesucht wird:

- Arbeitsrecht (Abmahnung, Kündigung, Sonderurlaub, u.a.)
- Soziales (Betreuung, ...)
- Personalentwicklung (Aus- und Weiterbildung)
- Beurteilungen
- Mobbing
- Vorgesetztenverhalten
- Eingliederungsmanagement
- Gesundheit (Vorsorge, Sucht, Wiedereingliederung, Krankenkasse, u.a.)

Wichtige Aspekte zum Kundenverständnis:

- Der Mitarbeiter soll sich wahrgenommen fühlen und mit seinem Anliegen ernst genommen werden
- Der Mitarbeiter der Personalabteilung versteht sich als Dienstleister. Er ist dem Mitarbeiter nicht hierarchisch überstellt. Der Ratsuchende muss keine Sorge vor Machtausübung oder einem Abhängigkeitsverhältnis haben.
- Es gibt eine gleichberechtigte Interaktion.

- Im Sinne der Dienstleistung soll als Resultat die Zufriedenheit des Beratenen stehen.

1.6.1.2 Systemtechnik

F2020 Teil 1 Aufg.6

- Umgebungsorientierte Systembetrachtung (Abteilung, räumliche Situation, Lieferanten, Kunden ...)
- Wirkungsorientierte Systembetrachtung (Ziele, Auswirkungen, Art und Inhalt des Gesprächs)
- Strukturorientierte Systembetrachtung (Verhältnis zu anderen; Mitarbeiter-Mitarbeiter, Mitarbeiter-Kunde,...)
- Interaktionsorientierte Systembetrachtung (Interaktion mit Anderen und deren Auswirkungen, Selbstkompetenz, Gesprächssteuerung, Gesprächsregeln, ...)

1.6.2 Konfliktmanagement

H2023 Teil 1 Aufg.6

Konfliktursachen:

- Fehlende Kenntnis und Achtung der Arbeit anderer; Abhilfe durch regelmäßige Treffen, Bildung von Teams, wertschätzender Führungsstil
- Fehlende Kenntnisse aufgrund mangelnder Information; Abhilfe durch Organisation des Informationsflusses, Transparenz, Durchführung von Workshops
- Fehlende Verständigungsbereitschaft; Abhilfe: gemeinsames Erarbeiten von Kommunikationsrichtlinien, Objektivierung der Vorteile besserer Kommunikation
- Unterschiedliche Zielvorstellungen oder Wertebasis; Abhilfe: Erarbeiten gemeinsamer Ziele, Leitsätze; externe Seminare
- Neid, Missgunst, Empfinden von ungerechter Behandlung; Abhilfe: Konfliktgespräch zur Offenbarung der Ursachen; Objektivierung der Beurteilung, Entlohnung
- Angst vor Arbeitsplatzverlust; Abhilfe: Schaffung von Zukunftsperspektiven
- Anstehende Veränderungen; Abhilfe: situationsgerechtes Changemanagement

Konfliktpotential bei Neuorganisation

Jede Änderung, die wichtige Gewohnheiten betrifft, birgt Konfliktpotentiale. Das gilt insbesondere, wenn davon berührt sind:

- Arbeitsgewohnheiten;
- Arbeitszeiten;
- soziales Umfeld;
- Arbeitsplatz.

Konfliktfelder / Konfliktarten: - *F2019 Teil 4 Aufg.6*

- **Zielkonflikt**: Uneinigkeit über Ziele; Vorbeugung durch verbindliche eindeutige Zielhierarchie.
- **Bewertungskonflikt:** unterschiedliche Einschätzung der Methoden zur Zielerreichung; Vorbeugung durch Erstellung einer Übersicht aller Möglichkeiten und Erarbeitung gemeinsamer Entscheidungskriterien.
- **Verteilungskonflikt**: Uneinigkeit über Zuordnung monetärer und/oder personeller Ressourcen (Folge: Angst vor Arbeitsplatzverlust); Vorbeugung durch frühzeitige transparente Budgetplanung.
- **Beziehungskonflikte**: Uneinigkeit über die Zusammenarbeit; Vorbeugung durch klare Zuständigkeiten und Verhaltensprinzipien.

Weitere: Beurteilungs-, Wahrnehmungs-, Rollen-, Motivkonflikt

Eskalation

Vom lat. Wort für „Leiter" abgeleitete Bezeichnung für die stufenweise Steigerung eines Konflikts. Mit jeder weiteren „Eskalations-Stufe" wird es schwieriger, den Konflikt zu lösen und steigt der Schaden für die Beteiligten.

Das bekannteste **Modell von Glasl** unterscheidet drei **Ebenen** mit je drei Stufen:

1) Win-Win = hier kann der Konflikt noch einvernehmlich gelöst werden.
2) Win – Loose = eine Lösung ist nur möglich durch den „Sieg" einer Konflikt-Partei.
3) Loose – Loose = beide Konfliktparteien können nur verlieren und sind auch bereit, für eine Niederlage des Gegners eigene Nachteile in Kauf zu nehmen.

Strategien zur Deeskalation sind nicht direkt Teil des Modells und werden auch anders benannt und abgegrenzt.

Ebene	Stufe		Strategie
Win - Win	1	Verhärtung	Moderation
	2	Debatte	
	3	Taten	
Win - Loose	4	Koalitionen	Prozessbegleitung
	5	Gesichtsverlust	
	6	Drohungen	
Loose - Loose	7	Vernichtung	Mediation
	8	Zersplitterung	Schiedsverfahren
	9	Abgrund	Machteingriff

Vermeidung von Konflikten

Konfliktvermeidung bzw. Konfliktbehandlung

1. Vollständige Analyse und exakte Formulierung der Zielvorstellungen
2. Ermittlung unterschiedlicher Meinungen und Strukturierung nach Themen
3. Regelung eines transparenten Klärungs- und Entscheidungsverfahrens je nach Grad der Differenzen
4. Ausarbeitung von Kompromissvorschlägen
5. Entscheidung und argumentative Information

Umgang mit Konflikten

H2019 Teil 1 Aufg.6 | F2022 Teil 4 Aufg.5 | H2022 Teil 1 Aufg.6

Mediation („Vermittlung“)

Sachliche Ermittlung der bestehenden Differenzen durch den Mediator; gemeinsame Analyse mit den Konfliktparteien. Ziel ist ein Konsens zwischen den Parteien. Der Mediator selbst ist neutral. Vorgehensweise:

- Vorbereitung; der Mediator sammelt und sichtet alle wesentlichen Informationen
- Gesprächsorganisation; Einladung an alle Beteiligten:
- Schaffung eines sicheren Gesprächsrahmens und Klärung der Vorgehensweise
- Stellungnahmen der Betroffenen, Klärung der jeweiligen Bedürfnisse
- mit Anleitung des Mediators Suche nach Konsenspunkten
- Formulierung von Kompromissvorschlägen
- Treffen einer verbindlichen Vereinbarung (ggf. schriftlich)

Konflikte können auch **positive** Aspekte haben: - *H2023 Teil 1 Aufg.6*

- Energiepotenzial
- Auseinandersetzung mit Thema
- Zeigen Probleme auf
- Zeigen weitere Möglichkeiten auf
- Fordern Veränderungen (vom Mitarbeiter oder strukturell)
- Erfordern Entscheidungen

Konfliktgespräch

Bei auftretenden Problemen sollte zeitnah das Gespräch mit dem Auszubildenden gesucht werden. Wichtig sind hierfür ausreichend Zeit und einen ruhigen Ort einzuplanen.
Der Ablauf eines solchen Gesprächs sollte sich an folgendem Ablauf orientieren:

- Warm up und freundliche Hinführung zum Grund des Gesprächs
- Aktives Zuhören und Fragen nach Gründen für das aktuelle Verhalten/ die aktuelle Haltung
- Klärende Zusammenfassung der Aussagen des Auszubildenden

- Eigene Argumentation für die erwartete Haltung/ vom Auszubildenden erwartetes Verhalten
- Beispiele zur Erläuterung
- Denkanstöße durch gezielte Fragen
- Aktives Anbieten von Unterstützung/ nachfragen, welche Unterstützung noch gewünscht/ benötigt werden, welche Fragen offen sind

Abschließende Vereinbarung und Termine zur Besprechung und Kontrolle (in zeitnahen Abständen, damit bei Bedarf nachgesteuert werden kann)

Überwindung von Widerständen gegen Veränderungen

H2020 Teil 4 Aufg.5

Ursachen für Widerstände:

- generelle Angst der Menschen vor dem Unbekannten;
- Angst vor Überforderung;
- Bequemlichkeit;
- Furcht vor dem Verlust von Privilegien.

Vorbeugende Maßnahmen - *H2020 Teil 3 Aufg.5*

- Umfassende und rechtzeitige Information;
- Einzelgespräche mit Meinungsführern;
- Einbeziehung von Meinungen und Vorschlägen;
- Kommunikation der Motive und Vorteile;
- frühzeitige Organisation von Schulungsmaßnahmen;
- Pilotprojekt mit Auswertung

Informationspolitik

Neben der schriftlichen Information (Aushang; Rund-mail; Intranet) Versammlungen auf je nach Beschäftigtenzahl unterschiedlichen Ebenen (Betriebs-, Abteilungs-, Gruppenversammlung). Offenlegung der Pläne und Daten in Teams, work-shops oder ähnlichen Gruppen zur gemeinsamen Erarbeitung konkreter Vorschläge. – Gegenstand der Information naturgemäß stark abhängig von Ursache und Richtung der geplanten Veränderung, beispielsweise:

- Wirtschaftliche Lage des Unternehmens einschließlich der abz usehenden Entwicklung;
- Darlegung der Prioritäten für Entscheidungen;
- Offenlegung eingeleiteter und weiterer vorgesehener Maßnah men;
- Erläuterung eventueller Alternativen.

Rollen – Typologie und Umgangsmöglichkeit

- Außenseiter – integrieren
- Informelle Führer – kooperieren
- Wichtigtuer – limitieren
- Saboteure – isolieren
- Clown – mit Sachfragen einbeziehen
- Verweigerer – beauftragen
- Schüchterner - fördern
- Aggressiver Meinungsführer – isolieren

1.6.3 Gesprächsführungstechnik

Es gibt unterschiedliche Anlässe für ein Gespräch:

- Vorstellung
- Beratung
- Beurteilung
- Entwicklung
- Konflikt
- Trennung
- u. a

Davon abhängig ist die entsprechend zu bevorzugende Gesprächsführung.

Grundsätze für Mitarbeitergespräche
Vertraulichkeit („Vier-Augen-Gespräch"); störungsfreie Umgebung; sachliches Verhalten; respektvoller Umgang; aktives Zuhören; Gelegenheit zu Stellungnahmen; zielorientierte Führung; Anstreben einer einvernehmlichen Vereinbarung.

1.6.3.1 Phasen der Gesprächsführung

Ablauf eines Mitarbeitergesprächs

Vorbereitung:
Sammeln von Informationen durch Personalabteilung, ggf. direkte Vorgesetzte über familiäre Verhältnisse, beruflichen Werdegang, Persönlichkeitsentwicklung, Stärken und Schwächen, besondere Vorkommnisse, Fehlzeiten; Terminvereinbarung mit zeitlichem Vorlauf, Organisation eines geeigneten Raums, Organisation einer störungsfreien Situation, Einplanung ausreichenden Zeitfensters

Zeit und Ort
Mitarbeitergespräche finden üblicherweise in der vertraglich vereinbarten Arbeitszeit und am Arbeitsplatz statt.

Ausnahme:
Bei Mitarbeitern im Schichtbetrieb, die nachts arbeiten. In diesem Fall darf das Gespräch auf den Tag zu den gängigen Bürozeiten gelegt werden.
Das Mitarbeitergespräch kann für Home-Office-Mitarbeiter in einem Büro des Unternehmens stattfinden. Die Reisezeit zählt dabei als Arbeitszeit. Ggf. anfallende Reisekosten trägt der Arbeitgeber.

Phasen – *H2021 Teil 1 Aufg.6 | F2022 Teil 1 Aufg.6*

- **K**ontaktphase (Begrüßung, Gesprächseröffnung; evtl. Einstieg mit Gemeinsamkeiten am Rande des eigentlichen Themas);
- **O**rientierungsphase/Informationsphase (Benennung des Themas und der generellen Zielsetzung des Gesprächs);
- **A**nalysephase/Argumentationsphase (Sichtung der Informationen; Auswertung zur Erarbeitung eines einvernehmlichen Ergebnisses);
- **L**ösungsphase/Beschlussphase (Einigung über weiteres auch zeitliches Vorgehen);
- **A**bschlussphase (Zusammenfassung, Ausblick).

Aus den Anfangsbuchstaben ergibt sich als Gedächtnisstütze das Merkwort **KOALA**

Mögliche Techniken die darüber hinaus zum Einsatz kommen können:

- Aktives Zuhören
- Nachfragen bei Unklarheiten
- Zusammenfassungen, damit beide über dasselbe reden
- Jeweilige Interessen darlegen
- Metaphern/ Beispiele nutzen
- Denkanstöße geben
- Offene Fragen zusammenfassen

Ein Mitarbeitergespräch kann auch dazu dienen, Konflikte zu lösen. Dazu kann das Gespräch mit einem Mitarbeiter allein oder unter Einbeziehung der betroffenen Konfliktpartner geführt werden.

1.6.3.2 Frageverhalten

Fragetechniken

- offene Frage
- Geschlossene Frage
- Reflektierende Frage
- Zielgerichtete Fragen
- Frage nach Alternativen

1.6.3.3 Aktives Zuhören

Paul Watzlawick

1. von 5 Axiomen: Man kann nicht nicht kommunizieren

4-Ohren-Modell

Kommunikationsmodell von Friedemann Schultz von Thun: jede Botschaft enthält vier Seiten:

- Sachebene (konkrete Information)
- Beziehungsebene (verstärkt durch non-Verbales)
- Selbstoffenbarungsebene (unbewusst; eigene Emotion, Selbstempfinden)
- Appellebene (Aufforderung an Angesprochenen)

Als hilfreich können sich auch Methoden erweisen, angelehnt an:

- Gesprächstechniken aus der klientenzentrierten Gesprächsführung nach Carl Ransom Rogers
- Artikulation
- Zuhören

- Paraphrasieren
- Analysieren
- Spiegeln/ Chamäleon-Effekt

- Überbrücken durch
    - Kommentar
    - Gegenfrage
    - bitten um Bedenkzeit
    - Informationen nachreichen
- Fragen zusammentragen und am Ende bearbeiten
- Transaktionsanalyse
- Achten auf eigene Lautstärke, Artikulation, Mimik, Gestik

1.6.4 Regeln der Feedbacktechnik

Feedback – *H2020 Teil 1 Aufg.6*
Rückmeldung zum Projekt oder einzelnem Verhalten oder Leistung; ist eine subjektive Rückmeldung; sollte innerhalb einer Gruppe nur auf Nachfrage gegeben werden und sollte:
konkret, realistisch, neutral und ohne Zeitverzug sein.

1.6.5 Einsatz der Reflexionstechnik

Reflexion bedeutet Selbstbeobachtung.
Mit Hilfe der Reflexionstechnik soll das eigene Verhalten überdacht und verändert werden.
Das kann sowohl den Mitarbeitenden der Personalabteilung als auch den Kunden/Mitarbeitenden aus einer Abteilung betreffen.

1.6.5.1 Reflexion durch Thematisieren der Vergangenheit, der

- Man denkt an eine bestimmte Situation aus der Vergangenheit, Gegenwart oder Zukunft und überdenkt sie neu.
- Wie habe ich mich/fühle ich mich in der Situation?
- Wie habe ich sie/würde ich sie spontan lösen?
- Welche Auswirkungen hatte/könnte meine Reaktion auslösen?
- Wie hätte ich /könnte ich anders mit der Situation umgehen?

1.6.5.2 Reflexion mit Hilfe anderer Verfahren

Einfaches Mittel: Logbuch/Tagebuch als Hilfe zur Selbstreflexion und Rückblick auf vergangene Situationen.

F2019 Teil 1 Aufg.6

Umfangreicher: **Johari-Fenster**
Unterscheidet in der Kommunikation zur Analyse von Selbst- und Fremdwahrnehmung die vier Bereiche:

- **Öffentlich**: Bereich des freien Handelns (das bewusst angestrebte Ziel)
- **Geheim**: Bereich des Verbergens (Absicht, Eigenheit oder Ziel, die nur dem Kommunizierenden bekannt sind und unerkannt bleiben sollen)

- **Unerkannt**: blinder Fleck (Außenwirkung, die selbst nicht wahrgenommen wird)
- **Unbekannt**: Bereich des Unbewussten (dem Kommunizierenden nicht bekannte und auch nach außen nicht offensichtlichen Eigenheiten)

Ziel ist Erweiterung des Anteils des öffentlichen Bereichs durch Offenlegung des Verborgenen und Bewusstmachen des Unerkannten durch Rückmeldung.

1.6.5.3 Veränderung des Bezugsrahmens mit Hilfe von Metaphern

Metaphern sind eher in Gruppen gebräuchlich. Sie bieten die Möglichkeit etwas anzumerken, ohne die Problematik vor allen Gruppenmitgliedern frei auszusprechen und Konflikte/Eskalationen zu forcieren. Genau diese Undeutlichkeit kann im Umkehrschluss zu falschen Interpretationen durch den Angesprochenen führen oder dazu, dass sich Personen angesprochen fühlen, die nicht gemeint waren.

1.7 Präsentations- und Moderationstechniken einsetzen

1.7.1 Moderierte Teamarbeit – Denken im Dialog

H2023 Teil 1 Aufg.7

Vorteile: Bündelung und Vernetzung von Kenntnissen; gegenseitige Inspiration

Durch die Moderation soll sicher zum Ziel gelenkt und sichergestellt werden, dass jeder/jede zu Wort kommt.

Moderation: Gestaltung eines kreativen Lösungsprozesses in einer Gruppe durch einen an der Kommunikation Beteiligten, der auf Einhaltung von Kommunikationsregeln und Zielorientierung achtet und zwischen Positionen, Thesen und Vorschlägen vermittelt. Bei **geteilter Moderation** Wechselspiel zwischen zwei Moderatoren, teilweise zur Belebung der Diskussion durch forcierte gegensätzliche Positionen, teilweise zur Arbeitsteilung zwischen inhaltlicher Beteiligung und Steuerung einerseits und Koordination und Zusammenfassung andererseits.

1.7.1.1 Die (Denk-)Werkstatt

F2020 Teil 1 Aufg.7
Denkwertstatt ist im Sinne von Workshop zu verstehen.

In einem **Workshop** werden Ideen zu einem bestimmten Thema gesammelt und weiterentwickelt. Die Auswahl der teilnehmenden Mitarbeiter steht in Beziehung zum Thema.
Ein möglicher Ablauf könnte sein:

- Begrüßung und kurzer Small-talk

- Kennenlernen des Themas
- Je nach Größe Einteilung in kleinere Gruppen
- Darstellen der Kleingruppenergebnisse und Besprechung in großer Runde
- Sammlung und Zusammenfügung der einzelnen Kleingruppenergebnisse
- Zusammenfassung, weiteres Vorgehen und Verabschiedung

Je nach zur Verfügung stehender Zeit sind entsprechende Pausen (auch zum Austausch untereinander) einzuplanen
Bei größeren Themen können diese in kleineren Einheiten auf die Kleingruppen aufgeteilt werden oder zeitlich gesplittet von allen bearbeitet werden (vormittags Thema A, nachmittags Thema B...)
Vorteile eines Workshops sind unter anderem: Mehr Kreativität

- Entwicklung von verschiedenen Lösungsansätzen
- Gemeinsame Entwicklung erhöht die Akzeptanz
- Motivation durch Einbezug
- Zusammenarbeit mit anderen führt zu Integration

1.7.1.2 Die Rolle des Moderators

F2020 Aufg.8 | H2023 Teil 1 Aufg.7
Aufgaben des Moderators:

- Teilnehmer und sich selbst vorstellen
- Klärung von Thema und Zielsetzung
- Vermittlung von Verhaltensregeln, eventuellen Zeitvorgaben
- Festlegung und Kontrolle des Ablaufs
- Aufgreifen und Sortieren von Ideen
- Strukturierung nach gemeinsamen Merkmalen
- Gewichtung und Bewertung der aufgekommenen Ideen
- Motivation zur Mitarbeit
- Wir-Gefühl; Ausgrenzung entgegenwirken
- Vermittlung zwischen Teilnehmern; Hierarchien beachten
- Neutralität

- Zeiteinhaltung sicherstellen
- Zwischenergebnisse und Kernpunkte zusammenfassen
- Ausrichtung auf Konsens aller Mitarbeiter
- Zusammenfassung und Sicherung der Ergebnisse und Aufgaben
- Protokollorganisation

Anforderungen an den **Moderator**:

- fachliche Kompetenz für die Strukturierung des Themas und der Beiträge
- methodische Kompetenz im Einsatz der technischen Mittel
- natürliche Autorität
- kommunikative Kompetenz

Vorbereitung

- inhaltlich
- methodisch
- organisatorisch (Zeitpunkt, Raum, Einladungen)
- persönlich

Zielgruppengerechte Moderation und Zielformulierung

3 Phasen bei Meetings, Konferenzen:

- Anfangsphase
- Arbeitsphase
- Schlussphase

Möglicher Ablauf:

- Einstieg
- Themensammlung und Auswahl, Rangfolge
- Themenbearbeitung mit passenden Methoden
- „runder“ Abschluss

- Sachliche Kommunikation
- Einhaltung der Redezeit
- Kommunikationsregeln beachten
- Konzentration auf das Thema (keine andere Arbeit, Privates nebenbei)
- Konflikte direkt klären

1.7.1.3 Die Rolle der Teammitglieder

- Sich vorbereiten
- Pünktliches erscheinen
- Aktive Teilnahme
- Konzentration auf die Aufgabe
- Offenheit gegenüber allen Teilnehmern
- Moderation anerkennen
- Mehrheitsentscheidungen akzeptieren

1.7.1.4 Vorgehensweise bei ProblemlÖsungen

F2022 Teil 1 Aufg.7

Zum Beispiel angelehnt an den Problemlösungszyklus:

- Analyse (welches Problem existiert?)
- Zielformulierung (Zieldefinition)
- Konzeptentwurf (Lösungswege/Konzepte)
- Bewertung (und Auswahl der Lösungskonzepte)
- Entscheidung/Umsetzung (des favorisierten Lösungsweges)
- Kontrolle

1.7.2 Gruppenarbeitstechniken

F2020 Aufg.7

1.7.2.1 Suchtechniken

Brainstorming

Bekannteste Technik, die schöpferische Diskussion durch Vermeiden von Denk- und Sprech-Hemmungen ermöglichen soll. Durchführung:

- Vorbereitung (Auswahl der max. 15 Beteiligten nach erforderlichen Kenntnissen; Bestimmen des Moderators; organisatorische Voraussetzungen für ungestörten Verlauf)
- Durchführung (max. 30 Minuten freier Austausch von Ideen ohne Kritik und Killerphrasen mit konstruktivem Aufgreifen und Weiterspinnen ohne Urheberansprüche)
- Auswertung (Abklopfen der gesammelten Ideen auf verwertbare oder ggf. weiter zu prüfende)

Metaplantechnik

benötigt Stellwand, Pinwand, Flipchart oder ähnliches und wird zur Sammlung von Themen und Ideen genutzt. Die dazu genutzten Moderationskarten können unstrukturiert gesammelt, danach geclustert oder sofort strukturiert angebracht werden. Besonders gut zur **Visualisierung**.
Auch in Verbindung mit der **Kartenabfrage.**

Brainwriting

Variante des Brainstormings, bei der die (meist max. 6) Teilnehmer ihre (möglichst 3) Vorschläge in Stichworten auf ein Formular schreiben, das sie (nach ca. 5 Minuten) im Uhrzeigersinn weitergeben, so dass jeder alle Vorschläge der anderen sieht. Wegen der genannten zahlenmäßigen Vorgaben auch „**6-3-5-Methode**" genannt.

Morphologischer Kasten

Systematische Erfassung aller Lösungsmöglichkeiten einer komplexen Fragestellung zur Analyse der bestehenden Möglichkeiten, unterschiedliche Lösungen verschiedener Teilaspekte zu kombinieren.

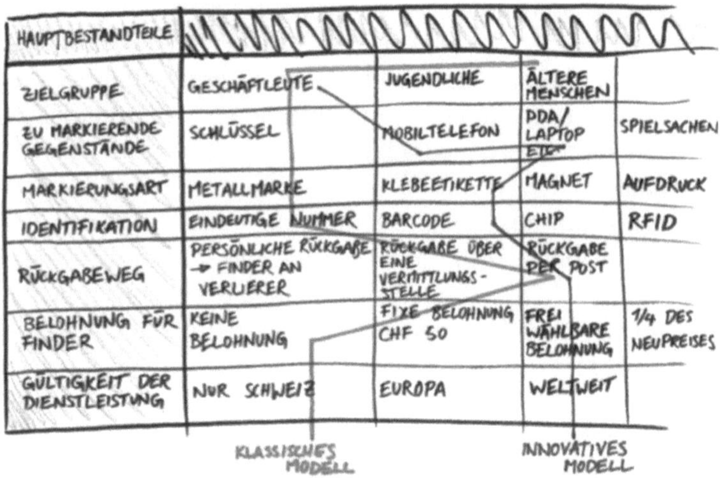

Problemanalyse - Vorgehen:

- Problemdefinition
- Feststellen der Einflussfaktoren
- Aufstellung potenzieller Ursachen
- Bewertung
- Verbindung von Ursachen und Faktoren
- Auswertung

Entscheidungstechniken – Prozessphasen

- Problemdefinition
- Entscheidungskriterien
- Lösungsvarianten
- Kriteriengewichtung/ Ausschluss- („Killer- „)Kriterien“?

- Bewertung incl. Wahrscheinlichkeiten
- Entscheidung

Entscheidungsverfahren
Gemeinsamer Nenner ist die Absicht, objektive Verfahren zur Wahl des besten Weges unter Berücksichtigung ungewisser Bedingungen in der Zukunft zu entwickeln
Auch geeignet:
Kartenabfrage, 6-3-5-Methode, progressive Abstraktion

1.7.2.2 Aufbereitungstechniken

Mind Mapping
Visualisierung von Strukturen in einem meist baumförmigen Diagramm, das durch die flexible Sammlung und Zuordnung von Stichworten und Ideen auch die Darstellung komplexer Zusammenhänge ermöglicht.

Eine weitere einfache und übersichtliche Form zur Prozess-Visualisierung ist ein **Flussdiagramm**.

Auch möglich:
Standardisierte Ermittlung der Ursachen für Entwicklungen, Abweichungen, Fehler; nach **Ishikawa;** auch 7-M-Methode genannt.
Reihenfolge:

- **Menschen**: Kompetenz, Motivation, Qualifikation
- **Maschinen**: Fehlfunktion
- **Material**: Qualität, Eignung
- **Methoden**: Abläufe, Prozessgestaltung
- **Milieu**: nicht kalkulierte Umweltbedingungen
- **Messung**: Zuverlässigkeit der Daten
- **Management**: Entscheidungsgrundlagen, Beeinflussung
- Manchmal erweitert um **Money** (8-M-Methode)

Nach der grafischen Darstellung des Prüfvorgangs als Richtungspfeil der Wirkung, auf den jeweils die möglichen Ursachen einwirken, auch als

Fischgrät-Diagramm bezeichnet. Die Fehlerbaumanalyse unterscheidet sich davon im Wesentlichen nur durch die Art der (senkrechten) Darstellung.

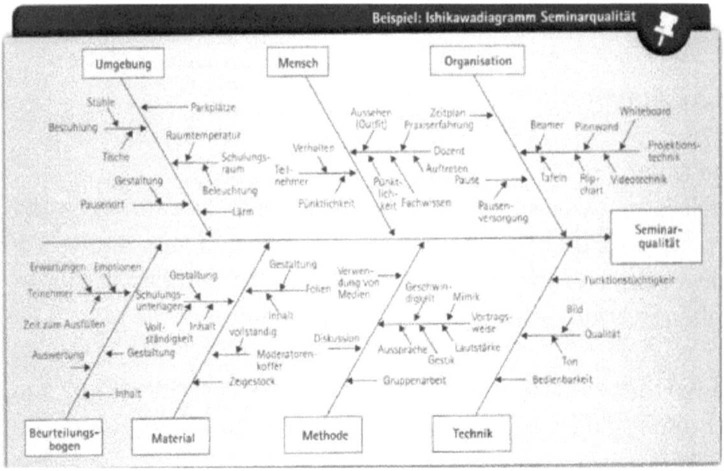

Oder mit Hilfe des **Eisenhower-Prinzip / Eisenhower-Methode**

Aufgaben	**dringend**	**nicht dringend**
wichtig	sofort erledigen	einplanen
unwichtig	delegieren	vermeiden

1.7.2.3 Prognosetechniken

H2019 Teil 1 Aufg.7 | F2021 Teil 1 Aufg.7

Treffen von Annahmen über künftige Entwicklung; im einfachsten Fall durch Fortschreiben der Daten aus der Vergangenheit

Trendextrapolation
z.B. zur Personalbedarfsermittlung
Ausgehend von der Annahme ein aktueller Trend wird sich in der Zukunft fortsetzen, werden Gegenmaßnahmen entworfen

Szenariotechnik
Definition einer Bandbreite zwischen „Worst Case" und „Best-Case", in der mit unterschiedlichen Wahrscheinlichkeiten die künftige Entwicklung erwartet werden kann.

Delphi-Befragung / Delphi-Methode

- Befragung verschiedener Experten und somit aus unterschiedlichen Blickwinkeln
- In der Regel über mehrere Stufen (Fragebogen, Herausarbeiten der Gruppenmeinung, Stellungnahmen zur Gruppenmeinung)
- Ziel: Prognosen zur Entwicklung von Trends, Produkten, u.a.m.

1.7.2.4 Bewertungstechniken

Nutzwertanalyse
Vergleich von Entscheidungsvarianten durch Vergleich der bei den verschiedenen Kriterien entstehenden **Nutzenwerte**, meist verbunden mit einer **Gewichtung der Kriterien** nach ihrer Bedeutung für die Entscheidung. **Problem** ist dabei, die **Objektivität** bei der Bestimmung von Nutzenwerten und Gewichtungen zu wahren, z.B. durch Beteiligung mehrerer, auch externer Fachleute.
Zum Beispiel genutzt zur Wahl von Standort oder externer Anbieter.

Vorgehensweise:

- ➢ Festlegung der Kriterien
- ➢ Bestimmen der Gewichtungen, inkl. der Festlegung von KO-Kriterien, deren Erfüllung unabdingbare Voraussetzung ist. Oft als Prozentzahlen, die in der Summe 100 ergeben
- ➢ Analyse der Alternativen für jedes Kriterium und Zuweisung von Nutzenwerten, Nutzenwerte häufig von 1-5 oder 1-10
- ➢ Multiplikation der Nutzenwerte mit der Gewichtung
- ➢ Summenbildungen für die Alternativen

Weitere Möglichkeiten: z. B.

- ➢ Pareto-Diagramm
- ➢ Wertschöpfungsanalyse

1.7.3 Umgang mit Präsentationsmedien

Visualisierungsmedien:

- Overheadprojektor (mobil, Steckdose in der Nähe benötigt, einzelne Folien müssen aufgelegt werden, Projektionswand notwendig, evtl. Abdunklung notwendig)
- Metaplanwand/Pinwand (mobil, vielseitig einsetzbar, Konzept vorher überlegen, auf Schrift-/Kartengröße achten)
- Flipchart (mobil, Marker und Papier benötigt, vorher Konzept überlegen oder vorbereiten, Schrift und Symbole sollten geübt werden)
- Whiteboard (oft mobil, teilweise zeitgleich als Magnetwand nutzbar, Marker notwendig, sofort korrigierbar durch abwischen)
- Beamer (Notebook notwendig, möglichst vorbereitete Präsentation notwendig; bei Verwendung von PowerPoint auf Zurückhaltung und Mindest-Schriftgröße 18 pt achten, Firmenvorlage nutzen)
- Video (muss vorbereitet sein, Abdunklung notwendig, Dauer genau überlegen um keine Zuschauer „zu verlieren")
- Smartboard (Kenntnisse zum Umgang notwendig, fest installiert, Notebook erforderlich, Seiten können live bearbeitet, gespeichert und verteilt werden)

H2020 Teil 1 Aufg.7 | H2021 Teil 1 Aufg.7 | H2022 Teil 1 Aufg.7

Grundsätzlich sollte vorher ein Konzept überlegt sein und die Medien sinnvoll eingesetzt werden.

Einige sind zeitaufwendiger als andere in der Vorbereitung (PowerPoint, Video).

Erarbeitete Materialien können fotografiert und so nach der Veranstaltung zur Nachbereitung verschickt werden.

Eine Zusammenfassung als Handout zur Verfügung stellen (ausgedruckt zur Präsentation oder als Datei im Nachgang per E-Mail)

Der Umgang mit den verschiedenen Techniken sollte vorher geübt und nur eingesetzt werden, womit sich der Moderator wohl fühlt.

Technik vor Ort/im Raum sollte rechtzeitig auf Funktionsfähigkeit geprüft werden. Genauso vorhandene Materialien (liegen genug Marker, Pinnnadeln, usw. vor?)

Können alle Teilnehmer die Präsentationsmedien gut sehen? Der Moderator sollte auch während der Arbeit an den Medien den anderen nicht den Rücken zudrehen (ebenfalls vorher üben).

Eine Präsentation sollte einen interessanten Einstieg bieten, der Lust auf Zuhören macht und Neugierde weckt. Mit einer guten Gliederung, die als Flipchart-Bogen vorbereitet werden kann, können die Zuhörer einfacher folgen. Zudem macht es einen strukturierten Eindruck. Bei längeren Präsentationen sind Pausen oder erkennbare Zeiteinteilungen (auf der visuellen Übersicht sinnvoll.
Wichtig ist eine dem Publikum angepasste Darstellung (Fachpublikum vs. Laien/Fachbegriffe oder bekannte Formulierungen/tiefes Einsteigen in die Materie vs. Oberflächliche, bildhafte Darstellung) und selbst umfassend informiert zu sein. So kann auf Nachfragen reagiert und im Vorfeld eine schlüssige Argumentationskette erstellt werden. Vorteile für die vom Thema betroffenen Mitarbeiter sollten klar herausgestellt werden (um positive Einstellungen zu schaffen). Die Zuhörer „im Vortrag" hält ein guter Redner/Präsentator zudem durch Gestik und Mimik (kein starres am Platz verharren, Publikum anschauen statt der Moderationskarten).

1.8 Arbeitstechniken und Zeitmanagement anwenden

1.8.1 Hilfen für das „Lernen zu Lernen"

1.8.1.1 Subjektive Rahmenbedingungen

Lernmotivation (Intrinsisch – extrinsisch)
Eigenorganisation

- Integration in den eigenen Alltag
- Organisation der Arbeitsmaterialien
- Einteilung des Pensums

Physische Verfassung

- Dauerhafte (z. B. benötigte Schlafenszeit vs. Dauermüdigkeit, Ernährungsverhalten)
- Temporäre (z. B. Infekt, Übermüdung)

Psychische Verfassung

- Dauerhafte (z. B. Zufriedenheit, Selbstmotivationskompetenz)
- Temporäre (z. B. vorhandene Resilienz, Umgang mit Stress)

Typgerechte Lernmaterialien (-> Lerntypen)

1.8.1.2 Objektive Rahmenbedingungen

Lernumgebung

- Beleuchtung
- Ruhe
- Arbeitsergonomie

Zeit

- Wie viel Zeit steht tatsächlich zur Verfügung
- Wie viel Zeit wird von außen (Abteilung, Firma, Bildungsanbietern, usw.) gegeben
- Immer im Verhältnis zur persönlich benötigten Zeit

1.8.2 Allgemeines Zeitmanagement

1.8.2.1 Protokollierung

H2019 Teil 1 Aufg.7 | F2022 Teil 1 Aufg.8

Zu unterscheiden sind:

Aktennotiz: kurz; zu bestimmter Akte; Information zu einem Vorgang; zur Information/Nachvollziehbarkeit für Dritte; mit Datum und Handzeichen; Gegenwart oder Vergangenheitsform
Wird inklusive Meinung/Eindrücke als **Aktenvermerk** bezeichnet

4 **Protokollarten**
Kurzprotokoll: sehr komprimiert; dadurch geringe Aussagekraft; wichtigste Inhalte und Ergebnisse mit wichtigsten zugehörigen Ereignissen; Gegenwartsform
Ergebnisprotokoll: sehr komprimiert; nur Ergebnisse/Beschlüsse; geringe Aussagekraft; indirekte Rede
Verlaufsprotokoll: Verlauf in chronologischer Reihenfolge; sinngemäße Wiedergabe von Wortbeiträgen und Ergebnissen; indirekte Rede
Wortprotokoll: wörtliche Mitschrift; inklusive Zwischenrufen, Beifall, etc.; inklusive Benennung der Redner; sehr hohe Beweiskraft; indirekte Rede

Protokolle sind gedacht zur Information für abwesende Teilnehmer; Information für nicht eingeladene Personen; zum Nachlesen (zu wann wurde was vereinbart, wer hat welche Aufgabe übernommen) für anwesende Teilnehmer; als Grundlage für besprochene Projekte; als Beweismittel (nur Wort-, maximal Verlaufsprotokoll)

Aufgeführt werden in der Regel:

- Name des Unternehmens

- Ort der Besprechung (Filiale, Raumnummer)
- Datum und Zeit (von – bis)
- Sitzungsleiter
- Protokollführer
- Anwesende
- Abwesende (wer war eingeladen/gehört zum Personenkreis)
- Tagesordnungspunkte (TOP) (zur Strukturierung schon vorab eingeben): dazu Entscheidungen, Aufgaben und Verantwortliche vermerken
- Ort, Datum, Sitzungsleiter (mit Unterschrift), Protokollführerin (mit Unterschrift), eventuelle Anlagen, Verteiler

1.8.2.2 Berichtstechniken

Berichtswesen / Verteilung von Informationen
Zu größeren Aufgaben gehört ein **Berichtswesen**, das Auskunft über die Art und Weise der Berichterstattung und Informationsweitergabe gibt.

Es gibt Antworten auf die Fragen:

- der **Verantwortlichkeit:** wer die Informationen zusammenträgt, aufbereitet und weiterleitet
- des **Inhalts:** worüber und mit welchem Ziel die Informationen zusammengestellt werden sollen
- der **Form**: als Text, Tabelle oder Grafik, sowie als Ausdruck, Präsentation, E-Mail oder gespeichert an einem bestimmten Ort
- des **Zeitpunktes**: zu welchem kalendarisch bestimmbaren Termin oder wiederkehrenden Terminen (Wochen-, Quartalsberichte) berichtet werden soll
- der **Empfänger**: wer informiert werden soll. Hierbei kann es zusätzlich Unterscheidungen in der Form (besonders bei größeren Empfängerkreisen) und im Zeitpunkt (wenn z.B. die

aufbereiteten Informationen vor der Weitergabe von der GL abgezeichnet werden sollen) geben.

Berichtsarten

Standardbericht: periodisch wiederkehrende Berichte in standardisierter, z.T. gesetzlich vorgeschriebener Form

Abweichungsbericht: Information bei und über Abweichungen von einem definierten Entwicklungspfad

Bedarfsbericht: auf Anforderung (der Geschäftsführung) oder sonst gegebenem Anlass erstellte Information zu einem abgegrenzten Thema

Adressaten

Geschäftsführung – Abteilungen - Mitarbeiter – Betriebsrat - Multiplikatoren (Öffentlichkeit)

Zur Weitergabe der informierenden Texte, Tabellen oder Diagramme gibt es unterschiedlichste Möglichkeiten:

- **Datei:** gespeichert auf dem Server, einem Stick, oder verschickt als Anhang oder eingefügt in einer E-Mail
- **Präsentation:** bei einer Präsentation können Schwerpunkte in den Informationen gesetzt werden (mündlich oder durch die Darstellung); kann zusätzlich digital abrufbar oder in ausgedruckter Form vorliegen
- **Checkliste:** eine Checkliste kann Informationen strukturieren, ist leicht zu aktualisieren in der Regel einfach aufgebaut und verständlich. Kann entweder digital abrufbar oder in Papierform vorliegen.
- **Website:** Darstellung der Informationen auf der hauseigenen oder externen Webseiten. Bieten die Möglichkeit der Verlinkung und sind schnell aktualisierbar. Zusätzlich als download angeboten kann sie jeder nach seinem Bedarf auch ausdrucken.
- **Broschüren:** zur Darstellung umfassender Informationen; Broschüren können nicht aktualisiert werden, sondern nur

neu aufgelegt. Sie sind nicht geeignet für Informationen die häufigen Änderungen unterliegen.

- **Video:** je nach Empfängerkreis/ Zielgruppe können die Informationen auch in Videodarstellung zusammengestellt werden

1.8.2.3 Darstellungs- und Gliederungstechniken

Informationen darstellen als

- **Text** (z.B. Exzerpt, wichtigste Textaussagen, ...) zusammenfassen
- **Tabelle** (z.B. für Umsatzzahlen der letzten vier Quartale)
- **Grafik** (zur Darstellung von Abläufen, Workflows; Kreisläufen, Rangordnungen)
- **Diagramm** (Tortendiagramm zur Darstellung von Anteilen an einem Ganzen; Balkendiagramm zur Darstellung von Rangfolgen oder Trends über einen definierten Zeitraum z.B. von Umsätzen je Produkt oder Mitarbeiter; Säulendiagramm zur Darstellung in der Regel von Gegenüberstellungen verschiedener Angaben unter Zeitbezug; Liniendiagramm durch Verbindung von einzelnen Datenpunkten z.B. zur Darstellung von Trends in einem definierten Zeitraum, Korrelationen...)
- **Histogramm** (verschiedene Merkmale werden in Verbindung gesetzt, in der Regel geht es um Häufigkeiten je differenziertem Merkmal)

Wichtig sind dabei immer eine aussagekräftige Überschrift, bei Tabellen passende Spalten- und Zeilenbeschriftungen, bei Diagrammen passende Achsenbeschriftungen, eine Legende und gegebenenfalls an entsprechender Stelle eine sehr knapp gehaltene Erläuterung. Die Aufbereitung in dieser Form soll die benötigten Informationen kurz und knapp übersichtlich zusammenfassen und zusätzlich einen Interpretationsansatz liefern.

Sollte es bereits eine Tabelle oder ein Diagramm aus einer vorangegangenen Periode geben, sollten die neuen Daten in derselben Form aufbereitet werden. Das macht nicht nur einen Vergleich einfacher, sondern bietet dem Empfänger durch die bereits gewohnte Form eine einfachere Lesbarkeit. Ausnahme: die letzte Datenaufbereitung weist Mängel oder Fehler auf.

Beim Speichern der verarbeiteten Informationen sollte bereits auf die Vertraulichkeit geachtet werden
=> Zugriff abgestuft für lesen – schreiben – verändern – anlegen – löschen
sowie auf den **Datenschutz** für personenbezogene Daten!

Für wiederkehrenden Informationsbedarf bietet sich die Erstellung einer entsprechenden Vorlage an. So sind die Daten jedes Mal einheitlich aufbereitet und im passenden Design (-> Corporate Design).

Wissensaufbereitung
Bearbeitung gewonnener Daten mit dem Ziel besserer Übersichtlichkeit durch Herausarbeiten von Zusammenhängen, Zusammenfassen von einzelnen Daten zu Teilmengen und Gruppierung.
Informationsaufbereitung: **Anforderungen**

- Einfachheit
- Übersichtlichkeit
- Prägnanz
- Stimulanz
- Gestaltung
- Einheitliche Aufbereitung der gesammelten Informationen

1.8.3 Gruppenarbeit

Beruht der Zusammenhang zwischen einer Gruppe von Menschen auf einer Anordnung, spricht man von „**formellen**" Gruppen; bei einer Bildung durch Gemeinsamkeiten ohne äußere Anordnung von „**informellen**". Eine Gruppe, die im bewussten und gewollten Zusammenwirken ein gemeinsames Ziel verfolgt, wird meist als **Team** bezeichnet, also eine Gruppe von Menschen, die ein gemeinsames Ziel verfolgt und durch koordiniertes Zusammenwirken zu erreichen versucht.

Synergieeffekte

Allgemein: Wirkungen von Zusammenarbeit, insbesondere eine durch Kooperation und/oder Konzentration entstandene Möglichkeit, das Verhältnis zwischen Aufwand und Ertrag durch gemeinsame Nutzung von Ressourcen zu optimieren; im Zusammenhang mit **Organisationsentwicklung** das Einsparen von Doppelarbeit durch Beseitigung von Parallelstrukturen

Vorteile der Gruppenarbeit: Bündelung und Vernetzung von Kenntnissen; gegenseitige Inspiration; vielfältigere Ideen; Verbesserung des Verständnisses und der Zusammenarbeit über die Phase der Teamarbeit hinaus; Stärkung der sozialen und kommunikativen Kompetenzen der Beteiligten durch Praxis, Entstehung eines Wir-Gefühls

Workshop

In einem Workshop werden Ideen zu einem bestimmten Thema gesammelt und weiterentwickelt. Die Auswahl der teilnehmenden Mitarbeiter steht in Beziehung zum Thema.

Ein möglicher Ablauf könnte sein:

- Begrüßung und kurzer Small-talk
- Kennenlernen des Themas
- Je nach Größe Einteilung in kleinere Gruppen

- Darstellen der Kleingruppenergebnisse und Besprechung in großer Runde
- Sammlung und Zusammenfügung der einzelnen Kleingruppenergebnisse
- Zusammenfassung, weiteres Vorgehen und Verabschiedung

Je nach zur Verfügung stehender Zeit sind entsprechende Pausen (auch zum Austausch untereinander) einzuplanen
Bei größeren Themen können diese in kleineren Einheiten auf die Kleingruppen aufgeteilt werden oder zeitlich gesplittet von allen bearbeitet werden (vormittags Thema A, nachmittags Thema B...)

1.8.3.1 Rollen

Gruppenarbeit Konfliktursachen:
Konkurrenz, persönliche Differenzen, Überforderung einzelner, Interessenkonflikte, Missverständnisse, unklare Aufgabenverteilung
Zur Vermeidung sollte auf Risiken, Konfliktmöglichkeiten und bestmögliche Kommunikation aller Beteiligten geachtet werden. Feedbacktermine und Projektmeetings ggf. in unterschiedlicher Zusammensetzung sollten dafür eingeplant werden.

F2019 Teil 1 Aufg.7

Typen – Typologie und Umgang
Rolle („soziale Rolle") als Gesamtheit der Verhaltensweisen in einer Gruppe.
Folgender Umgang ist empfehlenswert:

- Mitläufer –> anleiten
- Außenseiter –> integrieren
- Informelle Führer, Meinungsführer –> kooperieren
- Wichtigtuer –> limitieren
- Saboteure –> isolieren
- Clown –> sinnvoll beschäftigen und nur dann beachten

- Verweigerer –> beauftragen
- Schüchterner („Mauerblümchen") –> fördern; loben
- „Kümmerer" –>bremsen

1.8.3.2 Kommunikationsregeln

Kommunikation in Gruppen:
„sternförmig" = Sammeln und Verteilen der Informationen durch einen Koordinator; typisch für formelle Gruppen.
„netzförmig" = unkoordinierte Kommunikation aller miteinander; Regelfall bei informellen Gruppen.

Ein gutes Informationsmanagement ist notwendig, um Probleme und Konflikte durch zu geringe oder fehlerhafte Kommunikation zu vermeiden. Daraus resultierende Folgen könnten sein: Probleme bei der Einhaltung der zeitlichen Planung, des Kostenplans sowie Motivationsabnahme der Projektbeteiligten

Kommunikations-Regeln - *F2019 Aufg.8*

- Aktiv zuhören
- non-verbale Zeichen der Aufmerksamkeit geben
- positiv sprechen
- bei Zweifeln nachfragen
- Verallgemeinerungen vermeiden, in Ich-Form sprechen
- auf Partner in Wortwahl und Sprechweise einstellen
- Ablenkungen und Störungen fernhalten, ggf. ignorieren
- Offen sprechen
- Ich-Botschaften

Feedback - *H2022 Teil 4 Aufg.1*
sollte nur auf Nachfrage gegeben werden und sollte:
konkret, realistisch, neutral und ohne Zeitverzug sein.

Auch gegenüber Vorgesetzten sollte Feedback möglich sein ohne Angst vor Repressalien haben zu müssen.
Feedback sollte vom Empfänger angenommen werden. Eine Rechtfertigung als Antwort darauf ist nicht wünschenswert. Besser ist, das erhaltene Feedback anzunehmen und ernsthaft darüber nachzudenken. Manchmal ist die Außenwirkung der eigenen Handlungen anders als erwartet oder gedacht. Deshalb ist es sinnvoll sich selbst aufgrund eines Feedbacks zumindest zu hinterfragen.
Für Feedback im Anschluss an ein Gespräch oder eine Veranstaltung sollte ausreichend Zeit mit eingeplant werden, damit jeder in sinnvollem Umfang zu Wort kommen und alles mitteilen kann.

Paul Watzlawick
1. von 5 Axiomen: Man kann nicht nicht kommunizieren

4-Ohren-Modell - *F2019 Teil 1 Aufg.8 | H2021 Teil 1 Aufg.8*

Kommunikationsmodell von Friedemann **Schultz von Thun**: jede Botschaft enthält vier Seiten:

- Sachebene (konkrete Information)
- Beziehungsebene (verstärkt durch non-Verbales)
- Selbstoffenbarungsebene (unbewusst; eigene Emotion, Selbstempfinden)
- Appellebene (Aufforderung an Angesprochenen)

Als hilfreich können sich auch an folgende Methoden angelehnt erweisen:

- Gesprächstechniken aus der klientenzentrierten Gesprächsführung nach Carl Ransom Rogers
- Artikulation
- Zuhören
- Paraphrasieren
- Analysieren

- Spiegeln/ Chamäleon-Effekt

- Überbrücken durch
    - Kommentar
    - Gegenfrage
    - bitten um Bedenkzeit
    - Informationen nachreichen
- Fragen zusammentragen und am Ende bearbeiten
- Transaktionsanalyse
- Achten auf eigene Lautstärke, Artikulation, Mimik, Gestik

Fragetechniken

- offene Frage
- Geschlossene Frage
- Reflektierende Frage
- Zielgerichtete Fragen

Frage nach Alternativen

1.8.3.3 Gruppendynamische Prozesse

Phasen der **Gruppendynamik** / Modell nach B. **Tuckman**
F2019 Aufg.7

- **Forming**: Orientierung, erste Konfrontation mit Aufgabe und Begegnung mit Team
  Aufgaben der Leitung: Strukturierung, Kontaktmöglichkeiten schaffen, Offenheit, zu Eigenverantwortlichkeit anhalten
- **Storming**: Konflikte, Rangordnungskämpfe;
  Aufgaben der Leitung: alle Mitglieder integrieren, Methodenvielfalt, bei Bedarf Moderation
- **Norming**: Entwicklung gemeinsamer Normen und Werte, Herausbildung eines Wir-Gefühls

Aufgaben der Leitung: Beobachten und Lösungshilfe bei Konflikten, Eigenverantwortung der Gruppe einfordern

- **Performing**: Integration, Lösungen von Problemen, Fokussierung auf Projektaufgabe

  Aufgaben der Leitung: Unterstützung bei Bedarf, achtet besonders auf Termin- und Zieleinhaltung

In erweiterter Fassung folgt noch:

- **Adjourning** (auch Re-Forming, Termination), was als Abschluss des Modells zum Kreis gemeint ist

  Aufgaben der Leitung: Debriefing, Lessons Learned, offene Punkte ansprechen/klären, Unterstützung im Übergangsprozess

Tuckman – Phasen der Gruppendynamik

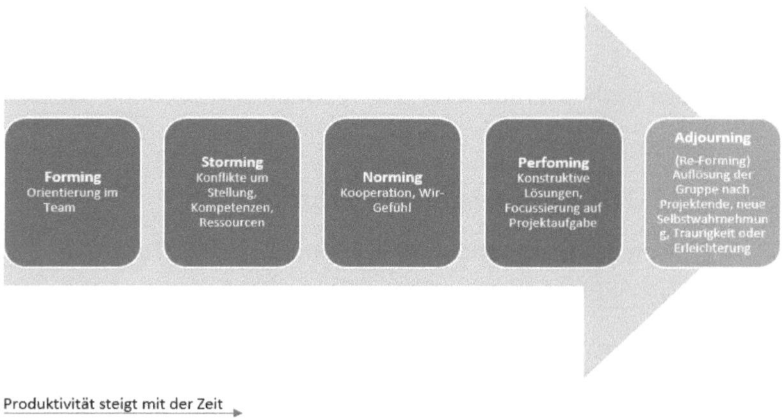

1.8.4 Persönliches Zeitmanagement

1.8.4.1 Der individuelle Arbeitsstil

Jeder Arbeitsstil ist individuell. Es sollte der persönliche Arbeitsstil ehrlich reflektiert werden. So sind Anpassungen/Änderungen zur Zielerreichung an den persönlichen Stellschrauben möglich

Analyse des persönlichen Arbeitsstils
Zum Beispiel durch:

- Aufgaben notieren,
- Nach der Erledigung Zeiten dazu schreiben,
- Störungen festhalten,
- Analysieren
- Realistische Einschätzung der benötigten Bearbeitungszeit
- Realistische Einschätzung der persönlichen Unterbrechungen und Ablenkungen
- Realistische Einschätzung der benötigten Pausen
- Abhängigkeit vom Biorhythmus
- Familiäre Beziehungen/Verpflichtungen
- Zeit für weitere soziale Kontakte/Vorhaben

1.8.4.2 Techniken des persönlichen Zeitmanagement

F2021 Teil 1 Aufg.8 | H2022 Teil 1 Aufg.8

Vorausschauende Organisation von Terminen, Aufgaben und Aktivitäten eines Arbeitstages.
Ziele:

- fristgerechte Erledigung der Aufgaben
- pünktliche Wahrnehmung der Termine
- effektive Nutzung der verfügbaren Zeit
- Einhalten des erforderlichen Qualitätsniveaus

Hilfreich ist schon eine einfache **To-do-Liste.** Sie hilft einen Überblick zu behalten und nichts zu vergessen. Unerledigte Aufgaben werden auf den Folgetag übertragen.
Kann ergänzt werden durch Schätzung der Erledigungszeit, Deadline, u.a.

Tagesplanung

Verfahren (insbesondere für Führungskräfte)
Trennung zwischen

- Terminen (an eine bestimmte Uhrzeit gebundene Verabredung mit anderen),
- Aufgaben (eine zu erledigende Arbeit) und
- Aktivitäten (vorzunehmende Handlungen, nicht unbedingt an eine bestimmte Uhrzeit gebunden).
- Vorsortieren nach Eisenhower-Prinzip oder ABC-Analyse (*siehe unten)*
- Schaffen von Zeitblöcken für gleichartige Tätigkeiten
- Verhindern / Verringern von Störungen (siehe unten „Störungsprotokoll")
- zu jedem Termin die Vorbereitung (evtl. auch Auswertung) als Aufgabe planen
- eigenen Bio-Rhythmus berücksichtigen

ALPEN-Methode

Planung der Tagesaktivitäten in den Schritten:

- **Aufgaben** auflisten
- **Länge** zeitlich abschätzen
- **Pufferzeiten** einplanen
- **Entscheidungen** treffen/ priorisieren
- **Nachkontrollieren**

Eisenhower-Prinzip / Eisenhower-Methode

Aufgaben	dringend	nicht dringend
wichtig	sofort erledigen	einplanen
unwichtig	delegieren	vermeiden

Ivy-Lee-Methode
Notieren der sechs wichtigsten Dinge, die an einem Tag erledigt werden sollen, nach Wichtigkeit sortieren und der Reihe nach ausschließlich diese Aufgaben bearbeiten. Nicht Erledigtes wird auf die Liste des Folgetages übertragen und auf bis zu sechs Aufgaben in der Summe ergänzt.

Pareto-Prinzip (auch: 80/20-Regel)
Generell die Erkenntnis, dass ca. 80% aller Ereignisse aus 20% der Ursachen entspringen. Hier: 80% der Aufgaben werden in 20% der Arbeitszeit erledigt. Folgerung: Wege suchen, die 20% der Aufgaben mit 80% des Zeitbedarfs zu reduzieren.

ABC-Analyse
Einteilung der Aufgaben in:

ABC-Analyse

	A-Priorität	B-Priorität	C-Priorität
Wichtigkeit	sehr wichtig	wichtig	nicht wichtig
Dringlichkeit	dringend	weniger dringend	nicht dringend
Beispiel	Power Point für die Sitzung heute Nachmittag fertig stellen.	Einladungen für Teamsitzung in drei Monaten verschicken.	Kataloge aus dem letzten Jahr sortieren.

Aufgaben mit A-Priorität werden meist direkt und selbst erledigt. In Ausnahmefällen wird delegiert.

Aufgaben mit B-Priorität werden häufig in den nächsten Tagen selbst erledigt. Sind bei Bedarf einfacher zu delegieren, da es Zeitpuffer für Erklärungen oder Nachbesserungen gibt.

Aufgaben mit C-Priorität können delegiert werden, erledigen sich in manchen Fällen von selbst oder gehören direkt in den Papierkorb.

Salami-Taktik

Wesentliche Ziele und Aufgaben sollten konkret formuliert und in kleine, realistische Teilziele und Teilaufgaben aufgeteilt und dann nach Dringlichkeit abgearbeitet werden.

Pomodoro-Technik / Pomodoro-Methode

Alle 25 Minuten eine Pause für 5 Minuten einlegen. Insgesamt 4-mal, danach eine Pause von 30 Minuten einlegen.
Der Gedanke dahinter ist die Zeitspanne, in der konzentriertes Arbeiten möglich ist, sowie die Unerlässlichkeit von Pausen, um konzentriertes Arbeiten möglich zu machen.

Timeboxing

Jeder Aufgabe wird eine feste „Zeitbox" inklusive dem in der Zeit zu erreichenden Ziel zugeordnet. Eine Zeitbox kann Minuten, Stunden oder Tage umfassen und sollte in der Summe die gesamte zur Verfügung stehende Zeit füllen. Zudem soll die gesamte Zeit einer Boxeinheit genutzt werden, auch wenn Sie bereits vorher mit der Aufgabe fertig sind. Diese Methode soll die Produktivität und Konzentration auf eine Aufgabe erhöhen. Timboxing steht in Beziehung zum Parkinsonschen Gesetz.

Batching

Gleiche, ähnliche oder wiederkehrende Aufgaben werden zusammengelegt und innerhalb eines gemeinsamen Zeitfensters bearbeitet. Diese Methode soll die Produktivität und Konzentration darauf erhöhen

Das GTD-Prinzip/ Getting-Things-Done

Sämtliche zu erledigenden Aufgaben werden notiert, aber nicht priorisiert. Es werden zu jedem Thema unterschiedliche To-do-Listen angelegt und in Verbindung mit einem Terminkalender abgearbeitet. Zu jedem Punkt wird der nächste Schritt überlegt und notiert, so dass große Aufgaben überschaubar werden. Zusätzlich werden Wiedervorlagen-Ordner genutzt. Alles, was in zwei Minuten zu erledigen ist, wird sofort erledigt. Das Ziel ist, Vorhaben tatsächlich anzugehen und zu erledigen.

1.8.4.3 Zeiteinteilung und Einflussfaktoren

Parkinsonsches Gesetz
unterstellt, dass eine Aufgabe so lange dauert, wie dafür Zeit zur Verfügung steht, unabhängig von der Art der Aufgabe.
Edwards Gesetz
Unterstellt, dass der Aufwand, den man in eine Sache investiert, umgekehrt proportional zur verbleibenden Zeit steigt. Je näher der Abgabetermin, desto mehr Hochdruck bei der Arbeit.

Aufgabenplanung

Sortierung, Auswahl und Priorisierung der zu erledigenden Tätigkeiten; Grundlage für eine konkretisierende Tagesplanung Schritte dazu können sein:

1. Auflistung aller Aufgaben / Ziele formulieren
2. Sortierung nach Wichtigkeit *-siehe Eisenhower-Prinzip*
3. Auswahl und Abtrennung delegierbarer Aufgaben
4. Zeitbedarf schätzen
5. Prioritäten festlegen
6. Umsetzen in Tagesplanung
   Und für die Planung des nächsten Tages:
7. Nachkontrolle der Umsetzung
8. Unerledigte Punkte übernehmen
9. Zeitbedarf ggf. anpassen

Störungsprotokoll
Protokoll (z.B. pro Woche) über Art und Häufigkeit von Störungen

bei der Arbeitsdurchführung; einfache aber wichtige Analysetechnik des Zeitmanagements, da durch unnötige Störungen der Arbeitsfluss unterbrochen wird und die Leistungsfähigkeit abnimmt.

Zeitfresser / Zeitdiebe – *H2020 Teil 1 Aufg.8*
Telefonate, E-Mails, „Besuche" der Kollegen, zu knappe Zeiteinschätzung für Aufgaben, das Ziel aus den Augen verlieren/ abschweifen, mögliche Aufgaben nicht delegieren, Prioritäten nicht an neue Erfordernisse/ Umstände anpassen, Wartezeiten.
Grundsätzlich auch Ablenkung jeglicher Art, Unkonzentriertheit, fehlende Motivation.
Als generelle Größe sollten 30 – 40 % der Zeit als Puffer freigehalten werden. To-do-Listen und Kalender lassen Aufgaben im Blick behalten. Routine und ein verabredetes Zeitfenster für ungestörtes Arbeiten können ebenfalls vor Zeitfressern schützen.
Weitere Faktoren:

- Äußere Rahmenbedingungen (Arbeitsplatzausstattung)
- Arbeitsplatzergonomie
- Beziehungen der Kollegen untereinander (Arbeitsklima)
- Beziehungen zu Vorgesetzten
- Eigener Anspruch an mich selbst
- Leistungsdruck
- Überforderung
- Private Probleme

Zur **Stressreduktion:**

- Achtsamer Umgang mit sich selbst
- Eigene Wahrnehmung überdenken
- Psychohygiene/ Positives Denken
- Überdenken des Selbstmanagements
- Mehr Bewegung
- Gesündere Ernährung
- Ausreichend Schlaf

Personalarbeit auf Grundlage rechtlicher Bestimmungen durchführen

Im Handlungsbereich „Personalarbeit auf Grundlage rechtlicher Bestimmungen durchführen“ soll der Prüfungsteilnehmer nachweisen, dass er die Mitarbeiter, Führungskräfte und Unternehmensleitung in allen Phasen der Personalbeschaffung, der Vertragsgestaltung und der Beendigung von Arbeitsverhältnissen kompetent und verantwortlich beraten und damit eine effiziente Personalbewirtschaftung gewährleisten kann.

2.1 Individuelles und kollektives Arbeitsrecht anwenden

2.1.1 Die Anbahnung von Arbeitsverhältnissen

2.1.1.1 Stellenausschreibungen

Unterschieden wird zwischen
Interner Stellenausschreibung und

Externer Stellenausschreibungen - *H2021 Teil 2 Aufg.6*
Wege: Stellenausschreibung über externe Medien; Stellenangebot in eigenen Kommunikationsinstrumenten (Internetauftritt; Broschüren; Aushänge); Agentur für Arbeit und deren Arbeitgeberservice; private Agenturen („Head-Hunter“); Social Media (z.B. XING); Beteiligung an Informationsmessen von Hochschulen etc.

Die Wahl des Weges ist abhängig von der Branche und dem erwarteten Rücklauf über diesen Weg (Beispiel: weniger Bewerbungen auf Ausschreibung auf Homepage als auf Stellenanzeige im Jobportal des Arbeitsamtes)
Vorteile: neue Sichtweisen; externe Erfahrungen und Kenntnisse; erwünschte Strukturveränderungen
Nachteile: Zeit- und Kostenaufwand; Risiko eines Fehlgriffs; längere Einarbeitungszeit
Damit zwingend notwendige Informationen eingereicht werden, sollten online-Bewerbungsformulare relevante Abfragen vorgeben:

- Persönliche Daten
- Bewerbungs-Motivation
- Schulischer Werdegang
- Beruflicher Werdegang
- Kenntnisse (besondere Software, andere Anwendungen)
- Sprachkenntnisse
- Möglichkeit für Kurz-Anschreiben oder zum Hochladen des Anschreibens
- Möglichkeit zum Hochladen von Zertifikaten/Zeugnissen
- Besondere persönliche Interessen

Datenschutz ist einzuhalten und der Bewerber im Vorfeld darüber zu informieren.

Internationaler Arbeitsmarkt

- Größere Auswahl an Fachkräften (besonders IT)
- Interkulturelle Kompetenzen werden gefördert und gefordert
- Internationale Mitarbeiter fördern Rekrutierung weiterer internationaler Mitarbeiter

Stellenausschreibung – Inhalte

- Basisdaten über das Unternehmen (Branche; Produkte; Marktstellung; Selbstbild; Zusatzleistungen für Mitarbeiter)

- Bezeichnung, Aufgaben und hierarchische Einordnung der zu besetzenden Stelle
- Formale Voraussetzungen an Bewerber (Abschlüsse; nachgewiesene Kenntnisse; Berufserfahrung)
- Erwartete Kompetenzen und Qualifikationen
- Anforderungen an Inhalt, Form und Adressierung von Bewerbungsunterlagen
- Ansprechpartner für Rückfragen und Bewerbungszeitraum

Ausschreibung
(Grundlage: Allg. Gleichbehandlungsgesetz - AGG)
Verbot der Benachteiligung wegen:
Rasse – Herkunft – Geschlecht - Religion/ Weltanschauung – Behinderung – Alter - Sexueller Identität

Stellenanzeige: Im Rahmen einer **Stellenausschreibung** eine Veröffentlichung zur Gewinnung von (externen) Bewerbungen. Neben den aus der Stellenbeschreibung abzuleitenden, aber evtl. unter dem Aspekt der Außenwirkung umzuformulierenden Informationen (Bezeichnung der Stelle, Anforderungen und Aufgaben, Rang und Kompetenzen) sollte sie enthalten:

- Informationen zum Unternehmen (Branche; Position; Größe)
- Anlass der Ausschreibung
- Mindestanforderungen an Bewerber
- Rahmendaten zur erwartbaren Entlohnung
- Eintrittstermin
- Anforderungen an Unterlagen und Form der Einreichung
- Ansprechpartner für Rückfragen

Besonders zu beachten ist dabei die Einhaltung der Regelungen des AGG.
Hilfreich kann hier die Anlehnung an AIDA sein, zugeschnitten auf das eigene Unternehmen, um potenzielle Kandidaten zur Bewerbung zu motivieren.

Praktisch auch für Bewerber ist das **E-Recruiting**. Bei **Employee-self-Services** können auch die Bewerber ihre Unterlagen hochladen und nach Bedarf aktualisieren.

Ebenso kann ein **PIS** (Personal Informationssystem) hier bereits für die Einreichung der Bewerbungsunterlagen und das Bewerbermanagement genutzt werden, so **wie CV Parsing**, dass die Daten (Lesbarkeit vorausgesetzt) aus den Lebensläufen übernehmen kann.

2.1.1.2 Auswahlverfahren

F2022 Teil 4 Aufg.1
Personalauswahl: Grundlagen
Bewerbungsunterlagen:
äußerer Eindruck; Stil; Rechtschreibung; Vollständigkeit und Lückenlosigkeit; Referenzen, Zeugnisse
Personalfragebogen:
Erfassung aller für die Beurteilung bedeutsamen persönlichen Daten von Bewerbern in einem standardisierten Formular.
Testverfahren:
Vergleich, Rangordnung bei mehreren Bewerbern;
Ermittlung von Niveau der Fachkenntnisse, Allgemeinbildung, Sprachverständnis, Belastbarkeit

Möglichkeiten zur **Mitarbeiterauswahl**:

- Erstellen, ausfüllen und auswerten eines Anforderungsprofils aufgrund der Bewerbungsunterlagen
- Telefonisches Erstgespräch
- Persönliche Vorstellungsgespräche
- Psychologische und/oder physische Tests (Assessment-Center)
- Ausfüllen und auswerten des Anforderungsprofils nach den Auswahlverfahren

- Fachbezogene Aufgaben lösen
- Problemlösung (Kommunikation und Kontaktfähigkeit)
- Rollenspiel (Durchsetzung, Verhandlungsgeschick)
- Probearbeit
- Praktikum

Mögliche Punkte eines **Anforderungsprofils** – *F2022 Teil 4 Aufg.1:*
- Ausbildung
- Spezielle Fachkenntnisse
- Weitere Zertifikate
- Praxiserfahrung
- Kompetenzen (Auffassung, Teamfähigkeit, Verlässlichkeit, Belastbarkeit, Konfliktfähigkeit, Selbstmanagement, Durchsetzungsfähigkeit, Verhandlungsgeschick)
- Äußeres Erscheinungsbild

Bei internationaler Rekrutierung zusätzlich:
- Sprachkenntnisse
- Interkulturelle Kompetenzen
- Bereitschaft zur Mobilität

Praktikum

Zeitlich begrenzte, unentgeltliche oder mehr symbolisch entlohnte Mitarbeit in einem Unternehmen, um die Tätigkeiten, Arbeitsbedingungen und Anforderungen kennenzulernen. Für die Unternehmen besteht dabei die Möglichkeit, die Anpassungsfähigkeit und persönlichen Eigenschaften potenzieller Arbeitnehmer zu erfahren.

Ein Praktikum ist sehr praxisorientiert und nah am Arbeitsalltag. Vorteile sind somit die vielen verschiedenen Eindrücke, die der Bewerber von sich zeigen, aber auch erhalten kann.

Nachteile bei mehrtägigen Praktika sind der Zeitaufwand für mehrere Mitarbeiter und auch für den Bewerber (muss in seinen Alltag integriert werden können). Dieser Zeitaufwand kann Bewerber abschrecken.

Bewerbungsgespräch / Vorstellungsgespräch
Ablauf: Begrüßung; Vorstellung des Unternehmens; Selbstvorstellung des Bewerbers; ergänzende Fragen an den Bewerber; Fragen des Bewerbers; Information über weiteres Vorgehen, zeitlichen Rahmen; Verabschiedung
Auswertung nach: Qualität der Vorbereitung auf das Gespräch, Kenntnissen über Unternehmen; Kommunikationsfähigkeit; Auftreten; Ausstrahlung; Belastbarkeit.

Leitfadenbasiertes Interview
Dient der besseren Vergleichbarkeit passender Bewerber zueinander. Kann neben Fragen zum Kandidaten, seinen Bewerbungsunterlagen und zu den Anforderungen auch Testaufgaben enthalten

Assessment-Center - *H2019 Teil2 Aufg.6 | F2022 Teil 4 Aufg.1*
Gleichzeitige Beobachtung einer Gruppe von Mitarbeitern bzw. Bewerbern (max. 18) durch mehrere Personen zur Beurteilung des Potentials und der Kompetenzen in praxisbezogenen Situationen. Es kann über einen oder auch mehrere Tage gehen und sowohl berufsbezogene Aufgabenstellungen als auch verhaltensorientierte Übungen oder psychologische Testverfahren beinhalten.
Vorteile sind unter anderem, die Prüfmöglichkeit der Teamfähigkeit, Belastungsfähigkeit und der Beobachtung und Einschätzung durch mehrere kompetente Beobachter.
Nachteile sind der zeitliche Aufwand und die hohen Kosten. Je nach Aufgabenstellung und Anforderung an die zu besetzende Stelle werden relevante Kompetenzen nicht ausreichend geprüft.

Durchführung Schritte:
1. Klärung der Ziele
2. Analyse der zu beobachtenden Eigenschaften und Fähigkeiten
3. Auswahl der einzusetzenden Mittel und Übungen
4. Auswahl und Schulung der Beobachter
5. Organisation und Durchführung
6. Evaluation und Controlling des AC

Beispiele für **Übungen** im Rahmen eines AC:
- Rollenspiele
- Gruppendiskussionen
- Präsentationsaufgaben (auch Selbstpräsentation)
- Übungsaufträge, Teamaufgaben
- Selbst- und Fremd-Beurteilungen

2.1.1.3 Beteiligungsrechte des Betriebsrats

Betriebsrat ist die Interessenvertretung der Arbeitnehmer
Aufgaben des Betriebsrats
Allgemein, § 80 BetrVG: Überwachung und Einhaltung von Bestimmungen, Entgegennahme von Beschwerden der Arbeitnehmer, Verhandlungen mit dem Arbeitgeber, Beantragung von Maßnahmen für die Arbeitnehmer, Unterstützung schutzbedürftiger Arbeitnehmer, Abschluss Betriebsvereinbarungen
Rechte des Betriebsrats
Mitwirkungsrechte: Unterrichten, Erörtern, Vorschlagsrecht, Anhören Der BR wirkt mit (BR ist zu beteiligen), aber Einwendungen sind ohne Belang (bei der Entscheidung, ob der Arbeitgeber etwas veranlasst, wirkt der BR nur mit, er hat kein Entscheidungsrecht)
Mitbestimmungsrechte: Widerspruchsrecht, Zustimmung; Arbeitgeber kann nur mit der Zustimmung des Betriebsrates Entscheidungen treffen (stärkster Eingriff), bei fehlender Einigung, Ersetzung durch Entscheidung der Einigungsstelle

Zustimmung: der Arbeitgeber kann nur mit der Zustimmung des BR Entscheidungen treffen.
Widerspruchsrecht: Betriebsrat darf Zustimmung nur ausnahmsweise verweigern (bei der Durchführung der Entscheidung, wie es umgesetzt wird, hat der BR Zustimmungsrecht)
Mitbestimmungsbereiche
Soziale Angelegenheiten, §§ 87 ff BetrVG
Arbeitsplatzgestaltung, §§ 90,91 BetrVG
Personelle Angelegenheiten, §§ 92 ff BetrVG
Wirtschaftliche Angelegenheiten, §§ 106 ff BetrVG
Weitere Beispiele für die Beteiligung des Betriebsrats:
Änderungen Arbeitszeit, auch Einführung von Kurzarbeit – Zustimmung § 87 I Nr. 2 BetrVG
Überstunden – Zustimmung § 87 I Nr. 2 und 3 BetrVG

Bei Anbahnung zu Arbeitsverhältnissen: - *F2019 Teil2 Aufg.3 | F2023 Teil 2 Aufg.3*
Personalplanung - Unterrichtung des Betriebsrats (§ 92 BetrVG); bei Maßnahmen Beratungsrecht
Personalfragebogen – Zustimmung § 94 BetrVG
Externe Stellenausschreibungen - Beteiligung
Interne Stellenausschreibung – Beteiligung; kann vom BR verlangt werde (§ 93 BetrVG)
Auswahlverfahren – Mitbestimmung (§ 95 BetrVG)
Einstellung Arbeitnehmer (bei mehr als 20 Arbeitnehmer im Betrieb) – Zustimmung (nach Unterrichtung und Vorlage Unterlagen) § 99 I BetrVG
Selektionskriterien bei Bewerberauswahl – mitbestimmungspflichtig
Rekrutierung von Bewerbern im Ausland – Informationsrecht bei Planung

2.1.1.4 Vorvertragliches Vertragsverhältnis

Bei Interesse von Arbeitgeber und Arbeitnehmer gibt es Vertragsverhandlungen, während derer bereits ein Schuldverhältnis für beide Seiten besteht.

Dazu zählen wahrheitsgetreue Angaben des Arbeitnehmers dem Arbeitgeber gegenüber.

Andernfalls kann es zu Schadensersatzansprüchen kommen.

2.1.2 Die Begründung des Arbeitsverhältnisses

2.1.2.1 Abgrenzung zu anderen Verträgen

Werkvertrag - *F2022 Teil 2 Aufg.1*

Unternehmer: Verpflichtung Herstellung des Werkes, § 631 Abs. 1 BGB (Erfolg/Werkergebnis geschuldet), handelt selbständig, unternehmerisch
Besteller: Verpflichtung Vergütung zu bezahlen, § 631 Abs. 1 BGB, keine Weisungsbefugnis
Mängelrechte des Bestellers, § 634 BGB

- ➢ Nacherfüllung gem. § 635 BGB
- ➢ Selbstvornahme und Aufwandsersatz gem. § 637 BGB
- ➢ Rücktritt gem. §§ 636, 323, 326 V BGB
- ➢ Minderung gem. § 638 BGB
- ➢ Schadensersatz gem. §§ 636, 280, 281, 283, 311 a BGB
- ➢ Ersatz vergeblicher Aufwendungen gem. § 284 BGB

Zurückbehaltungsrecht bei Nachbesserung
Unternehmer hat das Wahlrecht, ob Nachbesserung oder Neuherstellung

Werklieferungsvertrag, § 651 BGB:
Lieferung herzustellender beweglicher Sache geschuldet; Vorschriften über den Kaufvertrag anzuwenden

Arbeitnehmerüberlassung

- ➢ Auftraggeber „bucht“ für erforderlichen Zeitraum (1 Tag bis mehrere Monate“) Personal nach bestimmten Kriterien
- ➢ Auftraggeber zahlt an Arbeitnehmerüberlassung
- ➢ Arbeitnehmer haben Vertrag mit Arbeitnehmerüberlassung und werden von dieser zu deren Kondition bezahlt (unabhängig vom Betrag, den der Auftraggeber zahlt)
- ➢ Geschuldete Leistung ist Dienstleistung

- Auftraggeber ist Arbeitnehmern gegenüber weisungsbefugt
- Active Sourcing
- Bietet Auftraggeber viel Flexibilität
- Für kurze Zeitspannen
- Für längere Zeitspannen oft unrentabel (kostenintensiv, Know-how verbleibt nicht im Betrieb, ggf. häufiger Wechsel und Anlernzeit)

Freie Mitarbeiter - *F2022 Teil 2 Aufg.1*

- Sind flexibel
- Arbeiten oft nebenberuflich
- Kein Beschäftigungsrisiko, keine Entgeltfortzahlung
- Spezialisiert, so dass sich eine Anstellung für einen einzelnen Arbeitgeber nicht lohnt
- Oft künstlerisch tätig
- dem Auftraggeber nicht so verbunden wie Angestellte
- Keine Weisungsbefugnis des Auftraggebers
- Nicht immer verfügbar
- Für den „Freien" keine finanzielle Sicherheit
- Einkommensschwankungen je nach Auftragslage
- Kann sich seine Auftraggeber aussuchen
- Kann höheres Einkommen erzielen als angestellt
- Nicht an ArbZG oder BUrlG des Auftraggebers gebunden

Gefahr der **Scheinselbständigkeit** (Kriterien z. B. Weisungsbefugnis, Anzahl Auftraggeber)

Dienstvertrag - *F2022 Teil 2 Aufg.1*

Dienstherr/Arbeitgeber: Verpflichtung zur Gewährung der vereinbarten Vergütung, § 611 Abs. 1 BGB

Arbeitnehmer: Verpflichtung zu Diensterbringung, § 611 Abs. 1 BGB (Leistung nicht Erfolg)

Beendigung durch Zeitablauf oder Kündigung

Berufsausbildungsvertrag zwischen dem Ausbildungsbetrieb und dem Auszubildenden; Basis für den Eintrag in das Verzeichnis der Berufsausbildungsverhältnisse bei der zuständigen IHK.

2.1.2.2 Vertragsarten

Arbeitsvertrag

Abweichungen gelten nur, wenn für Arbeitnehmer günstiger (**Günstigkeitsprinzip**)

Gesetz: wenn keine vertragliche oder tarifvertragliche Regelung.

Rangfolge: EU-Recht – Grundgesetz – BGB/ArbZG – Rechtsverordnungen – Tarifverträge – Betriebsvereinbarungen – Arbeitsverträge – Betriebliche Übung – Direktionsrecht des Arbeitgebers

Vertragsarten:

- unbefristete **Vollzeitbeschäftigung** (Regelfall)
- **Berufsausbildungsverhältnis** (Ausbildung im Vordergrund)
- **Praktikum** (Erfahrungssammlung, meist unentgeltlich)
- **Arbeitnehmerüberlassung** (Dreiecksverhältnis)
- **Teilzeitarbeitsverhältnis** (weniger als übliche Wochenarbeitszeit)
- **Brückenteilzeit** (seit 2019; befristete Teilzeit; nur unter bestimmten Voraussetzungen; 1-5 Jahre möglich, danach wieder reguläre Arbeitszeit)
- **Befristete** Arbeitsverhältnisse *-F2019 Teil 2 Aufg.1 | F2022 Teil 2 Aufg.1 | H2023 Teil 2 Aufg.2*
  (Schriftform!), sachlicher Grund erforderlich, ohne Sachgrund nur wirksam, wenn vorher noch kein Vertrag und maximal 2 Jahre in max. 4 Teilen; ab 52 Jahre mehrfache Verlängerung möglich (siehe §14 Absatz 3 TzBgG)
  deshalb z. B. aufgrund von Gehaltserhöhung keine Verlängerung der Befristung möglich, da das als neues Arbeitsverhältnis, das aufgrund des vorherigen befristeten Arbeitsvertrages nicht befristet sein darf, gilt und automatisch einen unbefristeten Arbeitsvertrag darstellt.) (TzBfG)

- **geringfügige Beschäftigung** – *F2021 Teil 2 Aufg.4* Wird sozialversicherungspflichtig angemeldet (mit oder ohne Rentenanspruch); Hat Anspruch auf Lohnfortzahlung; Hat Anspruch auf Urlaub

2.1.2.3 Rechte und Pflichten aus dem Arbeitsvertrag

F2021 Teil 2 Aufg.2

Haupt- und Nebenpflichten (kein Gegenseitigkeitsverhältnis; Pflichten nach Beendigung des Arbeitsverhältnisses; u. a.)

Arbeitnehmer (AN):

- Pflicht zur Arbeitsleistung (in Person) (Hauptleistungspflicht)
- Gehorsamspflicht
- Treuepflicht, § 242 BGB (Verschwiegenheitspflicht)
- Wahrnehmung berechtigter Interessen des Betriebes
- keine unerlaubte Nebentätigkeit, Wettbewerbsverbot etc.)
- Sorgfaltspflicht
- Haftung des AN (innerbetrieblicher Schadensausgleich)
- Nachweis bei Erkrankung

Arbeitgeber (AG):

- Beschäftigungspflicht
- Entgeltzahlungspflicht (Hauptleistungspflicht)
- Entgeltzahlung ohne Arbeitsleistung (Feiertag; Urlaub; Krankheit, Berufsschulbesuch; Arbeitsausfall aus Risiko AG (Stromausfall); Annahmeverzug AG; unverschuldete Arbeitsverhinderung für kurze Zeit)
- Entgeltzahlung bei Krankheit (unverschuldet arbeitsunfähig krank)
- Fürsorgepflicht
- Zeugnispflicht

2.1.2.4 Form und Inhalt von Arbeitsverträgen

H2020 Teil 2 Aufg.3 | F2021 Teil 2 Aufg.2

Arbeitsvertrag: Sonderform des Dienstleistungsvertrages, § 611 BGB

Unselbständige, weisungsabhängige Dienstleistung gegen Entgelt

Arbeitsvertragsrecht

formfrei, ABER: wesentliche Vertragsbedingungen müssen dem Arbeitnehmer schriftlich innerhalb eines Monats nach Beginn ausgehändigt werden (§2 Abs.1 **Nachweisgesetz**). Dazu gehören u.a.:

- der Name und die Anschrift der Vertragsparteien
- der Zeitpunkt des Beginns des Arbeitsverhältnisses
- bei befristeten Arbeitsverhältnissen: die vorhersehbare Dauer des Arbeitsverhältnisses
- der Arbeitsort oder, falls der Arbeitnehmer nicht nur an einem bestimmten Arbeitsort tätig sein soll, ein Hinweis darauf, dass der Arbeitnehmer an verschiedenen Orten beschäftigt werden kann
- eine kurze Charakterisierung oder Beschreibung der vom Arbeitnehmer zu leistenden Tätigkeit
- die Zusammensetzung und die Höhe des Arbeitsentgelts einschließlich der Zuschläge, der Zulagen, Prämien und Sonderzahlungen sowie anderer Bestandteile des Arbeitsentgelts und deren Fälligkeit
- die vereinbarte Arbeitszeit
- die Dauer des jährlichen Erholungsurlaubs
- die Fristen für die Kündigung des Arbeitsverhältnisses
- ein in allgemeiner Form gehaltener Hinweis auf die Tarifverträge, Betriebs- oder Dienstvereinbarungen, die auf das Arbeitsverhältnis anzuwenden sind.

Nachweis in elektronischer Form ist ausgeschlossen

Leistungen wie Weihnachtsgeld werden häufig mit **Freiwilligkeitsvorbehalt** angegeben (in der Regel halbjährliche oder jährliche

Leistungen). Dadurch entfällt ein dauerhafter Rechtsanspruch durch den Mitarbeiter

Durch **Widerspruchsvorbehalt** wird zum Beispiel monatliche Zahlung von Zulagen vereinbart, kann aber zukünftig durch den Arbeitgeber beendet werden (in der Regel monatliche Leistungen betreffend).

2.1.2.5 Rechtsmängel in Verträgen und ihre Folgen

Wie bei anderen Verträgen kommt es zu Nichtigkeit (Sittenwidrigkeit, Wucher) oder Anfechtung (arglistige Täuschung, Irrtum) kommen. Darüber hinaus sind zahlreiche inhaltliche Gründe vorstellbar, die z.B. das Arbeitsschutz-, Bundesurlaubs-, oder andere entsprechende Gesetzte betreffen.

2.1.3 Entgeltfortzahlung ohne Arbeitsleistung

- Im Krankheitsfall
  (Das Recht auf Entgeltfortzahlung im Krankheitsfall beginnt nach 4 Wochen ununterbrochener Beschäftigung.
  Die Krankmeldung muss innerhalb von 3 Kalendertagen (nicht Arbeitstage!) beim Arbeitgeber eintreffen.
- An Feiertagen
- Bei Urlaub/Bildungsurlaub
- Bei Kuren
- Bei sonstigen Freistellungen
- Ausübung von Ehrenämtern
- Unverschuldete Arbeitsverhinderung
- Berufsschulbesuch

2.1.4 Störungen im Arbeitsverhältnis

2.1.4.1 Verletzung der Haupt- und Nebenpflichten

F2022 Teil 2 Aufg.2 | H2023 Teil 2 Aufg.3

Zum Beispiel:

- Verweigerung der Arbeitsleistung
- Grobe Fahrlässigkeit (Alkohol, abgelenkt durch Smartphone)
- Minderung/Einbehaltung Entgelt (Pfändungsfreigrenze § 850c ZPO)
- Schadensersatzansprüche (z. B. bei grober Fahrlässigkeit durch Arbeitnehmer / bei mittlerer Fahrlässigkeit anteilsmäßig / bei leichter Fahrlässigkeit des Arbeitnehmers kein Anspruch des Arbeitgebers)

2.1.4.2 ***Abmahnung***

H2023 Teil 2 Aufg.3

- Dokumentationsfunktion (vertragliches Verhalten und Fehlverhalten darlegen)
- Warnfunktion (keine Duldung des Verhaltens)
- **Androhungsfunktion** (Beendigung des Arbeitsverhältnisses in Aussicht stellen)

Eine Abmahnung

- muss sich auf einen konkret bezeichneten Verstoß beziehen (genaue Beschreibung, Angabe von Ort und Zeit)
- muss eine deutlich erkennbare Aufforderung zu einer Verhaltensänderung enthalten
- muss die Konsequenzen bei Nichteinhaltung aufzeigen

Eine Abmahnung sollte

- aus Beweisgründen schriftlich verfasst werden (ist aber in mündlicher Form ausreichend)

- sich auf einen bestimmten Vorfall beziehen, am besten terminiert und präzise umrissen sein
- sofort nach Bekanntwerden ausgesprochen werden damit sich alle Beteiligten bestmöglich an den Umstand erinnern können (spätestens 14 Tage nach Bekanntwerden der Pflichtverletzung).
- deutlich machen, dass es sich um eine Abmahnung handelt, ein Hinweis auf das erwartete Verhalten, auf die Pflichten laut Vertrag und mit welchen Konsequenzen im Wiederholungsfall zu rechnen ist.
- vom Verfasser unterschrieben werden
- wird erst mit Zugang wirksam. (Erhalt bestätigen lassen, z.B. Einschreiben mit Rückschein)

Bei minderjährigen Auszubildenden ist der gesetzliche Vertreter/ Eltern Ansprechpartner.
Die Abmahnung wird der Personalakte zugefügt. Grundsätzlich geht man davon aus, dass eine Abmahnung ein Jahr gültig ist (für eventuelle anschließende Kündigung)
Eine einzelne Abmahnung ist ausreichend, um danach eine Kündigung zu erhalten. Ausgesprochen werden dürfen Abmahnungen von weisungsberechtigten Mitarbeitern, Personalleiter und Geschäftsleitung.

Ist der Mitarbeiter der Ansicht, dass die Abmahnung ungerechtfertigt verfasst wurde, hat er das Recht eine **Gegendarstellung** zu verfassen. Diese gehört ebenfalls in die Personalakte. Eine weitere Möglichkeit kann das Nutzen des Beschwerderechts sein (siehe §84 BetrVG).

2.1.4.3 Weitere arbeitsrechtliche Instrumente

Sind Betriebsbußen:

- mündliche Ermahnung/Verwarnung
- Verweis
- Geldbuße

2.1.4.4 Beteiligung des Betriebsrates

Bei Abmahnungen ist der Betriebsrat nicht zu beteiligen.

Da es in der Regel einen einzelnen Mitarbeiter betrifft kann ein Mitbestimmungsrecht nach einem der §§99 bis 105 BetrVG greifen (Schlimmstenfalls zum Beispiel bei Kündigung Arbeitnehmer –> Anhörung § 102 BetrVG).

2.1.5 Beendigung von Arbeitsverhältnissen

H2023 Teil 3 Aufg.3

Kündigungen können aus verschiedenen Gründen notwendig sein. Mit jedem Mitarbeiter, der das Unternehmen verlässt, wandert auch Wissen ab. Die Wiedereinstellung und Einarbeitung sind in der Regel ein unverhältnismäßig höherer Aufwand, als im Vorfeld Maßnahmen zu ergreifen, um Kündigungen durch Arbeitnehmer zu reduzieren. Durch viele Kündigungen können zudem extreme Engpässe und Kosten entstehen (Produktionsausfälle, Personal durch Arbeitnehmerüberlassung, Überstunden, ...) und die verbliebene Belegschaft verunsichern (Störung Betriebsklima, weitere Kündigungen)

Beendigung von Arbeitsverhältnissen arbeitgeberseitig zum Beispiel durch:

- Aufhebungsvertrag
- Kündigung
- Ende der Befristung
- Zweckerreichung (z. B. Ausbildungsende)
- Anfechtung
- Auflösung
- Renteneintritt des Arbeitnehmers
- Tod des Arbeitnehmers

2.1.5.1 Aufhebungsverträge

einvernehmliche Vertragsbeendigung
(Schriftform, § 623 BGB)
Muss enthalten:

- Namen der Vertragsparteien
- Beendigungsgrund (relevant bei Arbeitslosmeldung bei der Bundesagentur für Arbeit)

- Datum der Beendigung
- Hinweis zur Arbeitssuchend-Meldung des Mitarbeiters bei der Agentur für Arbeit (inklusive Hinweis auf Fristen)
- Bei Unterstützung zur beruflichen Neuorientierung: Hinweis auf Kostenübernahme und Zeiten
- Ggf. Abfindungszahlungen
- Erledigungsklausel
- ggf. Freistellung

2.1.5.2 Kündigung von Arbeitsverhältnissen

F2019 Teil2 Aufg.3c | H2019 Teil 2 Aufg.3 | F2020 Teil 2 Aufg.3 | H2020 Teil 2 Aufg.1 und 2 | H2021 Teil 2 Aufg.2 | H2022 Teil 2 Aufg.1 bis 3 | H2023 Teil 2 Aufg.1

Ordentliche Kündigung – einseitige Vertragsbeendigung zum Ende der Kündigungsfrist (Schriftform, § 623 BGB), nicht bei befristeten Arbeitsverhältnissen Ausnahme: vorab vertraglich vereinbart (§ 15 Abs. 3 TzBfG), bei vereinbarter Probezeit zwei Wochen, ansonsten vier Wochen zur Monatsmitte/zum Monatsende
Kündigungsfristen:
(Zeit zwischen Zugang Kündigung und Beendigung Arbeitsverhältnis): § 622 BGB; gesetzliche Verlängerungen nur für Arbeitgeber; auch Zeiten vor 25. Lebensjahr zählen mit (Entscheidung EuGH zu Abs. 2 Satz 2), Anhörung Betriebsrat, § 102 BetrVG
Außerordentliche Kündigung
§ 626 BGB – sofortige einseitige Vertragsbeendigung; nur innerhalb von 2 Wochen nach Vorfall, Unzumutbarkeit ordentliche Kündigungsfrist abzuwarten (Schriftform, § 623 BGB), Anhörung Betriebsrat, § 102 BetrVG
Tod des Arbeitnehmers

Übersicht Kündigung

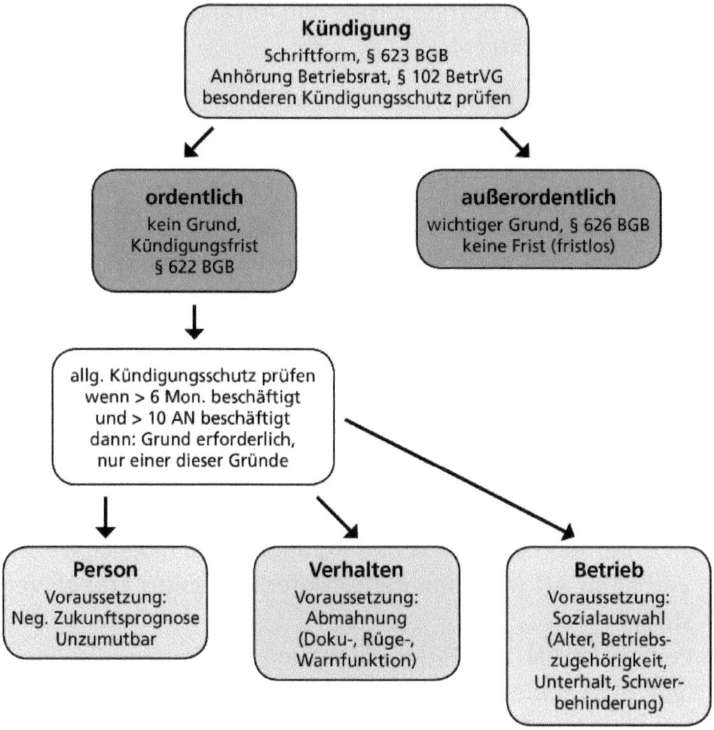

Änderungskündigung - *F2021 Teil 2 Aufg.2*

- Betriebsrat
- Ablehnung der Änderungen durch Arbeitnehmer führt zur Kündigung (Beendigungskündigung)
- Annahmemöglichkeit innerhalb von 3 Wochen nach Zugang
- Auch Annahme und gleichzeitige Einreichung Kündigungsschutzklage möglich (innerhalb von 3 Wochen nach Zugang)

Massenentlassung

- Abhängig von Betriebsgröße und Anzahl der Entlassungen
- anzeigepflichtig
- §17 KSchG

Transfergesellschaften
Meist in Zusammenhang mit Massenentlassungen in Zusammenarbeit mit der Agentur für Arbeit gegründete sog. „Auffanggesellschaften" zum Zweck der Vermittlung neuer Arbeitsverhältnisse für von der Massenentlassung betroffene Mitarbeiter.

Kündigungsschutz – *F2019 Teil2 Aufg.4b |H2020 Teil 2 Aufg.1 | F2021 Teil 2 Aufg.1 und 4 | F2022 Teil 2 Aufg.2 | H2022 Teil 2 Aufg.2 + 3 | F2023 Teil 2 Aufg.1*
Allgemeiner Kündigungsschutz (KSchG):
regelmäßig mehr als 10 AN und Mitarbeiter länger als sechs Monate im Unternehmen beschäftigt; Kündigung nur möglich wegen:

- Verhalten AN (Abmahnung erforderlich; außer grober Verstoß)
- Person des AN (z.B. Dauererkrankung und negative Prognose (ggf. BEM anbieten / § 167 ff. SGB IX))
- betriebliche Gründe (Sozialauswahl über Alter, Unterhaltsverpflichtungen, Betriebszugehörigkeit und Schwerbehinderung)

Besonderer Kündigungsschutz:

- Betriebsrat (Kündigung nur aus wichtigem Grund, § 15 KSchG Zustimmung Betriebsrat erforderlich, § 103 BetrVG von Wahlaufstellung bis ein Jahr nach Abberufung)
- Auszubildendenvertreter
- Datenschutzbeauftragter
- Mutterschutz (Keine Kündigung vom Beginn der Schwangerschaft an bis vier Monate nach der Entbindung)
- Schwerbehinderte

Kündigungsschutzklage kann innerhalb von drei Wochen nach Zugang der Kündigung erhoben werden.

Beteiligung des Betriebsrats – *F2019 Teil2 Aufg.3c / F2021 Teil 2 Aufg.1 und 2 | H2022 Teil 2 Aufg.1*
Kündigung Arbeitnehmer – Anhörung § 102 BetrVG
Kündigung Betriebsrat – Zustimmung § 103 BetrVG

2.1.5.3 Nachvertragliche Rechte und Pflichten

Nachvertragliche Pflichten

- Freistellung zur Stellensuche (z.B. Termin Agentur für Arbeit, Vorstellungsgespräch)
- Herausgabe Arbeitspapiere
- Zeugniserteilung
- Vereinbarung Wettbewerbsverbot möglich (§78 HGB)

2.1.6 Die Personalaktenführung

F2023 Teil 2 Aufg.7

In der **Haupt-Personalakte** finden sich je nach Unternehmen unterschiedliche Unterlagen den Arbeitnehmer betreffend. Sie müssen in direktem Bezug zum Arbeitsverhältnis stehen. Enthalten sein können:

- Bewerbungsunterlagen
- Personalbogen
- Verschwiegenheitserklärung
- IT-Nutzungsvereinbarung
- Sozialversicherungsnachweise
- Lohnsteuerunterlagen
- Kopie des Schwerbehindertenausweises
- Arbeitszeugnisse
- Erworbene Zertifikate
- Führungszeugnis
- Arbeitserlaubnis
- Arbeitsvertrag
- Eventuelle Nebenbeschäftigungen
- Abmahnungen
- Gegendarstellungen
- Kündigungsschreiben

In der **Nebenakte** werden z.B. aufbewahrt:

- Lohn- und Gehaltsnachweise
- Vereinbarungen zu Firmenwagen/ mobiler technischer Ausrüstung
- Arbeitsunfähigkeitsbescheinigungen
- Urlaubsbescheinigungen
- Reisekostenabrechnungen

Nicht in die Personalakte dürfen:

- Arztberichte
- Informationen des BEM
- Parteizugehörigkeit
- Private Unterlagen
- Social-Media-Profile
- Vermutungen

Regelungen dazu finden sich im **Arbeitsrecht**

F2019 Teil 2 Aufg.9 | F2022 Teil 2 Aufg.7 | H2023 Teil 2 Aufg.1
Sollte die Personalakte digital geführt werden, muss der Mitarbeiter der automatisierten Verarbeitung seiner personenbezogenen Daten zustimmen, falls es nicht schon über eine Betriebsvereinbarung geregelt ist.
Besonders relevant ist hier Datenschutz und Datensicherheit (Blick auf den Bildschirm; bewusste Änderung der Daten; Benutzerkonzept; Transparenz über Nutzung für Mitarbeiter nachvollziehbar; Lösch-/Aufbewahrungsfristen; Zugriffsprotokoll; ...)
Jeder Mitarbeiter hat das **Recht auf Einsicht** in seine Personalakte. Er kann dafür ein Betriebsratsmitglied hinzuziehen. Aus anderen Gründen darf der Betriebsrat die Personalakte aber nicht einsehen.

2.1.7 Weitere für das Personalgeschäft wesentliche Grundlagen des Arbeitsrechts

Insbesondere:

- AGG (allgemeines Gleichbehandlungsgesetz)
- KSchG (Kündigungsschutzgesetz)
- ArbSchG (Arbeitsschutzgesetz)
- ASiG (Arbeitssicherheitsgesetz)
- JArbSchG (Jugendarbeitsschutzgesetz)
- MuSchuG (Mutterschutzgesetz)
- ArbZG (Arbeitszeitgesetz)
- BurlG (Bundesurlaubsgesetz)
- NachwG (Nachweisgesetz)
- BBiG (Berufsbildungsgesetz)
- MiLoG (Mindestlohngesetz)
- BEEG (Bundeselterngeld- und Elternteilzeitgesetz)
- PflegeZG (Pflegezeitgesetz)
- GG (Grundgesetz)
- BGB (Bürgerliches Gesetzbuch)
- SGB IX (Sozialgesetzbuch Neuntes Buch)
- ArbStättV (Arbeitsstättenverordnung)
- HGB (Handelsgesetzbuch)
- AltTZG (Altersteilzeitgesetz)
- AüG (Arbeitnehmerüberlassungsgesetz)
- ArbPlSchG (Arbeitsplatzschutzgesetz)
- UmwG (Umwandlungsgesetz)
- BeschäftigungsförderungsG
- BSchG (Beschäftigtenschutzgesetz)
- GewO (Gewerbeordnung)
- TzBfG (Teilzeit- und Befristungsgesetz)
- ElternzeitG

Mutterschutzgesetz – *H2019 Teil 2 Aufg.1 | F2021 Teil 2 Aufg.7*
Angaben zu Beschäftigungsverboten: § 11 MuSchG
Angaben zum Kündigungsschutz: § 17 MuSchG
Angaben zu besonderen Arbeitszeiten: §§ 4, 5, 6 MuSchG
Thema Erholungsurlaub: § 24 MuSchG / zeitlich bedingt kann sich hier das BEEG anschließen (§ 17 BEEG)

Angaben zu Mutterschutzlohn, -geld, Zuschüsse finden sich in Abschnitt 4 (ab § 18) des MuSchG

Schwerbehindertenschutz – *F2019 Teil 2 Aufg.6 | H2022 Teil 2 Aufg.4 |*
Grundlage ist SGB IX ; Abstufungen durch GdB (Grad der Behinderung); Feststellung GdB und Ausstellung Schwerbehindertenausweis durch das Versorgungsamt/Amt für soziale Angelegenheiten; GdB 30 oder 40 kann durch Bundesagentur für Arbeit gleichgestellt werden;
Bundesagentur für Arbeit oder Integrationsfachdienst sind für Förderung und Sicherung der Eingliederung schwerbehinderter Menschen in das Arbeitsleben zuständig (§§ 164, 167, 185 SGB IX)

Für Arbeitnehmer mit Schwerbehindertenstatus gelten verschiedene weitere Regelungen wie zum Beispiel Zusatzurlaub (208 SGB IX) oder Besonderheiten beim Kündigungsschutz (§ 164 SGB IX).

Arbeitgeber muss mindestens 5% der Arbeitsplätze durch schwerbehinderte Arbeitnehmer beschäftigen (§ 154 SGB IX); andernfalls Pflicht zur Ausgleichsabgabe (§ 160 SGB IX) oder Aufträge an Werkstatt für behinderte Menschen (§ 223 SGB IX)

2.1.8 *Unternehmensverfassung*

Das Unternehmensverfassungsrecht soll die Beteiligungsmöglichkeit von Arbeitnehmern, Betriebsrat und Aufsichtsrat an der Arbeit betreffenden Vorhaben gewährleisten.

Dazu gehören:

- Mitbestimmungsgesetz
- Mitbestimmungsergänzungsgesetz
- Mitbestimmung nach dem BetrVG von 1952
- Bundespersonalvertretungsgesetz
- Drittelbeteiligungsgesetz
- Montan-Mitbestimmungsgesetz

2.1.9 Betriebsverfassungsgesetz (BetrVG)

2.1.9.1 Die Allgemeinen Bestimmungen des BetrVG

Das **Betriebsverfassungsgeset**z regelt die Errichtung, Aufgaben und Rechte des Betriebsrates

Betriebsrat ist die Interessenvertretung der Arbeitnehmer
Aufgaben des Betriebsrats
Allgemein, § 80 BetrVG: Überwachung und Einhaltung von Bestimmungen, Entgegennahme von Beschwerden der Arbeitnehmer, Verhandlungen mit dem Arbeitgeber, Beantragung von Maßnahmen für die Arbeitnehmer, Unterstützung schutzbedürftiger Arbeitnehmer, Abschluss Betriebsvereinbarungen

2.1.9.2 Der Betriebsrat im BetrVG

F2020 Teil 2 Aufg.4 und 7 | F2023 Teil 2 Aufg.2 | F2023 Teil 2 Aufg.7
Beispiele Mitbestimmungsbereiche:
Soziale Angelegenheiten, §§ 87 ff BetrVG
Arbeitsplatzgestaltung, §§ 90,91 BetrVG
Personelle Angelegenheiten, §§ 92 ff BetrVG
Wirtschaftliche Angelegenheiten, §§ 106 ff BetrVG

Rechtliche Grundlagen: Betriebsverfassungsgesetz (BetrVG)
Voraussetzung (§ 1 BetrVG): 5 ständig wahlberechtigte Arbeitnehmer, davon 3 wählbar
Aktives Wahlrecht (Wahlberechtigung, § 7 BetrVG): Arbeitnehmer ab 16 Jahre
Passives Wahlrecht (Wählbar, § 8 BetrVG): Arbeitnehmer ab 18 Jahre und mindestens 6 Monate im Betrieb.
Wahl: alle 4 Jahre, im Zeitraum 01.03. – 31.05.

Anzahl Mitglieder (§ 9 BetrVG): startet bei 1 Betriebsratsmitglied im Betrieb mit 5-20 Mitarbeitern; ansteigend; Anzahl immer ungerade, um Patt-Situationen zu vermeiden (21–50 Mitarbeiter: 3 Mitglieder; 51 -150 Mitarbeiter: 5 Mitglieder; usw.)

Wahl: §§ 13 ff. BetrVG

Kündigungsschutz
Kündigung nur aus wichtigem Grund, § 15 KSchG
Zustimmung Betriebsrat erforderlich, § 103 BetrVG
von Wahlaufstellung bis ein Jahr nach Abberufung

2.1.9.3 Die Jugend- und Auszubildendenvertretung (JAV)

Rechtliche Grundlagen: Betriebsverfassungsgesetz (§§ 60-64 BetrVG)
Voraussetzung: mindestens 5 Jugendliche oder Auszubildende bis 25 Jahre
Aktives Wahlrecht (Wahlberechtigung, § 7 BetrVG): genannte Arbeitnehmer
Passives Wahlrecht (Wählbar, § 8 BetrVG): genannte Arbeitnehmer
Wahl: alle 2 Jahre, im Zeitraum 01.10. - 30.11.
Anzahl Mitglieder (§ 9 BetrVG): startet bei 1 Mitglied im Betrieb mit 5-20 Mitarbeitern; ansteigend; Anzahl immer ungerade, um Patt-Situationen zu vermeiden
Wahlverfahren ist in § 14 BetrVG geregelt

2.1.9.4 Allgemeine Regelungen zur Mitwirkung/Mitbestimmung

Sind in § 80 Absatz 2 BetrVG geregelt

2.1.9.5 Arbeitnehmerrechte aus dem BetrVG

Rechte des Betriebsrats
Mitwirkungsrechte (dazu gehören auch Informations- und Mitspracherecht): Informationspflicht des Arbeitgebers, Fragerecht des BR; Unterrichten, Erörtern, Vorschlagsrecht, Anhören Der BR wirkt mit (BR ist zu beteiligen), aber Einwendungen sind ohne Belang (bei der Entscheidung, ob der Arbeitgeber etwas veranlasst, wirkt der BR nur mit, er hat kein Entscheidungsrecht)
Mitbestimmungsrechte: Widerspruchsrecht, Zustimmung; Arbeitgeber kann nur mit der Zustimmung des Betriebsrates Entscheidungen treffen (stärkster Eingriff), bei fehlender Einigung, Ersetzung durch Entscheidung der Einigungsstelle
Zustimmung: der Arbeitgeber kann nur mit der Zustimmung des BR Entscheidungen treffen.
Widerspruchsrecht: Betriebsrat darf Zustimmung nur ausnahmsweise verweigern (bei der Durchführung der Entscheidung, wie es umgesetzt wird, hat der BR Zustimmungsrecht); ggf. auch Arbeitsgericht

2.1.9.6 Mitbestimmung in sozialen Angelegenheiten

F2019 Teil 2 Aufg.5 | F2023 Teil 2 Aufg.7

Ist in § 87 BetrVG geregelt.

2.1.9.7 Gestaltung von Arbeitsplatz, Arbeitsablauf und Arbeitsumgebung

Ist in §§ 90 und 91 BetrVG geregelt.

2.1.9.8 Beteiligung des Betriebsrates in personellen Angelegenheiten

Ist in §§ 92 ff. geregelt.

2.1.9.9 Beteiligung des Betriebsrates in wirtschaftlichen Angelegenheiten

Ist in § 106 ff. geregelt.

2.1.9.10 Einigungsstelle

F2020 Teil 2 Aufg.4 und 7

- bei fehlender Einigung Ersetzung durch Entscheidung der Einigungsstelle
- gleiche Anzahl Vertreter Betriebsrat und Arbeitgeber
- Vorsitzender ist unparteiisch
- Mündliche Beratung und Stimmmehrheit ausreichend für Beschluss
- Beschluss muss schriftlich niedergelegt werden
- Kosten sind durch den Arbeitgeber zu tragen

2.1.10 Tarifvertragsrecht

Tarifvertrag

Vereinbarung zwischen dem für eine Branche zuständigen **Arbeitgeberverband** und der entsprechenden **Arbeitnehmerorganisation (Gewerkschaft)** über die Struktur der Vergütung (Gehaltsgruppen) und deren Höhe. Gültigkeit: nur für die Mitglieder der den Tarifvertrag vereinbarenden Organisationen. Es gilt die **Tarifautonomie** (keine Einmischung durch Dritte, auch nicht vom Staat; siehe auch Artikel 9 Absatz 3 GG)

Rechtsgrundlagen Tarifvertrag:

- grundsätzlich zwischen Gewerkschaften und Arbeitgeberverband
- gilt nur für die Mitglieder (oder wenn allgemeinverbindlich, im Arbeitsvertrag vereinbart oder betriebliche Übung)
- Schriftform erforderlich
- Kann bei Öffnungsklausel zu Lasten des Arbeitnehmers vom Gesetz abweichen.
- Tarifvertrag vorrangig zum Gesetz

2.1.11 Arbeitskampfrecht

F2023 Teil 2 Aufg.2

- Gesetzlich nicht ausdrücklich geregelt; vorwiegende Grundlage ist Richterrecht; Verfassungsrechtlich gewährleistet (Artikel 9 Absatz 3 Satz 1 GG);
- Wird von Gewerkschaften organisiert (andernfalls ist es ein „wilder Streik")
- Wahrung der Verhältnismäßigkeit
- Tarifvertragliches Ziel
- Wahrung der Friedenspflicht

In der Regel durch Streik. Streikformen z. B.

- Warnstreik
- Vollstreik
- Teilstreik
- Schwerpunktstreik
- Generalstreik

Nur rechtmäßig bei Einhaltung; sonst Aussperrung durch den Arbeitgeber, bis zur außerordentlichen Kündigung oder Schadensersatzforderungen möglich.

2.1.12 Weitere Rechtsquellen des Arbeitsrechts

2.1.12.1 Betriebliche Übung

Wiederholtes (in der Regel 3x in Folge) Vorgehen des Arbeitgebers oder Arbeitnehmers, z. B. Auszahlung von Weihnachtsgeld. Sofern nicht explizit unter Vorbehalt geschehen, erwächst daraus eine erwartbare Regelmäßigkeit (jährliche Zahlung von Weihnachtsgeld).

Sofern ein Betriebsrat vorhanden ist und das Thema in den Zuständigkeitsbereich fällt, kann daraus eine Betriebsvereinbarung erwachsen.

2.1.12.2 Rechtsprechung des BAG

BAG = Bundesarbeitsgericht

Aufgrund der Vielfältigkeit liegt der Schwerpunkt beim Arbeitsrecht neben bekannten Gesetzen und Verordnungen auf dem Richterrecht (hier getroffene Entscheidungen sind in der Folge maßgebend)

2.1.12.3 Einwirkungen des EU-Rechts

Wandel zu mehr Gewicht durch EuGH (Europäischer Gerichtshof), EU-Verordnungen und EU-Richtlinien

2.2 Rechtswege kennen und das Prozessrisiko einschätzen

2.2.1 Arbeitsgerichtsbarkeit

Relevant ist das ArbGG (Arbeitsgerichtsgesetz)

F2019 Teil2 Aufg.6 | F2023 Teil 2 Aufg.3

2.2.1.1 Aufbau der Arbeitsgerichte

F2019 Teil 2 Aufg.1

- Örtliches Arbeitsgericht (1. Instanz; Streitwertunabhängig)
- Landesarbeitsgericht (2. Instanz; Berufung, Streitwert über 800 € oder grundsätzliche Bedeutung)
- Bundesarbeitsgericht (3. Instanz, Revision)

2.2.1.2 Zuständigkeit der Arbeitsgerichte

Im Vorfeld zu prüfen ist die örtliche und sachliche Zuständigkeit

Örtliche Zuständigkeit: In der Regel Ort des Arbeitsplatzes; Gerichtsstand des Beklagten (ArbGG, ZPO)

Sachliche Zuständigkeit: zwischen Arbeitnehmer und Arbeitgeber; Arbeitnehmern aus gemeinsamer Arbeit; tarifrechtlich (§ 2 ArbGG)

2.2.1.3 Besetzung der Arbeitsgerichte

F2019 Teil 2 Aufg.1 | F2022 Teil 2 Aufg.8

Örtliches und Landesarbeitsgericht: 1 Berufsrichter und 2 ehrenamtliche Richter bilden eine Kammer.

Bundesarbeitsgericht: 3 Berufsrichter und 2 ehrenamtliche Richter bilden einen Senat. Ehrenamtliche Richter werden von Gewerkschaften und Arbeitgeberverbänden bestimmt und haben volles Stimmrecht.

2.2.1.4 Klageverfahren

Klage schriftlich oder mündlich möglich; unter Angabe: der betroffenen Parteien; zuständiges Gericht; Klagegrund; Antrag

Ab 2. Instanz: Rechtvertretung/Rechtsanwalts-Zwang

Ablauf:

- Klageschrift-Einreichung (mindestens 1 Woche Vorlauf)
- Festsetzung Verhandlungstermin durch Vorsitzenden
- Klageschrift-Zustellung
- Versuch gütlicher Einigung (Güteverhandlung)
- Bei Scheitern: streitige Verhandlung (meist neuer Termin)
- Gütliche Einigung oder Urteil

2.2.1.5 Klagearten

H2021 Teil 2 Aufg.3

Leistungsklage = Leistungsverpflichtung z. B. Entgelt, Schadensersatz, Urlaubsgewährung

Feststellungsklage = Feststellung eines Rechtsverhältnisses, häufig als Kündigungsschutzklage oder bei Versetzungen

Einstweilige Verfügung ist möglich

Beschlussverfahren: statt Urteil Beschluss

2.2.1.6 Rechtsmittel

- Berufung (Wert muss über 600 € liegen)
- Revision (bei Urteil durch Landesarbeitsgericht)
- Beschwerde (wird gegen Beschluss eingelegt)

2.2.2 Sozialgerichtsbarkeit

F2023 Teil 2 Aufg.3

Dazugehörig das Sozialgesetzbuch (SGB), aufgeteilt in 14 Bücher:

- SGB I — Allgemeiner Teil
- SGB II — Grundsicherung für Arbeitsuchende
- SGB III — Arbeitslosenversicherung und Arbeitsförderung
- SGB IV — Gemeinsame Vorschriften für die Sozialversicherung
- SGB V — Gesetzliche Krankenversicherung
- SGB VI — Gesetzliche Rentenversicherung
- SGB VII — Gesetzliche Unfallversicherung
- SGB VIII — Kinder- und Jugendhilfe
- SGB IX — Rehabilitation und Teilhabe von Menschen mit Behinderung
- SGB X — Sozialverwaltungsverfahren und Sozialdatenschutz
- SGB XI — Soziale Pflegeversicherung
- SGB XII — Sozialhilfe
- SGB XIII — nicht vorhanden (Aberglaube zur Zahl 13)
- SGB XIV — Soziale Entschädigung

2.2.2.1 Aufbau der Sozialgerichte

- Sozialgericht (1. Instanz)
- Landessozialgericht (2. Instanz; Berufung)
- Bundessozialgericht (3. Instanz; Revision)

2.2.2.2 Zuständigkeit der Sozialgerichte

Sachliche Zuständigkeit: je nach Sozialversicherungsträger, auch im Bescheid angefügt

Örtliche Zuständigkeit: Wohnsitz des Klägers/Versicherten

2.2.2.3 Besetzung der Sozialgerichte

- Sozialgericht: 1 Berufsrichter, 2 ehrenamtliche Richter
- Landessozialgericht: 3 Berufsrichter, 2 ehrenamtliche Richter
- Bundessozialgericht: 3 Berufsrichter, 2 ehrenamtliche Richter

2.2.2.4 Klagearten

- Leistungsklage: i. d. R. zwischen Versicherungsträgern; auf Leistung
- Ersatzleistungsklage: zwischen Sozialleistungsträgern
- Feststellungsklage
- Verpflichtungsklage: bei Untätigkeit eines Sozialleistungsträgers
- Anfechtungsklage: soll Aufhebung oder Änderung eines Verwaltungsaktes (z. B. Bescheid) bewirken

2.2.2.5 Rechtsmittel

F2019 Teil2 Aufg.6
Widerspruch gegen einen Verwaltungsakt
Gegen das Urteil des Sozialgerichts (1. Instanz) ist die **Berufung**sinstanz das Landessozialgericht.
Gegen das Urteil des Landessozialgerichts (2. Instanz) ist die **Revision**sinstanz ist das Bundessozialgericht

2.3 Einkommens- und Vergütungssysteme umsetzen

2.3.3 *Wertschöpfungsrechnung im Unternehmen*

Die erzielten Erlöse abzüglich der Vorleistungen ergeben die Wertschöpfung.

Ermittlung des **BIP (Bruttoinlandprodukt**):

Entstehungsrechnung:

Produktionswert – Vorleistungen = Bruttowertschöpfung

Bruttowertschöpfung + Gütersteuern – Subventionen = **BIP** (Bruttoinlandsprodukt)

- Produktionswert aller Dienstleistungen und produzierten Güter
- Vorleistungen: Verbrauchsmaterialien im Produktionsprozess

Verteilungsrechnung

Arbeitnehmerentgelte + Unternehmens- und Vermögenseinkommen = Volkseinkommen

Volkseinkommen + Produktions- und Importabgaben an den Staat abzüglich Subventionen + Abschreibungen = Bruttonationaleinkommen

Bruttonationaleinkommen - Primäreinkommen aus der übrigen Welt (Saldo)= Bruttoinlandsprodukt (BIP)

2.3.1 Wirtschaftliche Grundlagen der Einkommens- und Vergütungssysteme

Arbeitnehmer: persönlicher Bedarf, der gedeckt werden will; darüber hinaus Motivationsfaktor

Arbeitgeber: oft sehr hoher Kostenfaktor; existenziell da hohe Kosten und benötigte Mitarbeiter (Quantität und Qualität) in Einklang gebracht werden müssen

2.3.2 WertschÖpfung im Unternehmen

Zwischen „Beschaffung“ und „Absatz“ erfolgender Prozess der betrieblichen Leistungserstellung; sie besteht in der Umwandlung der beschafften Materialien durch Einsatz der betrieblichen Produktionsfaktoren zu einem Produkt höheren Werts. Bei materieller Produktion wird dieser Prozess **Fertigung** genannt. Die Differenz zwischen Vorleistung und Absatz ist die Wertschöpfung eines Unternehmens.

2.3.4 Rechtliche Grundlagen der Einkommens- und Vergütungssysteme

- Grundgesetz und Länderverfassungen
- Gesetze
- Tarifverträge
- Betriebsvereinbarungen
- Einzelarbeitsverträge

Einseitige unternehmerische Festlegungen

2.3.5 Prinzipien der Entgeltfestsetzung

Der Grundgedanke der besten Mitarbeiter zu den geringstmöglichen Kosten ist nicht immer umsetzbar.
Arbeitnehmer und Arbeitgeber haben jeweils eigene Vorstellungen zum persönlichen Entgelt. Hier gilt es durch gute Verhandlung das Bestmögliche für beide Seiten zu ermöglichen.
Durch Verhandlungsspielraum bieten sich für beide Parteien ggf. mehr Möglichkeiten. Der Arbeitnehmer kann seinem „Wunschkandidaten“ zum Beispiel ein höheres Entgelt oder andere Benefits anbieten.
Durch Tarifverträge wird in vielen Branchen im Vorfeld das Entgelt (und die entsprechende Eingruppierung) geregelt. Das ermöglicht eine über alle Mitarbeiter einheitliche Entlohnung.
Zusätzlich können Benefits wie Vermögenswirksame Leistungen den Arbeitgeber attraktiver machen.

2.3.5.1 Leistungsabhängigkeit

Leistungslohn (bei Arbeitern auch **Akkordlohn**): Entgelt in direkter Abhängigkeit von mengenmäßiger Leistung, was Zählbarkeit der Leistung und bekannte Abläufe voraussetzt. Im Vertrieb erfolgsabhängige Entlohnung durch prozentuale Provision auf den Umsatz. Kann Personen- oder Gruppenabhängig sein
Vor-/ Nachteile: Höhere Leistung kann zu mehr Geld führen, fördert und honoriert die Leistung.
Kann zu Druck innerhalb der Gruppe führen, ggf. höhere Fehlerquote

2.3.5.2 Soziale Entgeltfindung

H2023 Teil 2 Aufg.4
Vorwiegend im öffentlichen Dienst bei Tarifangestellten und Beamten zu finden. Grundlage sind objektive und nachvollziehbare Messkriterien zur problemlosen Eingruppierung, Vergleichbarkeit

und Überprüfbarkeit. Richtet sich nach Alter, Zugehörigkeitsdauer, Familienstand. Einzuhaltende Prinzipien sind Gleichbehandlung, Leistungsgerechtigkeit, Transparenz, Flexibilität.

2.3.5.3 Erfolgsabhängigkeit

Erfolgsbeteiligung
An die Gewinnentwicklung des Unternehmens gekoppelte Zusatzzahlung, die damit eine Interessenübereinstimmung zwischen Einkommensinteresse der Mitarbeiter und Gewinninteresse des Unternehmens herbeiführt. Weitere Bezugsgrößen denkbar

2.3.6 Festlegung der Entgelthöhe

H2021 Teil 2 Aufg.7 | H2023 Teil 2 Aufg.4

Einflussfaktoren sind zum Beispiel:

- abhängig von der Stelle (Stellenbeschreibung relevant)
- finanziellen Möglichkeiten des Unternehmens
- Unternehmensprognose
- Benchmark/Branchenvergleich
- Arbeitsmarktsituation (aktuell und prognostiziert)
- Bedarf des Unternehmens
- Qualifikation des Arbeitnehmers
- Soziale Faktoren des Arbeitnehmers
- Ggf. besondere Merkmale des Arbeitnehmers (erhöhen die Verhandlungsmöglichkeiten)
- Leistung
- Erfolgsabhängig

Entgeltfestlegungen sollten vergleichbar sein. Das setzt festgelegte Kriterien zur Überprüfung voraus. Vor allem in größeren Unternehmen und/oder bei Tarifen ist die Festlegung transparent und klar nachvollziehbar.

2.3.6.1 Markteinflüsse

H2021 Teil 2 Aufg.7

- Arbeitsmarktsituation
- Arbeitsplatz-Ort (Erreichbarkeit, Wettbewerber)
- Demografische Entwicklungen
- Lebenshaltungskosten

2.3.6.2 Verhandlungsgeschick

Verhandlungsgeschick von Arbeitgeber und Arbeitnehmer.

Beide sollten sich möglichst positiv darstellen, um für die andere Partei begehrlich zu sein.

Da Verhandlungsgeschick sehr unterschiedlich sein kann, können verschiedene Mitarbeiter mit vergleichbaren Qualifikationen zu unterschiedlichen Konditionen im selben Unternehmen tätig sein.

2.3.7 Formen der Beteiligung am Unternehmenserfolg

Mögliche Beteiligungsformen richten sich nach Leistung, Ertrag oder Gewinn

2.3.7.1 Leistungsbeteiligung

In der Regel sind die fixen Entgelte geringer als bei vergleichbaren Unternehmen, da die Leistungsbeteiligung im Vorfeld mit einkalkuliert wird.

Die Leistungsbeteiligung kann sich auf Zeitziele oder Produktionsvolumen beziehen.

Entsprechende Kennzahlen werden im Vorfeld festgelegt (Termin, Produktionssoll, Materialverbrauch, u. a.).
In der Regel geht mit der Leistungsbeteiligung für die Arbeitnehmer eine Kostenersparnis an anderer Stelle für den Arbeitgeber einher.
Eine weitere Möglichkeit ist das Aushandeln des Unternehmens einer Prämie, bei vorgezogener Fertigstellung, die dann in Teilen an die Arbeitnehmer weitergegeben wird.

2.3.7.2 Ertragsbeteiligung

Denkbar ist hier die Beteiligung an
- Wertschöpfung
- Umsatz
- Rohertrag
- Nettoertrag

2.3.8 Leistungsabhängige Entgeltformen

2.3.8.1 Zeitentgelt

F2019 Teil2 Aufg.5 | H2020 Teil 2 Aufg.7
Zeitlohn
Entgeltzahlung nach Zeitdauer (bei Arbeitern Tag, Schicht, Woche; bei Angestellten (Gehalt) meist Monat) mit gleichbleibendem Betrag pro Zeiteinheit. Leistungszulagen und leistungsabhängige (Natural-)Komponenten möglich. Anwendung auf Tätigkeiten mit nicht vorbestimmbarem Zeitaufwand, nicht individuell zurechenbarem Zeitbedarf, besonderen Anforderungen an Qualität und Sorgfalt.

Vorteile sind die einfache Ermittlung und die Kalkulierbarkeit
Nachteile der fehlende Bezug zur Leistung

2.3.8.2 Pensum Entgelt

Zeitentgelt in Verbindung mit vereinbarter Leistung.

Diese Leistung ist im Gegensatz zum Akkordlohn innerhalb eines großzügig gesteckten Zeitrahmens zu erbringen.

2.3.8.3 Akkordentgelt und Prämienentgelt

F2019 Teil2 Aufg.5 | H2019 Teil 2 Aufg.4 | H2020 Teil 2 Aufg.7
Akkordlohn: Entgelt in direkter Abhängigkeit von mengenmäßiger Leistung, was Zählbarkeit der Leistung und bekannte Abläufe voraussetzt (**Akkordfähigkeit**). Ist der Arbeitsablauf optimiert und nach entsprechender Übung beherrschbar spricht man von **Akkordreife**.
Garantiert wird ein Mindestlohn, zu dem zusätzlich der Akkordzuschlag gezahlt wird.
Vor-/ Nachteile: Höhere Leistung kann zu mehr Geld führen, fördert und honoriert die Leistung.
Kann zu Druck innerhalb der Gruppe führen, ggf. höhere Fehlerquote

Zeitakkord:
Bruttoentgelt = Minutenfaktor * Vorgabezeit * geleistete Stückzahl
Geldakkord:
Bruttoentgelt = Stückgeldsatz * geleistete Stückzahl

Minutenfaktor= Akkordrichtsatz/60 Minuten
Akkordrichtsatz= Grundentgelt + Akkordzuschlag
(wird als Stundenverdienst bei Normalleistung angesetzt)
Vorgabezeit= 60 Minuten/Normalleistung
Stückgeldsatz = Akkordrichtsatz/Normalleistung

Prämienlohn – *F2020 Teil 2 Aufg.5 | H2022 Teil 2 Aufg.5 | F2023 Teil 2 Aufg.4*
Auf einen Grundlohn aufsetzende Prämie, deren Auszahlung bzw. Umfang an das Erreichen von Zielen gebunden wird.
Ziele können sein: Erreichen einer bestimmten Fertigungsmenge; Erfüllen von Qualitätszielen; Materialersparnis
Im Vorfeld zu bedenken: Zielsetzung; betroffener Mitarbeiterkreis; Kosten-Nutzen; Einbindung Betriebsrat und Führungskräfte; Abrechnungssystem; Weitergabe an externe Dienstleister (Datenschutz)

2.3.8.4 Anforderungsabhängige Entgeltformen

F2022 Teil 2 Aufg.3
Summarische Methode: Gesamtbewertung der Arbeit; als Rangfolgeverfahren (ranking method) = Ranking Arbeitsplätze; Katalogverfahren (classification) = Orientierung und Einordnung an Richtbeispielen
Analytische Methode: Summenbildung aus allen Anforderungsarten ; als Rangreihenverfahren (factor ranking method) = Ranking aller Arbeitsplätze je Anforderung; als Wertzahlverfahren (point rating method) = Gewichtung jeder Anforderungsart durch Stufenwertzahl

2.3.8.5 Sonstige Prämien

- „Mitarbeiter werben Mitarbeiter"
- „Start-Prämie" nach kurzem Zugehörigkeitszeitraum (auch in Form von Sachzuwendungen z. B. Notebook oder ähnlichem)
- Jahresprämie nach Jahreszielerreichung
- Prämie für Verbesserungsvorschläge im Unternehmen (auch in Form von Sachzuwendungen)
- Jubiläumsprämie bei langjähriger Firmenzugehörigkeit (auch möglich in Form von Sonderurlaub)

2.3.8.6 Formen des Gruppenentgelts

F2020 Teil 2 Aufg.5 | H2019 Teil 4 Aufg.5

- Bei Gruppenzielerreichung (zum Beispiel Absatzzahlen einer Abteilung)
- Kann ausschließlich oder zusätzlich zu einzelnen Akkord- oder Prämienzahlungen erfolgen.

Nachteile sind hierbei der entstehende Gruppendruck und Konflikten aufgrund von Konkurrenzsituationen. Je nach Ausgestaltung kann es zu qualitativen Einbußen kommen.
Auch die körperliche Belastung kann ungesund steigen.

2.3.9 Kriterien für die Wahl der Entgeltform

F2019 Teil2 Aufg.5 | F2020 Teil 2 Aufg.5 | F2023 Teil 2 Aufg.4
Zu bedenken sind:

- Arbeitsrechtliche Bedingungen
- Personalwirtschaftliche Zielsetzungen
- Objektive und subjektive Arbeitsbedingungen
- Kosten der Entgeltfestlegung und -abrechnung
- Steuerrelevante/steuerfreie Leistungen

2.3.10 Personalzusatzkosten

Können unterschieden werden in

- Gesetzliche (vor allem Arbeitgeberanteil Sozialversicherungen, Berufsgenossenschaft)
- Tarifliche (abhängig vom jeweiligen Tarifvertrag)
- Freiwillige (Jobrad, Betriebliche Altersvorsorge, Fitness-Center-Zuschüsse, u.v.m.)

Auch weitere Kosten wie zum Beispiel Entgeltfortzahlung bei Urlaub und Krankheit sind mitzubeachten.

2.4 Sozialversicherungsrecht anwenden

2.4.1 Grundlagen der Sozialversicherung

H2022 Teil 2 Aufg.6

Die Sozialversicherungen sind die tragenden Säulen unseres Sozialsystems. Sie sind wie alle Versicherungen beitragsfinanziert. Das heißt, jeder zahlt Beiträge ein, aus denen bei Eintritt eines Anspruchs die Auszahlung erfolgt.

2.4.1.1 Versicherungszweige und -träger der gesetzlichen Sozialversicherung

F2020 Teil 2 Aufg.6 | H2021 Teil 2 Aufg.1

Gesetzliche Grundlagen zu den Sozialversicherungen finden sich für die Arbeitsförderung in SGB III, die Krankenversicherung in SGB V, die Rentenversicherung in SGB VI, die Unfallversicherung in SGB VII und die Pflegeversicherung in SGB XI. Diese Reihenfolge ergab sich aufgrund Ihrer unterschiedlichen Entstehungsgeschichten und -jahre.

2.4.1.2 Aufgaben der Selbstverwaltung und ihre Organe

Dazu zählen die Vertreterversammlung (ehrenamtlich), Verwaltungsrat und Vorstand; je nach Versicherung unterschiedlich ausgestaltet. - Das Ziel ist die jeweilige Rechtsetzung soweit möglich.

2.4.1.3 Aufsicht über die Versicherungsträger

Es gibt sowohl interne Kontrollorgane als auch Behörden, die für die Aufsicht zuständig sind. Das ist in der Regel die entsprechende oberste Verwaltungsbehörde des jeweiligen Landes oder Bundesslandübergreifend das Bundesversicherungsamt.

2.4.2 *Ziele und Aufgaben der gesetzlichen Krankenversicherung*

F2020 Teil 2 Aufg.6

§ 1 Fünftes Buch Sozialgesetzbuch – Gesetzliche Krankenversicherung (SGB V) nennt als Aufgabe, die Gesundheit der Versicherten zu erhalten, wiederherzustellen oder ihren Gesundheitszustand zu verbessern sowie die Versicherten aufzuklären, zu beraten und auf eine gesunde Lebensführung hinzuwirken.
Es geht also grob gesagt um Behandlung im Krankheitsfall, Reha, Gesundheitsförderung und Prävention.

Träger sind neben den allgemeinen Ortskrankenkassen auch Betriebskrankenkassen, Ersatzkrankenkassen, Innungskrankenkassen.

2.4.2.1 Versicherter Personenkreis

H2020 Teil 2 Aufg.4
Versicherungspflicht: grundsätzlich (es gibt Ausnahmen) für Beschäftigte, Auszubildende, Rentner bis zur jährlich neu festgelegten Jahresarbeitsentgeltgrenze. Wenn diese durch das Bruttoentgelt überschritten wird, gilt die Versicherungspflicht in der Regel nicht mehr.

Versicherungsfreiheit: gilt zusätzlich für Beamte, Freiberufler, Selbständige, Mini-Jobber, die bereits Familienversichert sind oder über ihr Hauptarbeitsverhältnis versichert sind (auf Antrag)

Zusätzlich gibt es die Möglichkeit sich **freiwillig in einer gesetzlichen Versicherung** zu **versichern**. Das betrifft zum Beispiel Selbständige innerhalb der ersten drei Monate ihrer Selbständigkeit,

Familienversicherte die aus der Familienversicherung ausscheiden, Beschäftigte, deren Bruttoeinkommen über der Jahresarbeitsentgeltgrenze liegt.

Das **Krankenkassenwahlrecht** bietet die Möglichkeit selbst zu entscheiden, bei welcher Krankenkasse man Mitglied werden möchte. Zur Auswahl stehen neben den allgemeinen Ortskrankenkassen auch Betriebskrankenkassen, Ersatzkrankenkassen, Innungskrankenkassen.

2.4.2.2 Finanzierung der gesetzlichen Krankenversicherung

Beitragsfinanziert; 14,6% (Stand 2024) zuzüglich einem individuellen Zusatzbeitrag der jeweiligen Krankenkasse (durchschnittlicher Zusatzbeitrag 2024: 1,7%); Arbeitgeber und Arbeitnehmer zahlen jeweils hälftig

2.4.2.3 Leistungen der gesetzlichen Krankenversicherung

H2019 Teil 2 Aufg.3c | F2020 Teil 2 Aufg.6 | H2021 Teil 2 Aufg.1 | H2023 Teil 2 Aufg.7

Die ersten Kapitel des Fünften Sozialgesetzbuchs (SGB V) besagen, dass Versicherte durch Aufklärung, Beratung und Leistungen bei einer gesundheitsbewussten Lebensführung, gesundheitlichen Vorsorgemaßnahmen, Krankenbehandlung und Rehabilitation unterstützt werden. Behandlungsmethoden, Arznei-, Heil- und Hilfsmitteln sind nicht ausgeschlossen.

Leistungen werden auf Sach- und Dienstleistungsebene erbracht. Sie müssen wirksam und wirtschaftlich erbracht und dürfen nur im notwendigen Umfang in Anspruch genommen werden. Das heißt, es gilt das Wirtschaftlichkeitsgebot und die Maßnahmen dürfen den notwendigen Umfang nicht überschreiten. Das Leistungsspektrum wird grob umfasst, so dass die Krankenkassen ihren spezifizierten Leistungskatalog zusammenstellen können.

Darüber hinaus haben Leistungsberechtigte unter bestimmten Voraussetzungen Anspruch auf Krankengeld, wenn eine Krankheit sie arbeitsunfähig macht oder eine Erkrankung des Kindes vorliegt (§§ 44 ff. SGB V).
Krankengeld wird für 78 Wochen gezahlt in Höhe von 70% des beitragspflichtigen Bruttoentgeltes, maximal 90% des Nettoentgeltes.
Bei Schwangerschaft wird das Mutterschaftsgeld während der Schutzfrist von der Krankenkasse übernommen.

2.4.2.4 Die Entgeltfortzahlung und ihre Bedeutung

F2019 Teil2 Aufg.4 | H2019 Teil 2 Aufg.3 | F2020 Teil 2 Aufg.1 | H2021 Teil 2 Aufg.2 | F2023 Teil 2 Aufg.3
Die **Entgeltfortzahlung** im Krankheitsfall ist für jeden Arbeitnehmer eine Existenzsicherung (Mietzahlung, Lebensmitteleinkauf, ...). Finanzielle Nöte aufgrund einer Krankheit sollen so ausgeschlossen werden.
Der Arbeitgeber zahlt bis zu sechs Wochen das Entgelt an den Arbeitnehmer ab dem 29. Tag des Bestehens des Arbeitsverhältnisses (auch über ein Ende des Arbeitsverhältnisses hinaus gilt die 6 Wochen Fortzahlung sofern aufgrund von Krankheit gekündigt wurde)
Diese Zahlung basiert auf dem Entgeltfortzahlungsgesetz (EFZG).
Danach, sowie in den ersten 28 Tagen, übernimmt die Krankenkasse.
Bei grober Fahrlässigkeit muss der Arbeitgeber unter bestimmten Umständen nicht zahlen, hier springt ebenfalls die Krankenkasse ein.
Das **Krankengeld** entspricht 70 % des regelmäßigen Bruttoentgelts, maximal 90% des Nettoentgelts.
Ein Zuschuss durch den Arbeitgeber (zur Aufstockung der erhaltenen Zahlung) ist möglich.

2.4.2.5 Die Bedeutung der Ausgleichskassen

H2023 Teil 2 Aufg.7

Ausgleichskassen erhalten Zahlungen von den Arbeitgebern als Umlagen (U1 und U2), die die Zahlungen für Entgeltfortzahlungen und Mutterschaftsgeld an die Arbeitgeber finanzieren.

Die Verwaltung dieser Umlagen wird gesondert von den Krankenkassen verwaltet.

2.4.3 Ziele und Aufgaben der Pflegeversicherung

Altersunabhängig kann Pflegebedarf entstehen. Um die dadurch entstehenden Kosten abzufedern, wurde 1995 die Pflegeversicherung eingeführt. Die gesetzliche Grundlage findet sich in SGB XI.

2.4.3.1 Versicherter Personenkreis

Jedes Mitglied der Krankenversicherung ist automatisch über die Krankenversicherung pflegeversichert.

2.4.3.2 Leistungen der gesetzlichen Pflegeversicherung

F2020 Teil 2 Aufg.6 | H2021 Teil 2 Aufg.1

- Leistungen der häuslichen Pflege
- Teilstationäre Pflege und Kurzzeitpflege
- Vollstationäre Pflege
- Leistungen für Pflegepersonen

2.4.4 Ziele und Aufgaben der Rentenversicherung

F2019 Teil2 Aufg.6
Bei Anspruch Zahlung von Renten, Leistungen zur medizinischen Rehabilitation, zur Teilhabe am Arbeitsleben, Leistungen zur Nachsorge mit dem Ziel die Erwerbsfähigkeit (mindestens 3 Stunden täglich) zu erhalten oder wieder herzustellen. Feststellung über Erwerbsunfähigkeit/EU-Rente durch die gesetzliche Rentenversicherung.

2.4.4.1 Versicherter Personenkreis

Besonders Arbeitnehmer, wenige Gruppen von Selbständigen, Bezieher von Kurzarbeitergeld, aber auch weitere Gruppen wie z. B. Menschen mit Behinderung die in anerkannten Werkstätten tätig sind, Personen, die in Berufsbildungswerken befähigt werden sollen und Mitglieder geistlicher Genossenschaften sind pflichtversichert in der Rentenversicherung (siehe § 1 SGB VI).

Versicherungsfrei: Beamte, Richter, Selbständige (je nach Tätigkeit)

2.4.4.2 Versicherungsträger der gesetzlichen Rentenversicherung

16 regionale Rentenversicherungen sind unter „Deutsche Rentenversicherung" (DRV) zusammengefasst.

Weiter gibt es die „Deutsche Rentenversicherung Knappschaft-Bahn-See".

2.4.4.3 Finanzierung der gesetzlichen Rentenversicherung

Beitragsfinanziert; 18,6% (Stand 2024); Arbeitgeber und Arbeitnehmer zahlen jeweils hälftig

2.4.4.4 Leistungen der gesetzlichen Rentenversicherung

F2020 Teil 2 Aufg.6 | H2021 Teil 2 Aufg.1 | H2021 Teil 2 Aufg.2

Zahlung von:

- Altersrente
- Erwerbsminderungsrente
- Hinterbliebenenrente (Witwenrente, Waisenrente)

Sowie:

- Leistungen zur Prävention
- Leistungen zur medizinischen Rehabilitation
- Leistungen zur Teilhabe am Arbeitsleben
- Leistungen zur Nachsorge
- Ergänzende Leistungen

2.4.5 Ziele und Aufgaben der Arbeitslosenversicherung und der Arbeitsförderung

Ziele und Aufgaben sind das Entgegenwirken von Entstehung von Arbeitslosigkeit, Verkürzung der Dauer der Arbeitslosigkeit, Arbeitsförderung und Zahlung von Leistungen an Arbeitslose. (siehe auch §§ 1 ff. SGB III).

2.4.5.1 Versicherter Personenkreis

Versicherungspflichtig sind Personen, die gegen Arbeitsentgelt oder zu ihrer Berufsausbildung beschäftigt sind (versicherungspflichtige Beschäftigung) (§ 25 SGB III).

Darüber hinaus gibt es weitere Versicherungspflichtige (§26 SGB III).

2.4.5.2 Versicherungsträger

Versicherungsträger ist die Bundesagentur für Arbeit mit Sitz in Nürnberg. Ansprechpartner für Arbeitslose oder von Arbeitslosigkeit bedrohte Personen ist die jeweilige Agentur für Arbeit vor Ort.

2.4.5.3 Finanzierung

durch Beiträge und Bundesmittel

2.4.5.4 Leistungen

F2020 Teil 2 Aufg.6 | H2021 Teil 2 Aufg.1 | H2021 Teil 2 Aufg.2 | F2022 Teil 2 Aufg.4

- Arbeitsförderung
- Arbeitsmarkt- und Berufsforschung
- Arbeitsvermittlung
- Berufsberatung
- Förderung der beruflichen Bildung
- Arbeitslosenversicherung
- Sicherung von Arbeitsplätzen
- Leistungen an Arbeitslose
- Insolvenzgeld
- Maßnahmen zur Aktivierung und beruflichen Eingliederung
- Gewährung von Kurzarbeitergeld

2.4.6 Ziele und Aufgaben der gesetzlichen Unfallversicherung

H2020 Teil 2 Aufg.3

- Gesetzliche Pflichtversicherung für Arbeitnehmer
- Arbeitsunfälle und Berufskrankheiten zu verhüten
- Nach Eintritt von Arbeitsunfällen oder Berufskrankheiten die Gesundheit und Leistungsfähigkeit mit allen geeigneten Mitteln wiederherstellen und Versicherte und/oder Hinterbliebene durch Geldleistungen entschädigen

2.4.6.1 Versicherter Personenkreis

vorwiegend Beschäftigte (Arbeitnehmer und Auszubildende), aber auch z. B. bestimmte Personen die ehrenamtlich tätig sind, Kinder während ihres Kita-Besuchs; breit aufgelisteter Personenkreis siehe § 2 SGB VII

2.4.6.2 Versicherungsträger der gesetzlichen Unfallversicherung

Spitzenverband Deutsche Gesetzliche Unfallversicherung e.V. (DGVU),

Berufsgenossenschaften (gewerblich und landwirtschaftlich) und Versicherungsträger der öffentlichen Hand (19 Unfallkassen und Gemeindeunfallversicherungsverbände, vier Feuerwehr-Unfallkassen und Unfallversicherung Bund und Bahn)

2.4.6.3 Finanzierung der gesetzlichen Unfallversicherung

Gewerblich: Beiträge der Unternehmer (pro Arbeitnehmer nach Entgelt und Grad der Unfallgefahr)

Landwirtschaftlich: vorwiegend Beitragsberechnung nach Flächen- und Ertragswerten der Unternehmen

Öffentliche Hand: Beitragsfinanzierung aus Haushaltsmitteln (Steuern)

2.4.6.4 Leistungen der gesetzlichen Unfallversicherung

F2019 Teil2 Aufg.4 | F2020 Teil 2 Aufg.6 | H2021 Teil 2 Aufg.1 |F2023 Teil 2 Aufg.1

Vorwiegend:

- Heilbehandlung
- medizinische Rehabilitation
- Leistungen zur Teilhabe am Arbeitsleben (z.B. Umschulung)
- Geldleistungen an Versicherte (z.B. Lohnersatzleistungen, Verletztengeld (bei Unfall im Betrieb), Beihilfe, Rente)
- Hinterbliebenenleistungen (z.B. Witwenrente, Waisenrente)

2.4.7 Grundzüge der Sozialgerichtsbarkeit

- Zu jedem Verwaltungsakt/Bescheid gehört eine Rechtsbehelfsbelehrung.
- Für das SGB zuständiges Gericht ist in der Regel das Sozialgericht.
- Startet häufig mit einem Widerspruchsverfahren
- Erste Instanz ist das Sozialgericht
- Zweite Instanz (Berufung) Landessozialgericht
- Dritte Instanz (Revision) Bundessozialgericht
- Berufung und Revision müssen vorab zugelassen werden

2.5 Sozialleistungen des Betriebes gestalten

2.5.1 Grundlagen und Ziele der betrieblichen Sozialpolitik

Im Laufe der Jahre ist die Fürsorgepflicht des Arbeitgebers stärker ins Blickfeld der Arbeitnehmer und Gesellschaft gerückt worden. Zusätzlich geht es hier um die Attraktivität des Unternehmens als Arbeitgeber für den Arbeitnehmer. Die betriebliche Sozialpolitik ist also eine wichtige Komponente zur Mitarbeiterbindung und -findung.

2.5.1.1 Interne Einflüsse

Eine stabile wirtschaftliche Situation ist Voraussetzung für Sozialleistungen, die Finanzmittel in unterschiedlicher Höhe beanspruchen können.
Eine gute Sozialpolitik hat Einfluss

- auf das Betriebsklima
- Bindungswirkung
- Steuer-Finanzierungsvorteile
- Identifikation mit dem Betrieb
- Steigerung der Attraktivität als „Marke“
- Krankenquote

2.5.1.2 Externe Einflüsse

Das Unternehmen ist externen Einflüssen ausgesetzt, die die unternehmenseigene Sozialpolitik beeinflussen können

- Arbeitsmarktsituation
- Konkurrenzbetriebe
- Politische Entscheidungen

2.5.2 Betriebliche Sozialleistungen

F2019 Teil2 Aufg.7 | H2020 Teil 2 Aufg.6 | F2021 Teil 2 Aufg.3 | F2021 Teil 3 Aufg.3 | F2022 Teil 2 Aufg.5 | F2023 Teil 2 Aufg.5
Es gibt gesetzlich vorgeschriebene (z. B. Versicherungen), tarifvertraglich vereinbarte (z. B. besondere Arbeitszeitenregelungen, übergesetzliche Anzahl Urlaubstage, u.a.) und freiwillige.
Die freiwilligen lassen sich unterteilen in **direkte Sozialleistungen** für eine einzelne Person/Arbeitnehmer und **Betriebliche Sozialeinrichtungen**, die für eine Gruppe von Personen/Arbeitnehmern zugänglich sind.

Für den Arbeitgeber resultieren daraus positive Auswirkungen, auch wenn vorab Geld in die Mitarbeiter „investiert" werden muss:

- Geringere Fehlzeitenquote führt zu besserer Planbarkeit
- Geringeren Kosten für Krankentage und Ersatzpersonal/Überstunden
- besseres Arbeitgeber-Image
- Weniger Know-How-Abgang durch Mitarbeiterbindung
- Höhere Arbeitsqualität durch höhere Zufriedenheit
- Geringere Fehlerquote durch geringere Arbeitsüberlastung

Auch für die Mitarbeiter gibt es Vorteile:

- Direkter Nutzen
- Teilweise steuerbefreit
- Fühlt sich enger mit dem Unternehmen verbunden
- „wir-Gefühl" wird gestärkt
- Höhere Motivation

Zu berücksichtigen sind:

- Betriebsrat
- Vorstellungen/Wünsch der Mitarbeiter
- Betriebliche Voraussetzungen/Möglichkeiten
- Kommunikation an die Mitarbeiter
- Betriebsvereinbarung

2.5.2.1 Direkte Zuwendungen

Dazu gehören zum Beispiel:

- Gratifikationen
- Geldwerte Vorteile (Gesundheitsvorsorge, Firmenwagen, Zuschuss Fitnessclub, Versicherungszuschuss, Jobticket, Events)
- Hilfe für Notfälle
- Kredite
- Dienstwagen
- Jobrad
- Werkswohnung

2.5.2.2 Betriebliche Sozialeinrichtungen

Wie zum Beispiel:

- Betriebsverpflegung
- Betriebssport
- Kinderbetreuung
- Beratungsangebote
- Betriebliche Altersvorsorge

2.5.3 Cafeteria Angebote

H2022 Teil 2 Aufg.7

Jeder Mitarbeiter kann aus einem breit gefächerten Cafeteria-Angebot (Wie zum Beispiel Zuschuss zum Fitness-Center, Weiterbildungsmöglichkeit, u.v.m.) ein oder zwei Leistungen für sich persönlich auswählen.

Die Möglichkeit der individuellen Zusammenstellung und der eigenen Mitbestimmung, verstärkt den positiven Effekt dieser Sozialleistung. Stärkt die Mitarbeiterbindung, die Möglichkeit der Entgelterhöhung und das Unternehmensimage.

2.5.4 Informationsmöglichkeiten über betriebliche Sozialleistungen

Oft sind die angebotenen Sozialleistungen nicht allen Mitarbeitern bekannt. Andere werden für selbstverständlich gehalten. Um den positiven Effekt solcher Angebote durch den Arbeitgeber zu sichern, sollte vom ersten Tag der Unternehmenszugehörigkeit darüber informiert werden.

2.5.4.1 Intern

Die Sozialleistungen kommuniziert werden können zum Beispiel bei Übergabe der Einstellungsunterlagen, im firmeninternen Newsletter, über das Intranet/schwarze Brett, bei neuen Kursstarts oder hinzugewonnenen Angeboten.
Bei vielfältigem Angebot ist auch eine extra Broschüre denkbar.

2.5.4.2 Extern

Auch nach außen sollte darüber berichtet werden. Das kann zum Beispiel durch eine gelungene Presse-Berichterstattung erfolgen, auf der eignen Internetseite, in Kundenzeitschriften, social Media, Newslettern bis hin zur Stellenanzeige.
Dadurch wird das allgemeine Image des Unternehmens aufgewertet, sowie das Unternehmen als potenzieller Arbeitgeber attraktiver.

2.6 Personalbeschaffung durchführen

Durch den Wechsel vom Arbeitgeber- zum Arbeitnehmermarkt und dem aktuellen Fachkräftemangel, hat das Thema Personalbeschaffung eine Aufwertung und einen hohen Stellenwert erhalten.

H2021 Teil 1 Aufg.3

Schritte zur Personalbeschaffung

1. Voraussetzung: Kenntnis Personalbedarf
2. Stellenbeschreibung prüfen
3. Stellenausschreibung erstellen
4. Ausschreiben/veröffentlichen
5. Eingang Bewerbungen
6. Bewerbungen sichten und auswerten
7. Vorauswahl
8. Bewerbungsgespräche
9. Auswahl des geeigneten Bewerbers
10. Arbeitsvertag
11. Onboarding

H2021 Teil 3 Aufg.1

Schritte digitaler Recruiting-Prozess

1. Voraussetzung: Kenntnis Personalbedarf
2. Stellenbeschreibung prüfen
3. Stellenausschreibung erstellen
4. Digital veröffentlichen (Portale, Homepage, social Media)
5. Eingang Bewerbungen nur digital, automatische Eingangs-E-Mail
6. Bewerbungen elektronisch an Zuständige weiterleiten
7. Bewerbungen sichten, auswerten
8. Einladungen, Zwischenbescheide, Absagen generieren und elektronisch verschicken
9. Bewerbungsgespräche (Erstgespräche) mittels Videotechnik (ggf. als Telefonkonferenz)

10. Auswahl des geeigneten Bewerbers
11. Arbeitsvertag
12. Onboarding

2.6.1 Hilfsmittel der Personalbeschaffung

H2023 Teil 2 Aufg.8

2.6.1.1 Stellen-/Funktionsbeschreibung

Stellenbeschreibung
Gliederung und Inhalt der Stellenbeschreibung sind nicht genormt. Enthalten sollte sie:

1. Stellenbezeichnung
2. Ziel als allg. Handlungsanweisung
3. Grundlegende Aufgabenstellungen
4. Über-/Unter-Stellung
5. Entscheidungsbefugnisse
6. Gegenseitige Stellvertretungen
7. Kooperationspflichten
8. Anforderungen an Stelleninhaber in Form von Fachkompetenzen, Sozialkompetenzen und persönlichen Kompetenzen
9. Vergütung, Eingruppierung

Beigefügt oder integriert werden können z.B. ein Organigramm des Unternehmens oder Merkmale der für diese Stelle gültigen Tarifgruppe.

Zweck bzw. Vorteil von Stellenbeschreibungen kann sein:
Grundlage für Eingruppierungen; Vermeidung sowohl von Kompetenzüberschreitung als auch von Drückebergerei; Transparenz der Zuständigkeiten; Grundlage für Personalbeurteilung; Basis für Personalentwicklung

2.6.1.2 Stellenplan

Stellenplan: Soll-Stellen in vollständiger Übersicht; darüber hinaus der **Stellenbesetzungsplan**: Ist-Situation der tatsächlichen Stellenbesetzung;

2.6.1.3 Anforderungsprofil

Aus der Stellenbeschreibung abzuleitende Bewertung, wie weit bestimmte Eigenschaften für Stelleninhaber erforderlich sind.
Vorteile: Schneller Abgleich mit Ergebnissen der Potentialanalyse bzw. Polaritätenprofil möglich; objektivere Beurteilung bei Personalauswahl; größere Transparenz der Entscheidungen

Mögliche Punkte eines **Anforderungsprofils**:

- Ausbildung
- Spezielle Fachkenntnisse
- Weitere Zertifikate
- Praxiserfahrung
- Kompetenzen (Auffassung, Teamfähigkeit, Verlässlichkeit, Belastbarkeit, Konfliktfähigkeit, Selbstmanagement, Durchsetzungsfähigkeit, Verhandlungsgeschick)
- Äußeres Erscheinungsbild

Bei internationaler Rekrutierung zusätzlich:

- Sprachkenntnisse
- Interkulturelle Kompetenzen
- Bereitschaft zur Mobilität

2.6.1.4 Qualifikationsprofil

Bezieht sich auf die Fähigkeiten und Fertigkeiten des Arbeitnehmers, seiner Kenntnisse und soft skills.

Mit Hilfe des Qualifikationsprofils und der Stellenanforderung wird prognostiziert wie gut ein Arbeitnehmer (Mitarbeiter oder Bewerber) die Anforderungen einer bestimmten Stelle erfüllen wird.

2.6.2 *Interne Beschaffung*

H2021 Teil 2 Aufg.3 | H2019 Teil 3 Aufg.1

Wege: interne Ausschreibung, Personalentwicklung, Versetzung, Beförderung, Übernahme von Auszubildenden, Rückholung aus Elternzeit (ggf. Betriebsrat beteiligen)
Vorteile: geringere Kosten; schnellere Besetzung; Fähigkeiten der Bewerber bekannt; keine Einarbeitung in die Abläufe; Motivation der Belegschaft durch Aufstiegschancen; unternehmensspezifisches Know-how vorhanden;
Bei individueller Ansprache: gezielte Ansprache; langfristige Personalplanung
Nachteile: Zurücksetzung nicht berücksichtigter interner Bewerber; Ersatzbedarf für bisherige Stelle des Beförderten; Autoritätsprobleme des Mitarbeiters als Vorgesetzter; bei Ausschreibung: Auswahlproblem; auch ungeeignete Bewerber
Bei individueller Ansprache: zeitaufwendig; AGG-Problematik
Basis: z.B. Potentialanalyse; generell systematische regelmäßige Beurteilung und Entwicklungsgespräche; Betriebsblindheit

2.6.2.1 Interne Stellenausschreibung

Sollte über folgende Inhalte verfügen:

- Stellenbezeichnung
- Organisatorische Zugehörigkeit
- Beschreibung der zugeordneten Aufgaben
- Anforderungen/Voraussetzungen an den Bewerber
- Arbeitszeit, Umfang (Wochenstunden)
- Einstellungszeitpunkt
- Eingruppierung (sofern vorhanden)
- Ggf. Hinweis falls Gruppen bevorzugt werden (Schwerbehinderte, Männer in Kitas, u. a.)
- Kontaktperson mit Kontaktdaten für Nachfragen

- Falls es Informationen zum Bewerbungsablauf gibt (bei größeren Unternehmen immer üblich), einen Hinweis/link zu den Dokumenten

2.6.2.2 Vorschlag von Vorgesetzten

Ein Vorschlag eines Vorgesetzten ist üblich, der Vorteil für den Arbeitgeber ist, sich auf die Einschätzung verlassen und einen potenziell guten Mitarbeiter für die neue Stelle gewinnen zu können. Für den Arbeitnehmer ist dieser Weg häufig einfacher als eine blinde Bewerbung.

Ein Nachteil kann sich ergeben aus dem Weggang eines guten Mitarbeiters in eine andere Abteilung, so dass der Vorgesetzte sich mit einem Vorschlag bewusst zurückhalten könnte.

2.6.2.3 Intranet

Sofern vorhanden, werden interne Stellenausschreibungen auch im Intranet veröffentlicht.

Auch externe Ausschreibungen finden sich häufig hier, in der Hoffnung über die eigene Belegschaft als Verteiler neue Mitarbeiter von extern zu gewinnen.

2.6.2.4 Nachfolgeplanung

F2022Teil 3 Aufg.4 | H2023 Teil 2 Aufg.8

Nachfolgeplanung: frühzeitige Vorbereitung der internen Besetzung einer freiwerdenden Stelle.
Diese Planung erfordert einen längeren Vorlauf und muss von der Personalabteilung frühzeitig mit beachtet werden (häufig innerhalb mittelfristiger Planungen, die die nächsten Jahre umfassen können)

Intern nachbesetzt werden kann zum Beispiel durch:

- Interne Ausschreibung
- Interne Versetzung
- Entwicklung von Mitarbeitern
- Übernahme von Auszubildenden
- Entfristung
- Übernahme von Zeitarbeitern

2.6.2.5 Laufbahnplanung

Vorausschauende Gestaltung der Entwicklung von Mitarbeitern; oft gleichgesetzt mit der gezielten Qualifizierung für höhere Hierarchie-Stufen („**vertikale** Laufbahnplanung") in Verbindung mit der Nachfolgeplanung für ältere leitende Mitarbeiter. Bei kleinen und mittleren Unternehmen und insbesondere bei einer „schlanken" (hierarchie-armen) Aufbauorganisation ist jedoch wegen der begrenzten Aufstiegsmöglichkeiten mehr die „**horizontale** Laufbahnplanung" von Bedeutung. Sie bedeutet eine gezielte Weiterentwicklung der beruflichen Kenntnisse und Fähigkeiten auf gleicher Hierarchiestufe durch Übernahme von fachlich anspruchsvolleren Aufgaben und/ oder die Verantwortung für Projekte.

Vertikale Laufbahnplanung: Vorbereitung von Nachwuchskräften auf Führungsaufgaben durch geplante „Karriere", gezielte Förderung und Beförderung.

2.6.3 Externe Beschaffung

F2019 Teil 2 Aufg.8 | H2023 Teil 2 Aufg.8

Wege: Stellenausschreibung über externe Medien; Stellenangebot in eigenen Kommunikationsinstrumenten (Internetauftritt; Broschüren; Aushänge); Agentur für Arbeit und deren Arbeitgeberservice; private Agenturen („Head-Hunter"); Social Media (z.B. XING); Beteiligung an Informationsmessen von Hochschulen etc., Jobmessen, „Mitarbeiter werben Mitarbeiter"
Die Wahl des Weges ist abhängig von der Branche und dem erwarteten Rücklauf über diesen Weg (Beispiel: weniger Bewerbungen auf Ausschreibung auf Homepage als auf Stellenanzeige im Jobportal des Arbeitsamtes)
Vorteile: neue Sichtweisen; externe Erfahrungen und Kenntnisse; erwünschte Strukturveränderungen; keine Betriebsblindheit
Nachteile: Zeit- und Kostenaufwand; Risiko eines Fehlgriffs; längere Einarbeitungszeit

2.6.3.1 Stellenanzeigen

Stellenanzeige: Im Rahmen einer **Stellenausschreibung** eine Veröffentlichung zur Gewinnung von (externen) Bewerbungen. Neben den aus der Stellenbeschreibung abzuleitenden, aber evtl. unter dem Aspekt der Außenwirkung umzuformulierenden Informationen (Bezeichnung der Stelle, Anforderungen und Aufgaben, Rang und Kompetenzen) sollte sie enthalten:

- Informationen zum Unternehmen (Branche; Position; Größe)
- Anlass der Ausschreibung
- Mindestanforderungen an Bewerber
- Rahmendaten zur erwartbaren Entlohnung
- Eintrittstermin
- Anforderungen an Unterlagen und Form der Einreichung
- Ansprechpartner für Rückfragen

Besonders zu beachten ist dabei die Einhaltung der Regelungen des AGG.
Hilfreich kann hier die Anlehnung an AIDA sein, zugeschnitten auf das eigene Unternehmen, um potenzielle Kandidaten zur Bewerbung zu motivieren.
Praktisch auch für Bewerber ist das **E-Recruiting**. Bei **Employee-self-Services** können auch die Bewerber ihre Unterlagen hochladen und nach Bedarf aktualisieren

2.6.3.2 Personalberater

Personalberater sind spezialisiert auf den Bereich Personalbeschaffung, teilweise auf bestimmte Branchen. Sie beraten Unternehmen zu Ihrem Bedarf und der Suche, die bis zur Vorauswahl an Bewerbern durch die Personalberatung durchgeführt wird.

In der Regel für Führungskräfte-Suche in Anspruch genommen, aber im Zuge des Fachkräftemangels auch bei der Suche nach weiteren Fachkräften (z. B. mittleres Management, IT-Spezialisten, u. a.)

Häufig fallen für das Unternehmen erst Kosten nach erfolgreicher Vermittlung an, die auf den ersten Blick erheblich erscheinen, im Vergleich zur eigenen Personalsuche aber in der Regel günstiger sind.

2.6.3.3 Private Arbeitsvermittler

Private Arbeitsvermittler werden meist über einen „Aktivierungs- und Vermittlungsgutschein“ des Jobcenters honoriert.

Es sind aber auch andere Vergütungsmodelle und zugehörige Verträge möglich.

2.6.3.4 Internet

H2020 Teil 2 Aufg.5 | F2022 Teil 2 Aufg.6
Veröffentlichung der Stellenangebote (abhängig vom Unternehmen) auf

- Der firmeneigenen Homepage
- Jobbörse der Agentur für Arbeit
- Jobportalen (Monster, Stepstone, usw.)
- Social Media (z.B. Xing, Instagram, u. a.)
- Spezialisierte Portale (z B. für Studenten)
-

Die Wahl des Weges ist abhängig von der Branche und dem erwarteten Rücklauf über diesen Weg (Beispiel: weniger Bewerbungen auf Ausschreibung auf Homepage als auf Stellenanzeige im Jobportal des Arbeitsamtes). Ein Vorteil ist immer die Schnelligkeit gegenüber Print-Medien. (auch die Deaktivierung einer Anzeige ist möglich im Gegensatz zu Print).
Häufig ist eine Stellenanzeige im Internet günstiger als eine Print-Anzeige. Zudem ist eine genauere Zielgruppen-Selektion möglich für die Anzeigen-Schaltung.
Auch Kurzbewerbungen (ein-Klick) sind möglich (besonders bei social Media). Vorteile bei social Media Anzeigen sind zudem der Kontakt zu Nichtsuchende, einfache Interaktion, Ansprechen weiterer Zielgruppe, spontane Kontaktaufnahmen möglich, „kurze Wege" bei Erstkontakt und Nachfragen.

Ein Nachteil ist der oft unkontrollierte Eingang an Bewerbungen (auch durch Vernetzungen zu anderen kostenlosen Job-Such-Portalen) und eventueller Aufwand durch Deaktivierung und Pflege (z. B. bei Anfragemöglichkeiten über das Portal).
Je nach Portal können besondere Datenschutzbestimmungen relevant sein (social Media).

2.6.4 Andere externe Möglichkeiten

Aushänge, Flyer, Messen oder Selbständige oder freie Mitarbeiter

2.6.4.1 Dienstvertrag

Dienstherr/Arbeitgeber: Verpflichtung zur Gewährung der vereinbarten Vergütung, § 611 Abs. 1 BGB
Arbeitnehmer: Verpflichtung zu Diensterbringung, § 611 Abs. 1 BGB (Leistung nicht Erfolg)
Beendigung durch Zeitablauf oder Kündigung

2.6.4.2 Werkvertrag

Unternehmer: Verpflichtung Herstellung des Werkes, § 631 Abs. 1 BGB (Erfolg/Werkergebnis geschuldet), handelt selbständig, unternehmerisch
Besteller: Verpflichtung Vergütung zu bezahlen, § 631 Abs. 1 BGB, keine Weisungsbefugnis
Mängelrechte des Bestellers, § 634 BGB

- Nacherfüllung gem. § 635 BGB
- Selbstvornahme und Aufwandsersatz gem. § 637 BGB
- Rücktritt gem. §§ 636, 323, 326 V BGB
- Minderung gem. § 638 BGB
- Schadensersatz gem. §§ 636, 280, 281, 283, 311 a BGB
- Ersatz vergeblicher Aufwendungen gem. § 284 BGB

Zurückbehaltungsrecht bei Nachbesserung
Unternehmer hat das Wahlrecht, ob Nachbesserung oder Neuherstellung

2.6.4.3 Arbeitnehmerüberlassung

F2020 Teil 2 Aufg.8 | F2021 Teil 2 Aufg.6 | F2022 Teil 2 Aufg.1

- Auftraggeber „bucht“ für erforderlichen Zeitraum (1 Tag bis mehrere Monate“) Personal nach bestimmten Kriterien
- Auftraggeber zahlt an Arbeitnehmerüberlassung
- Arbeitnehmer haben Vertrag mit Arbeitnehmerüberlassung und werden von dieser zu deren Kondition bezahlt (unabhängig vom Betrag, den der Auftraggeber zahlt)
- Geschuldete Leistung ist Dienstleistung
- Auftraggeber ist Arbeitnehmern gegenüber weisungsbefugt
- Active Sourcing
- Bietet Auftraggeber viel Flexibilität
- Für kurze Zeitspannen
- Für längere Zeitspannen oft unrentabel (kostenintensiv, Know-how verbleibt nicht im Betrieb, ggf. häufiger Wechsel und Anlernzeit
- AüG relevante Grundlage

Mögliche Auswahlkriterien:

- Regionalität (geringe Anfahrtszeit Mitarbeiter)
- Qualifikation der Leiharbeiter
- Qualifikation/Reverenzen der Leiharbeitsfirma
- Genehmigung durch die Bundesagentur für Arbeit
- Tarifzugehörigkeit
- Verfügbarkeit Leiharbeiter

2.7 Administrative Aufgaben einschließlich der Entgeltabrechnung bearbeiten

2.7.1 Aufgaben der Personalverwaltung

H2022 Teil 1 Aufg.1

Die Aufgaben der Personalverwaltung umfassen alles Administrative für jeden Mitarbeiter. Dazu gehören zum Beispiel:

- Personalbeschaffung (langfristige Sicherung des quantitativen und qualitativen Personalbedarfs)
- Führen der Personalakte
- Veraltung der Personaldaten
- Statistiken erstellen (Bewerberquote, Krankenquote, usw.)
- Erfassen, kontrollieren und abrechnen (in der Regel Vorstufen) der Arbeitszeiten und Urlaubstage
- Reisekostenabrechnung
- Dokumentation der Personalbeurteilungen
- Informieren über arbeitsrechtliche Rahmenbedingungen/Änderungen
- Unterstützung beim Change-Management

2.7.1.1 Beschaffungsbezogene Aufgaben

- Stellenpläne erstellen,
- Stellenausschreibungen formulieren und schalten,
- Abstimmung Betriebsrat
- Koordination mit Abteilungsleitern und anderen Beteiligten,
- Sichten der eingehenden Unterlagen
- Kommunikation mit dem Bewerber
- Terminabsprache/Koordination

- Erforderliche Unterlagen prüfen, fehlende anfordern
- Personalbogen erstellen
- Personalakte anlegen (analog und digital)
- SV-Anmeldung
- Koordination mit Haustechnik, IT (Arbeitsplatzausstattung, Programm-Zugriffe, ...)
- Verträge erstellen
- Bescheinigungen erstellen

2.7.1.2 Einsatzbezogene Aufgaben

Dazu zählen unter anderem:

- Stellenbeschreibung/Anforderungsprofil mit Bewerber-Qualifikationen abgleichen
- Einsatzpläne mit Arbeitszeiten des Bewerbers abgleichen

2.7.1.3 Entlohnungsbezogene Aufgaben

- Eingruppierung
- SV-Anmeldung und rechtzeitige Zahlungen
- Finanzamt Anmeldung und Zahlungen
- Lohn-/Gehaltszahlung an Mitarbeiter
- Zeitkonto führen und kontrollieren
- Zugehörende Statistiken erstellen
- Tarifvertragsanpassungen

2.7.1.4 Freistellungsbezogene Aufgaben

- Arbeitszeugnis erstellen
- Fristeinhaltungen prüfen
- Urlaubsansprüche prüfen
- Abmeldung SV
- Abschluss Lohnabrechnung
- Abmeldung IT
- Aushändigung der Unterlagen an Mitarbeiter

- Rückgabe Schlüssel und Materialien vom Arbeitnehmer an den Arbeitgeber (z. B. Notebook, Schlüssel, KeyCard, Firmentankkarte, u.a.)
- Abschluss Personalakte

2.7.2 Instrumente der Personalverwaltung

2.7.2.1 Das Führen der Personalakte im Betrieb

F2023 Teil 2 Aufg.7

In der **Haupt-Personalakte** finden sich je nach Unternehmen unterschiedliche Unterlagen den Arbeitnehmer betreffend. Sie müssen in direktem Bezug zum Arbeitsverhältnis stehen. Enthalten sein können:

- Bewerbungsunterlagen
- Personalbogen
- Verschwiegenheitserklärung
- IT-Nutzungsvereinbarung
- Sozialversicherungsnachweise
- Lohnsteuerunterlagen
- Kopie des Schwerbehindertenausweises
- Arbeitszeugnisse
- Erworbene Zertifikate
- Führungszeugnis
- Arbeitserlaubnis
- Arbeitsvertrag
- Eventuelle Nebenbeschäftigungen
- Abmahnungen
- Gegendarstellungen
- Kündigungsschreiben

In der **Nebenakte** werden z.B. aufbewahrt:
- Lohn- und Gehaltsnachweise
- Vereinbarungen zu Firmenwagen/ mobiler technischer Ausrüstung
- Arbeitsunfähigkeitsbescheinigungen
- Urlaubsbescheinigungen
- Reisekostenabrechnungen

Nicht in die Personalakte dürfen:
- Arztberichte
- Informationen des BEM
- Parteizugehörigkeit
- Private Unterlagen
- Social-Media-Profile
- Vermutungen

Regelungen dazu finden sich im **Arbeitsrecht**.
Sollte die Personalakte digital geführt werden, muss der Mitarbeiter der automatisierten Verarbeitung seiner personenbezogenen Daten zustimmen, falls es nicht schon über eine Betriebsvereinbarung geregelt ist.
Jeder Mitarbeiter hat das **Recht auf Einsicht** in seine Personalakte. Er kann dafür ein Betriebsratsmitglied hinzuziehen. Aus anderen Gründen darf der Betriebsrat die Personalakte aber nicht einsehen.
Die Personalakte wird mindestens drei Jahre aufbewahrt. In diesem Zeitraum könnte ein arbeitsrechtlicher Anspruch beim Arbeitgeber geltend gemacht werden. Handelt es sich um Beamte müssen Personalakten 10 Jahre aufbewahrt werden.

2.7.2.2 Personalhandbuch

H2019 Teil 2 Aufg.7

Steht in der Regel für Führungskräften zur Verfügung und soll sowohl bei der Personalführung helfen als auch ein einheitliches Handeln über alle Abteilungen und Abteilungsleiter hinweg sicherstellen.

Hier finden sich unter anderem

- Allgemeine Informationen zur Personaleinstellung
- Entgeltinformationen
- Allgemeine Informationen zur Anstellung (Arbeitszeit, Urlaub, ...)
- Allgemeine Informationen bei Ausscheiden aus dem Unternehmen
- Betriebsordnung
- Führungsgrundsätze
- Allgemeine Informationen zu Mitarbeiterbeurteilungen, Potenzialentwicklungen
- Unternehmensleitlinien
- Betriebsvereinbarungen
- Weitere Richtlinien, die zur Vereinheitlichung festgelegt wurden.

Corporate Identity

Stilisierung des Unternehmens zu einer eigenen „Persönlichkeit" mit einem erkennbaren Charakter und typischen Profil durch ein klares Selbstbild. Unterstützt die Funktionen des Leitbildes, fördert darüber hinaus Image und Wiedererkennungswert nach außen, die Abgrenzung zu Konkurrenten und die Wirkung kommunikationspolitischer Maßnahmen.

Leitbild: Zusammenfassende Darstellung der internen Grundsätze und externen Ziele eines Unternehmens, durchgehend positiv formuliert. Sie sollte zusammen mit den Mitarbeitern entwickelt werden. Im Gegensatz zum **Image (Fremdbild)** ist die **CI** das **Selbstbild.**

H2020 Teil 3 Aufg.1
Leitbild kann Handlungs-, Werte- oder Entscheidungsorientiert sein.
Mögliche **Inhalte des Leitbildes**:

- Vision; allgemeines Ziel/ Zweck des Unternehmens
- Selbsteinstufung in den Rahmenbedingungen
- grundlegende Werte des Unternehmens
- generelle Strategie
- Identität, Bedeutung der Mitarbeiter
- Potential des Unternehmens

Funktionen:

- **Orientierung**: durch Begründung und Vermittlung gemeinsamer Wertvorstellungen, die Verhalten und Entscheidungen zugrunde liegen
- **Integration**: Gemeinsamkeits-Gefühl durch das auf Basis dieser gemeinsamen Wertvorstellungen entstehende Gefühl der Zusammengehörigkeit (Identifikation)
- **Motivation**: die aus der Identifikation mit dem Unternehmen und seinen Zielen entspringt
- **Entscheidung**: Handlungsnormen
- **Koordinierung**: im Sinne der Übereinstimmung verschiedener Instanzen in ihren Entscheidungen, weil sie von den gleichen Handlungsnormen ausgehen
- **Unternehmenskultur:** durch Übereinstimmung in Werten, Einstellungen, Verhalten
- **Kommunikation intern und extern:** Leitbild auch nach außen verkörpern

Kommunikation des Leitbildes

- Infobroschüre für Mitarbeiter, ggf. in anderen Sprachen
- Präsentation zur Einführung

- Kick-Off-Veranstaltung
- Verantwortliche Multiplikatoren
- Leitbild im Internet/ Intranet präsentieren
- Leibilder im QM integrieren

Leitsätze - *H2020 Teil 3 Aufg.1*
Aus dem Leitbild abgeleitete Kernaussagen, vor allem zur Verdeutlichung des Leitbildes in der Kommunikation. Idealerweise sollte für jedes Hauptziel bzw. für jede Zielgruppe ein solcher Leitsatz formuliert werden. Die Formulierungen sind durchweg positiv zu halten. Potenzielle Themen sind damit zum Beispiel:

- angestrebte Bedeutung für die Kunden
- Umgang mit den Mitarbeitern
- Umgang mit Kundenbeschwerden
- Verhältnis zu den Lieferanten
- eigene Marktstellung
- Verantwortung für soziales und ökologisches Umfeld.

„Gap-Analyse" der Gründe für Lücken zwischen Ansprüchen der Leitsätze und öffentlicher Wahrnehmung:

- der Unternehmenswirklichkeit nicht entsprechende Sätze
- mangelnde Identifikation der Mitarbeiter mit den Vorgaben
- versäumte Anpassung an gewandelte Vorstellungen der Öffentlichkeit
- externe Ursachen

Zur **Corporate Identity** gehören
Corporate Behaviour: Verhalten der Mitarbeiter intern wie extern, z.B. respektvolles, wertschätzendes Führungsverhalten der Vorgesetzten und respektvolles Verhalten den Kunden gegenüber
Corporate Communication: beinhaltet die interne (Mitarbeiter) und externe (Kunden, Stakeholder) Kommunikation (z.B. das Wording). Kundenkommunikation ist auch Teil des Marketings/ PR

Corporate Design: einheitliches Erscheinungsbild intern wie extern (einheitliches Layout, Farbe, Schriftart, Logo, Packungsdesign)

Corporate Branding – Unternehmensmarke
baut auf Corporate Identity auf; „Markenversprechen" setzt sich zusammen aus den emotionalen und den funktionalen Anteilen, die die Marke vermittelt, entsprechende Erwartungen werden beim Kunden (und anderen Stakeholdern) beim Kauf dieser Marke hervorgerufen;
positive Eigenschaften und Erfahrungen werden auf andere Produkte des Unternehmens und das Unternehmen an sich übertragen;

Entwicklungsschritte:

- Corporate Identity
- Design-Analyse aller Unternehmensbereiche
- Entwurf der Markenarchitektur
- Corporate Design entwickeln
- Corporate Design-Handbuch erstellen
- Kommunikationsplan zur Einführung
- Einführung und Controlling

Corporate Governance

Verhaltensregeln für Mitarbeiter, besonders Führungskräfte, abgeleitet aus ethisch begründeten Grundregeln; entstanden u.a. zum Unterbinden von Korruption. Zielt auf nachhaltige Unternehmensführung, ggf. auch als USP
Bei der Erstellung u.a. zu berücksichtigen:

- Shareholder: Interesse der Eigentümer an Erhaltung und Steigerung des Unternehmenswertes
- Stakeholder: Interessen aller Anspruchsgruppen
- das Leitbild
- Management-Prinzipien und Mitarbeiterführung
- Transparenz
- Rechtskonformes Verhalten

Compliance
Allgemein die Einhaltung von Regeln oder Ratschlägen; in Unternehmen die Befolgung von (externen) Gesetzen und Verordnungen ebenso wie von (internen) Richtlinien und Anordnungen. Die Gesamtheit der Maßnahmen, die das sicherstellen sollen, wird als Compliance Management System (**CMS**) bezeichnet.
Da es sich um ein Thema handelt, das alle Bereiche des Unternehmens durchdringt, muss einerseits die Verantwortung beim Top-Management angesiedelt sein. Gleichzeitig ist die Unabhängigkeit eines Compliance-Beauftragten unverzichtbar, der über deren Einhaltung wacht.

Unternehmenskultur
Voraussetzungen für eine positive Unternehmenskultur sind:
- ➢ Wertschätzung der Mitarbeiter und ihrer Arbeitsleistung
- ➢ Mitarbeiterentwicklung und –förderung
- ➢ Vorschlagswesen der Mitarbeiter und deren Umsetzung

2.7.2.3 Personalrechnungswesen

H2022 Teil 1 Aufg.5 | H2022 Teil 2 Aufg.5 und 9
Hierunter fällt alles zur Lohn- und Gehaltsabrechnung, von der Vorbereitung bis zur Auszahlung. Üblicherweise wird diese Abrechnung mit Hilfe entsprechender Software oder von einem externen Anbieter durchgeführt.

Für Rückfragen durch Mitarbeiter aus anderen Abteilungen, sollte jeder Mitarbeiter der Personalabteilung dennoch genau wissen, wie sich die Gehälter zusammensetzen.
Grob unterteilt geht es um
- Bruttoentgelte
- Nettoentgelte (unter Berücksichtigung von steuer- und sozialrechtlicher Bestimmungen einschließlich möglicher Sonderfälle)

Die Pflege der Stammdaten (Adresse, Lohnsteuerklasse, usw. bleibt meist auch bei Inanspruchnahme externer Dienstleister bei der Personalverwaltung.
Neben dem Erstellen der meist monatlichen Abrechnung, gehören auch die Zahlungen (SV, Mitarbeiter, ...) und die Jahresabschlüsse inklusive Jahresmeldungen dazu.
Zusätzlich zu laufenden Zahlungen können einmalige entstehen (Jahressonderzahlung, Reisekosten)
Darüber hinaus kann es zu Besonderheiten wie z. B. Pfändungen (§ 850 ZPO) kommen, die die Auszahlungen der Gehälter/Löhne betreffen.

Bei der Abrechnung zu beachten sind

- Fixe oder variable Bestandteile
- Laufende oder einmalige (z.B. Prämien) Bestandteile
- Weitere vereinbarte Bestandteile (individuell oder kollektiv (Betriebsvereinbarung, Tarifvertrag)

2.7.2.4 Gesellschaftsbezogene Unternehmensrechnung

(Sozialbilanz)

Eine **Sozialbilanz** ist eine freiwillige Berichterstattung des Unternehmens, um über die Auswirkungen seiner Unternehmungen auf die Gesellschaft zu berichten (positiv wie negativ).
In der Regel in Form von Tabellen und Grafiken, in regelmäßigen Zeitabständen.
Häufige Themen sind Nachhaltigkeit, Umweltschutz, Schaffung neuer Arbeitsplätze.
Die Zahlen und Informationen, die veröffentlicht werden, können auch kritisch unter dem Aspekt der Öffentlichkeitsarbeit gelesen werden.

Corporate Social Responsibility (CSR)
Unternehmerisches Handeln, das im Hinblick auf die gesellschaftlichen und ökologischen Folgen der Tätigkeiten des Unternehmens unabhängig von gesetzlichen Forderungen und über diese hinaus der Verantwortung für diese Folgen Rechnung trägt und dem Prinzip der Nachhaltigkeit folgt. Dazu zählen auch mitarbeiterorientierte Personalpolitik, gesellschaftliches Engagement und Fairness in allen Geschäftsbereichen. Zentrale Standards der CSR sind geregelt in einem Leitfaden auf Basis von ISO 26000.

Maßnahmen:
Grundlage ist die Verankerung der entsprechenden ethischen Normen wie Gesetzeskonformität und Regeltreue im Leitbild des Unternehmens. Zur Umsetzung sind erforderlich oder wünschenswert:

- Verhaltenskodex, insbesondere für Führungskräfte
- Richtlinien als Festschreibung von Prinzipien zur Orientierung für das konkrete Vorgehen, z.B. das 4-Augen-Prinzip
- Audits, also regelmäßige Prüfung aller Prozesse auf Regelkonformität
- Umweltprüfung als Bewertung der Umweltstandards unter Einbeziehung der Lieferkette
- Planung konkreter Umweltziele für die einzelnen Unternehmensbereiche
- Vereinbarung von konkreten Sanktionen bei Verstößen gegen die Richtlinien
- Schulungen zur Qualifizierung und Sensibilisierung der Mitarbeiter für die Bedeutung von Compliance und die konkrete Umsetzung

2.7.3 Datensicherheit und betrieblicher Datenschutz

H2023 Teil 2 Aufg.1
Gesamtheit der technischen und organisatorischen Maßnahmen zur Verhinderung von Verlust oder Manipulation von oder unbefugtem Zugang zu Daten.

Risiken: Menschen; Technik; Umwelteinflüsse
Datensicherheit-**Maßnahmen**
- sorgfältige Auswahl der IT-Mitarbeiter
- Verpflichtung der Mitarbeiter auf Sicherheitsrichtlinien
- Schulungen der Mitarbeiter zu Sicherheitsfragen
- Regelung der Zugangsberechtigungen (
- Sicherung des Zutritts zu IT-Räumen
- Schutz der Netze vor Datendiebstahl, Missbrauch, Sabotage (Firewall; Proxy-Server)
- Backup-Verfahren
-

Controlling, Sensibilisierung und Transparenz auch durch Key-Performance-Indikatoren:
  - Unerwünschte E-Mails (Spam)
  - Reaktionszeiten bei Verdachtsfällen
  - Intensität Firewall-Angriffe
  - Intensität Homepage-Angriffe
  - Systemausfälle
  - Verletzungen der Sicherheitsrichtlinien durch Mitarbeiter

Backup-Verfahren
- **Vollständig:** es werden jeweils komplett alle Daten auf einen anderen Datenträger gespeichert.
- **Differenziell**: es werden alle Änderungen seit dem letzten vollständigen backup gesichert.

- **Inkremental**: es werden alle seit der letzten differenziellen Sicherung geänderten bzw. hinzu gekommenen Daten gespeichert.

-> siehe auch 1.5.3

„Personalplanung, -marketing und -controlling gestalten und umsetzen“

Im Handlungsbereich „Personalplanung, -marketing und -controlling gestalten und umsetzen“ soll der Prüfungsteilnehmer nachweisen, dass er zusammen mit Führungskräften, Unternehmensleitung und in Abstimmung mit den Mitarbeitervertretungen eine strategieorientierte Personalplanung betreiben und durch geeignete Marketingverfahren und Controllinginstrumente deren zielgerichtete Umsetzung sicherstellen kann. Er muss die betriebs- und volkswirtschaftlichen Einflüsse auf die Personalwirtschaft einschätzen können.

3.1 Konjunktur- und Beschäftigungspolitik bei der Personalplanung und beim Personalmarketing berücksichtigen

3.1.1 Konjunktur und Beschäftigung

3.1.1.1 Konjunkturphasen

F2022 Teil 3 Aufg.1

Die vier Konjunkturphasen bilden zusammen einen Konjunkturzyklus:

- Aufschwung mit Erholung und Expansion
- Hochkonjunktur (Boom)

- Rezession (Abschwung)
- Depression (Tief, Krise)
-

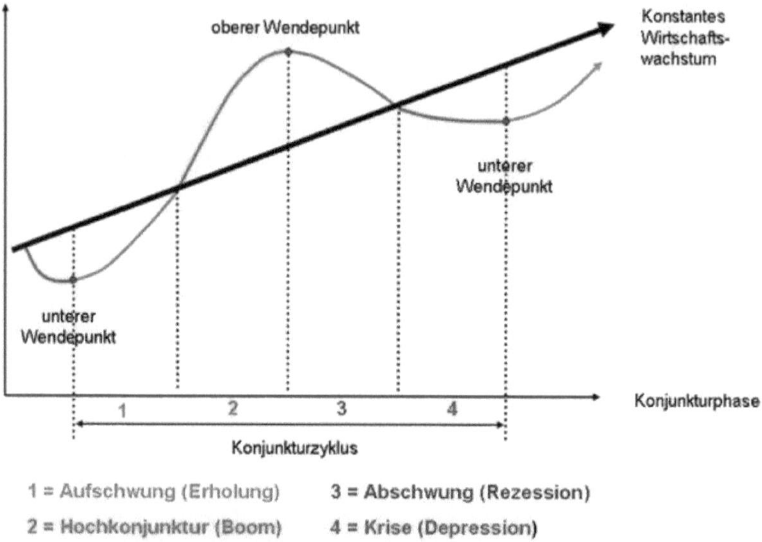

In Unternehmen, deren Leistung an besondere Jahreszeiten gekoppelt ist (Bademoden, Weihnachtsartikel, Baubranche) finden sich jährlich wiederkehrende saisonale Schwankungen. Diese sind grundsätzlich erst mal losgelöst von den Konjunkturphasen, können aber zusätzlich davon betroffen sein.

Für Prognosen der konjunkturellen Entwicklung werden verschiedene Konjunkturindikatoren herangezogen. Diese fließen in die Personalplanung mit ein. Zum Beispiel wird bei geringer Auftragslage und erwarteter Lohnkostensteigerung kein neuer Mitarbeiter gesucht, eventuell ein Teil der Belegschaft zum Abbau von Überstunden angehalten werden.

3.1.1.2 Bestimmungsfaktoren der Beschäftigung

Befindet sich die Konjunktur im

- Aufschwung herrscht eine geringe Arbeitslosigkeit (steigende Produktion erfordert mehr Arbeitskraft)
- Hoch werden (oft aufgrund steigender Preise) höhere Löhne gefordert, die Nachfrage nach Mitarbeitern erfährt nach ihrem Hoch langsam eine Sättigung
- Abschwung (teilweise aufgrund gestiegener Kosten) steigt die Arbeitslosigkeit
- Tief/Depression (die Nachfrage nach Produkten ist gesunken) ist die Arbeitslosigkeit hoch und die Nachfrage nach Arbeitskräften gering

Um zu starke Schwankungen oder eine zu tiefe Depression zu unterbinden, greift der Staat durch Konjunkturpolitik ein.

3.1.1.3 Beschäftigungspolitik

Maßnahmen der Wirtschaftspolitik, um Arbeitslosigkeit abzubauen. Das Ziel ist Vollbeschäftigung.

Hauptverantwortliche sind Staat, Gewerkschaften und Arbeitgeberverbände.

Zum Beispiel mit Hilfe von Lohn- und Bildungspolitik: Durch Senkung von unter anderem den Lohnnebenkosten, soll Geld zur Verfügung stehen und Investitionsanreize geschaffen werden durch entsprechende Steuerpolitik.

Dazu zählen von staatlicher Seite:

Nachfragepolitik (nach Arbeitnehmern): Erhöhung der Nachfrage durch z. B.

- Steuersenkungen (Konjunkturpolitik)
- Deregulierungsmaßnahmen (Wirtschaftspolitik)
- Produktinnovationen (Technologiepolitik)
- Flexibilisierung von Arbeitszeiten (Arbeitspolitik)
- Senkung der Lohnnebenkosten (Tarifpolitik)

Angebotspolitik (an Arbeitnehmer): zum Beispiel durch:

- Sabbaticals, Fort- und Weiterbildung, Erziehungsurlaub, Vorruhestand, u.a. (Verkürzung der Erwerbslebensdauer)
- Veränderte Einwanderungspolitik, Anreize zur Remigration, u.a. (Aussiedler- und Ausländer- sowie Flüchtlingspolitik)
- Förderung der Mobilität von Arbeitskräften (Wanderungspolitik)

Arbeitsmarkt- Ausgleichspolitik: zum Beispiel durch:

- Berufsberatung und Arbeitsvermittlung
- Neue Suchstrategien (Internet, Arbeitnehmerüberlassung, usw.)
- Qualifizierungspolitik (Erwerb von Schlüsselqualifikationen)
- Lohnabstandsgebot

In Abgrenzung zur Arbeitsmarktpolitik (passiv, aktiv, aktivierend) Dazu zählen zum Beispiel

- Festlegung der Höhe und Dauer von Geld- und Sachleistungen (passiv)
- Arbeitsvermittlung, Qualifizierungsfinanzierung, Zuschüsse an den Arbeitgeber während der ersten Monate der Beschäftigung zu Gehaltszahlungen, Arbeitsbeschaffungsmaßnahmen (aktiv)
- „fördern und fordern" mit dem Ziel der Vermittlung von Arbeitslosen in den ersten Arbeitsmarkt (aktivierend)

3.1.2 Einfluss von Konjunktur und Beschäftigung auf die Personalplanung und das Personalmarketing

F2020 Teil 3 Aufg.2

Bei wachsender Wirtschaft, wächst ebenfalls der Bedarf an Arbeitskräften, um die wachsende Nachfrage nach Produkten und Leistungen bedienen zu können.

Schwächelt die Konjunktur werden als erste Maßnahmen häufig die Arbeitszeiten verkürzt (so zum Beispiel zu Zeiten von Corona verstärkte Inanspruchnahme von Kurzarbeitergeld), Neueinstellungen zurückgestellt und schlimmstenfalls Mitarbeiter aus der Probezeit oder nach der Ausbildung nicht übernommen oder entlassen.

Demografischer Wandel
Nicht zu unterschätzen ist das Problem des **demografischen Wandels.** Die Zahl der potenziellen Arbeitnehmer wird stetig sinken. Dadurch wird eine Überalterung innerhalb der Belegschaft, sowie ein Fachkräftemangel forciert. Daraus resultieren eine sinkende Leistungs- und Innovationsfähigkeit.

In vielen Unternehmen werden diese Probleme nach wie vor nicht angenommen. Teilweise auch durch fehlende Kapazitäten der zuständigen Mitarbeiter, finanziellen Unsicherheiten oder Überforderung mit der Komplexität dieses Themas (bedarf Vorausschau und Planungskompetenz über die nächsten Jahre hinweg).

3.1.3 Personalplanung

F2020 Teil 3 Aufg.3 | F2021 Teil 3 Aufg.1 und 4 | H2022 Teil 3 Aufg.1
Personalplanung ist **zukunftsorientiert.**

Aufgaben der Personalplanung

- Bedarf ermitteln
- Beschaffung vornehmen
- Einsatz planen
- Entwicklung planen
- Kosten ermitteln und einhalten
- Anpassung vornehmen

Entsprechend die Planungsbereiche: Personalbedarfsplanung, -beschaffungsplanung, -einsatzplanung, -entwicklungsplanung, -kostenplanung, -freisetzungsplanung.

3.1.3.1 Ziele

Ziele der Personalplanung – *F2019 Teil 3 Aufg.1 und 2| H2019 Teil 3 Aufg.2 | F2020 Teil 3 Aufg.3 | H2022 Teil 3 Aufg.4 |F2023 Teil 3 Aufg.1 | H2023 Teil 4 Aufg.1*

Analog zu den allgemeinen Zielen der Beschaffung hier:
Personal in der richtigen Menge und Qualität am richtigen Ort zum richtigen Zeitpunkt zu geringsten Kosten

Quantitativ: erforderliche Menge
qualitativ: mit den erforderlichen Qualifikationen
Ziel ist für beides die Fluktuationsquote gering zu halten, um Wissensabwanderung zu verhindern, genügend Mitarbeiter zur Verfügung zu haben und wenig in Personalsuche investieren zu müssen (Aufwand, Image, ...)

Strategische Planung: Zeithorizont mehr als 5 Jahre; entspricht weitestgehend der qualitativen Planung; Aufbau, Nutzung, Erhalt, Abbau; notwendig um rechtzeitig auf Trends (gesellschaftlich, technologisch, Digitalisierung), Demografie usw. zu reagieren

Taktische Planung: betrifft die nächsten 1-5 Jahre und hilft die strategische Planung mit umzusetzen. Hierunter fallen auch Personalentwicklungsmaßnahmen wie die Weiterentwicklung von Mitarbeitern zu Führungskräften oder die Planung mit Auszubildenden und ggf. deren Weiterbeschäftigung.
Unsicherheiten sind: veränderte Nachfragestruktur, Marktveränderungen, Trendentwicklungen, Ressourcenveränderungen (Weltmarktpreis, Lieferkette), weltpolitische Geschehnisse (Pandemie, Krieg)

Operative Planung: betrifft die kurzfristige Planung für den Zeitraum über die nächsten Monate (bis zu einem Jahr) und beinhaltet somit die Personaleinsatzplanung inklusive der Urlaubsplanung und Personalveränderungen.

Durch Fluktuation entstehende Kosten:

- Image- und Kundenverlust durch zu wenig Mitarbeiter
- Zusätzliche Kosten für Arbeitnehmerüberlassung
- Anwerbung und Einstellung neuer Mitarbeiter: Interne Sachbearbeitung, Stellenanzeigen, Bearbeitung Eingang, weitere Beteiligte in Bewerbungsgesprächen, Einarbeitung

3.1.3.2 Instrumente

H2021 Teil 3 Aufg.4 | F2023 Teil 3 Aufg.1 | H2023 Teil 3 Aufg.4

Instrumente der Personalplanung:

- Stellenbeschreibungen
- Stellenplan
- Stellenbesetzungsplan
- Nachfolgeplan
- Qualifikationsprofile
- Anforderungsprofil
- Personalstatistiken (Altersstruktur, Qualifikationsstruktur, Fehlzeitenquote, u. a.)
- Personalentwicklungsplan

Richtung der Personalplanung
Nachfolgeplanung: Frühzeitige Vorbereitung der internen Besetzung einer frei werdenden Stelle.
Laufbahnplanung: Vorbereitung von Nachwuchskräften auf Führungsaufgaben durch geplante „Karriere“, gezielte Förderung und Beförderung.

3.1.4 Personalmarketing

Die Aufgabe der Personalabteilung, langfristige **Sicherung** des quantitativen und qualitativen Personalbedarfs, ist eng mit Personalmarketing verbunden. Das betrifft vorrangig die Außenwirkung in Hinblick auf Attraktivitätssteigerung als Arbeitgeber zu steigern, sowie eine Erhöhung des Bekanntheitsgrads auf dem Markt. Zusätzlich ist das interne Personalmarketing für den vorhandenen Mitarbeiterbestand relevant, um Abwanderung zu vermeiden.

3.1.4.1 Ziele

F2019 Teil 3 Aufg.1 | H2019 Teil 3 Aufg.1 | H2023 Teil 3 Aufg.1

- Zielgruppengerechte Attraktivitätssteigerung (Auszubildende, Führungskräfte, ...)
- Image-Verbesserung als Arbeitgeber
- Erhöhung des Bekanntheitsgrads
- Employer Branding
- Stärkung des Betriebsklimas für Mitarbeiter
- Augenmerk auf neue Mitarbeiter während der ersten Monate um als Arbeitgeber zu überzeugen
- Langfristige Mitarbeiterbindung
- Hohe Bedeutung am Markt
- Attraktivität für Bewerber

3.1.4.2 Instrumente

Maßnahmen Image - *H2019 Teil 3 Aufg.1 | F2020 Teil 3 Aufg.1 | H2022 Teil 3 Aufg.2 | H2023 Teil 3 Aufg.1*

Profil eines Unternehmens in der öffentlichen Wahrnehmung, hier insbesondere bei potenziellen Bewerbern.
Mögliche Maßnahmen der positiven Beeinflussung unter anderem:

- Presse-Arbeit

- eigener Internet-Auftritt in Verbindung mit Social-Media-Aktivitäten
- Tage der offenen Tür
- Schnuppertag
- Praktikum
- Beteiligung an Informationsveranstaltungen von Bildungseinrichtungen und IHK bzw. HWK
- Sponsoring (Kultur; Sport) im Einzugsgebiet
- Unterstützung im Bewerbungsprozess
- Förderprogramme

Geprägt wird das Image aber auch stark durch die **Multiplikatorfunktion** der eigenen Mitarbeiter und Betriebsrentner. Deshalb gehören auch Maßnahmen des **internen Personalmarketings** und der **Personalbindung** dazu. Vorteile des **internen Personalmarketings** sind zudem:

- Motivation durch Entwicklungsmöglichkeiten
- Unternehmensspezifisches Know-how
- Reduzierung der Einarbeitungszeit
- Potenzialentwicklung zur persönlichen Laufbahnentwicklung

Employer Branding

=Positionierung des Unternehmens auf dem Arbeitsmarkt als „Arbeitgebermarke".

Soll die Attraktivität als Arbeitgeber erhöhen, dadurch mehr und qualifiziertere Bewerber ansprechen (Thema Fachkräftemangel), in der Folge einfachere und kostengünstigere Personalbeschaffung und Stärkung des Unternehmens am Markt

Mögliche Methoden zur Sichtbarwerdung: Imagefilm auf eigener Internetseite oder auf Social Media; generelle Präsenz auf möglichst vielen (Zielgruppengerecht) Portalen; Kooperationen z. B. mit Hochschulen; Mitarbeiter, die das Employer Branding nach außen tragen (Mitarbeiter werben Mitarbeiter

- Passende Stellenanzeigen
- Attraktive Homepagegestaltung, leichtes Auffinden von Bewerbungsmöglichkeiten
- Niedrigschwellige Bewerbungsmöglichkeiten
- Einladender Auftritt bei Jobmessen
- Kooperationen mit Schulen/Hochschulen (schon im Hinblick auf Ausbildung, Praktika, Berufseinsteiger)
- Praktikumsmöglichkeit, Girls-and-Boys-Day
- Social Media-Auftritte

Zur Auswertung und Verbesserung sollten Rückmeldungen aktiv eingeholt und/oder auf Rezensionsplattformen gesichtet und berücksichtigt werden.

3.1.4.3 Internationale Aspekte

Internationaler Arbeitsmarkt

- Größere Auswahl an Fachkräften (besonders IT)
- Interkulturelle Kompetenzen werden gefördert und gefordert
- Internationale Mitarbeiter fördern Rekrutierung weiterer internationaler Mitarbeiter

Bei internationaler Rekrutierung zusätzlich wichtig:

- Sprachkenntnisse
- Interkulturelle Kompetenzen
- Bereitschaft zur Mobilität

Vorübergehende Verlegung des Tätigkeitsbereichs eines Mitarbeiters eines in Deutschland ansässigen Unternehmens in das Ausland bietet verschiedene Entwicklungsmöglichkeiten und setzt zum Beispiel voraus:

- Persönlichkeitskompetenz (bei jungen Mitarbeitern wird die Selbständigkeit gefördert; Einleben in neue/andere Abläufe beruflich und privat)
- Sozialkompetenz (andere Kultur, andere Verhaltensregeln)
- Methodenkompetenz (bei eigener Organisation des Auslandaufenthaltes; für private Belange)
- Fachkompetenz (neue Arbeitsweisen; Erfahrungen mitnehmen oder alte mit einfließen lassen)

Besondere **Anforderungen** entstehen an das Personalmanagement durch:

- Vorbereitende Schulungsmaßnahmen (z.B. Sprache; Landeskunde; Rechtssystem)
- Unterstützung bei der Orientierung im Ausland
- familiäre Anforderungen wie Schule für Kinder bzw. wenn die Familie des Mitarbeiters in Deutschland bleibt
- finanzielle Unterstützung für Heimataufenthalte
- Organisation eines geeigneten Arbeitsplatzes zur Rückkehr

Wichtig für einen Auslandsaufenthalt eines Mitarbeiters:

Culture Coaching

Zusammenfassende Bezeichnung für individuelle Maßnahmen zur Unterstützung und Betreuung von Mitarbeitern (oft Führungskräfte) vor und während eines Einsatzes im Ausland.

3.2 Personalwirtschaftliche Ziele aus der strategischen Unternehmensplanung ableiten

3.2.1 Strategische Unternehmensplanung

H2019 Teil 3 Aufg.2 | F2020 Teil 4 Aufg.5 | H2020 Teil 3 Aufg.2 | H2021 Teil 3 Aufg.2|
Strategisch = langfristig angestrebte Ziele, abgeleitet aus einem obersten Unternehmensziel; häufig als Zeitraum zur Zielerreichung länger als 5 Jahre definiert

Die in der strategischen Unternehmensplanung festgelegten Ziele für das Unternehmen werden immer weiter aufgeschlüsselt auf verschiedene Zeiträume und Bereiche, bis hin zum Tagesgeschäft. So fließen sie auch in die Personalplanung ein.

So wird erreicht, dass das Ziel realisierbar wird und Möglichkeiten des Controllings geschaffen.

Während der Realisierungsphase werden in regelmäßigen Abständen die verschiedenen Ist-Zahlen mit den Soll-Zahlen verglichen und bei Bedarf gegengesteuert oder angepasst.

Kontrolliert werden zum Beispiel die Personalkosten, Absatzzahlen, usw.

Durch die strategische Orientierung der Personalarbeit ergeben sich verschiedene Handlungsfelder. Zum Beispiel: Ausbildung; Personalentwicklung; Internes Personalmarketing; Personalstrukturplanung, Motivationsinstrumente

3.2.1.1 Ziele

F2019 Teil 3 Aufg.2

Strategische Ziele: Zeithorizont >5 Jahre
Taktische Ziele: Zeithorizont 1-5 Jahre
Operative Ziele: Zeithorizont 1 Jahr

3.2.1.2 Instrumente

F2020 Teil 3 Aufg.6 | H2021 Teil 3 Aufg.2 | F2023 Teil 3 Aufg.2
Instrumente der strategischen Planung

- SWOT-Analyse
- Benchmarking
- Gap-Analyse
- Szenario-Techniken
- Produktlebenszyklus
- Portfolioanalyse
- Balanced Score Card

Zweck: Veranschaulichung des Zusammenhangs zu Unternehmenszielen, Geschäftsprozessen und Geschäftserfolg. Grundlage für strategische Planung, Dokumentation des „wahren" Werts des Unternehmens.

Bestandteile:
Humankapital: mit den Mitarbeitern verbundene Kompetenzen, Qualifikationen und Fertigkeiten
Strukturkapital: Rahmenbedingungen im Unternehmen für die Mitarbeiter zur Erfüllung ihrer Aufgaben
Beziehungskapital: für die Geschäftstätigkeit nutzbare Kontakte zu Kunden, Lieferanten, Anteilseignern, Kooperationspartnern und Öffentlichkeit („Stakeholder").

3.2.2 Einfluss der strategischen Unternehmensplanung auf personalwirtschaftliche Ziele

F2021 Teil 3 Aufg.2

Durch die strategische Planung, die die Unternehmensziele definiert, wird durch die weitere Verfeinerung der Planung (in taktische und operative Ziele) der Personalbedarf ersichtlich.

So ergeben sich zum Beispiel bei erweiterten Produktionsvorhaben in Verbindung mit den zur Verfügung stehenden finanziellen Mitteln, Möglichkeiten unterschiedliche Personalszenarien zu ermitteln und das bestmögliche auszuwählen. Daraus ergibt sich dann Qualifizierungsbedarf, Versetzungsbedarf oder Bedarf an neuen Mitarbeitern. Dieser kann dann mit dem zur Verfügung stehenden Budget abgeglichen und daraus Folgendes angepasst oder umgesetzt werden.

3.2.3 *Personalwirtschaftliche Ziele*

H2020 Teil 3 Aufg.3 | F2021 Teil 3 Aufg.3 | F2022Teil 3 Aufg.2

Personalwirtschaftliche Ziele teilen sich in soziale Ziele (Mitarbeiterorientiert) und wirtschaftliche Ziele (Unternehmensorientiert), wobei die sozialen Ziele häufig gleichzeitig Kosten reduzieren. Die Personalabteilung trägt eine Mitverantwortung diese Ziele zu vermitteln.

Mitarbeiterorientierte Ziele sind zum Beispiel:

- Beschäftigungsgrad optimieren durch angepasste/flexiblere Arbeitszeiten
- Beschäftigungskosten reduzieren durch KVP, Erfahrungsaustausch
- Arbeitsleistung steigern
- Kosten sparen durch verantwortungsvolles Handeln/Umweltschutz im Unternehmen („think before you print“, PC aus am Wochenende, Energiesparlampen, ...)
- Reduzierung der Krankenquote durch Ergonomie am Arbeitsplatz
- Vorschlagsmanagement zum Finden von Optimierungen in Arbeitsabläufen
- Soziale humanitäre Ziele (Arbeitszeiten, Arbeitsschutz, mobiles arbeiten/Homeoffice-Möglichkeit, Einsatz moderne Software)

3.3 Beschäftigungsstrukturen und Personalbedarf … analysieren und ermitteln

3.3.1 Die menschliche Arbeitsleistung im Unternehmen

H2020 Teil 3 Aufg.4 | H2021 Teil 3 Aufg.3

Die Arbeitsleistung der Mitarbeiter ist ein wichtiger Faktor in jedem Unternehmen. Die Personalkosten in Deutschland sind hoch und in Teilen von außen bestimmt (Mindestlohn, Tarifverträge, u.a.). Umso wichtiger ist deshalb eine gute Personalplanung und -auswahl unter Berücksichtigung von Qualität und Quantität.

Einflussfaktoren:

- Leistungsvermögen
- Leistungsbereitschaft
- Arbeits-/Umfeldbedingungen
- Leistungserlaubnis

3.3.1.1 Arten der Arbeit

Es können folgende Arten der Arbeit unterschieden werden:

- Körperlich/operativ und geistig(verwaltend)/dispositiv
- Ungelernt, angelernt und gelernt
- Ausführend und leitend
- Selbständig und unselbständig (angestellt)

3.3.1.2 Bestimmungsfaktoren der Arbeitsleistung

H2019 Teil 3 Aufg.3 | F2023 Teil 3 Aufg.4

Jede Arbeit setzt bestimmte Qualifikationen zu ihrer Erledigung voraus. Dazu kommen Kriterien zur Bewertung der Arbeitsleistung wie Methodenkompetenz, Produktivität, Fehlerquote, Zeit.

Um diese korrekt einordnen zu können, wird zum Beispiel für jede Tätigkeit in der Produktion ein Profil/Beschreibung erstellt. Darin finden sich zum Beispiel Angaben zu Durchführungsdauer, Stückzahlen pro Zeiteinheit und ähnliches.

Auch zum Bestimmen eines Gehaltsrahmens oder Eingruppierung in eine Gehaltsstufe ist eine genaue Stellenbeschreibung und Einordnung der Tätigkeit in eine Schwierigkeitsstufe notwendig.

Man unterscheidet die **objektiven Bestimmungsfaktoren** wie z. B. Arbeitsabläufe, -platz, -ort, -zeit, -inhalt von den **subjektiven Bestimmungsfaktoren**/persönlichen Arbeitsleistung. Dazu gehören neben den Kenntnissen, Fähigkeiten und Fertigkeiten (zum Beispiel Berufserfahrung, körperliche Voraussetzungen) auch Motivationsfaktoren die zum Beispiel durch gute Arbeitsplatzgestaltung, Betriebsklima, flexiblen Arbeitszeiten gesteigert werden können.

3.3.2 Instrumente der Personalbedarfsbestimmung

F2020 Teil 3 Aufg.5 | H2020 Teil 3 Aufg.4 | F2022Teil 3 Aufg.3 | F2023 Teil 3 Aufg.3

Die Personalbedarfsbestimmung ist das „Soll“ für die weitere Personalplanung.

Sie ist unter verschiedenen Gesichtspunkten zu ermitteln:

- Qualitativ
- Quantitativ
- Räumlich
- Temporär/Zeitlich

Zur Bestimmung des Personalbedarfs sind Informationen aus verschiedenen Abteilungen notwendig, wie zum Beispiel geplante Standorte und Standortveränderungen, Absatzplanung, Produktionsplanung und Planung der Organisation.

3.3.2.1 Qualitativ

F2022Teil 3 Aufg.3 | F2023 Teil 3 Aufg.3

Personaleinsatzplanung (**Personaldisposition**) = Zuordnung der Mitarbeiter zu Stellen und Aufgaben; je nach Planungshorizont zu unterscheiden in kurz-, mittel- und langfristige Planung.
Gerade bei Veränderungen im Unternehmen können sich die Anforderungen ändern. Das ist insbesondere bei der Bedarfsrechnung zu beachten. Bisher eingesetzte Mitarbeiter können nicht ohne weiteres von zukünftig wegfallenden auf neu zu besetzende Stellen umverteilt werden.

3.3.2.2 Quantitativ

H2021 Teil 3 Aufg.4 | F2022Teil 3 Aufg.3 | F2023 Teil 3 Aufg.3 | H2023 Teil 3 Aufg.4

Um den Bruttopersonalbedarf zu ermitteln, müssen verschiedene Einflussfaktoren berücksichtigt werden. Da es um den Bedarf des Unternehmens geht, sind diese Einflussfaktoren innerhalb des Unternehmens zu finden:
Unternehmensplanung, anstehende Veränderungen (Maschinen, Organisation), Fertigungstiefe, Arbeitszeiten (Schichtsysteme), Auslagerung von Produktion oder Prozessen, absehbare Abgänge, Krankenquote, Fluktuationsquote, durchschnittliche Arbeitsleistung im aufzustockenden Bereich, geplantes Outsourcing.

Nach festgelegten Vorgaben den Bruttopersonalbedarf errechnen, z.B. bei vorgegebener Anzahl Öffnungstage und – Zeiten, anwesende Mitarbeiter inkl. Arbeitstage pro Jahr, Urlaubstage, durchschnittliche Krankentage, Wochenarbeitsstunden:
Mögliche Berechnung durch Umrechnung in Geschäftsöffnungs-Stunden und Netto-Arbeitsstunden je Mitarbeiter. Durch Division ergibt sich die benötigte Mitarbeiterzahl. (Geschäftsöffnungs-Stunden * Anzahl der in der Zeit anwesenden Mitarbeiter /
Netto-Arbeitsstunden je Mitarbeiter
=> 2000 Stunden * 2 Mitarbeiter = 4000 Stunden
4000 zu besetzende Stunden / 1000 Netto-Arbeitsstunden pro Mitarbeiter = 4
=> es werden rechnerisch 4 Mitarbeiter benötigt, um während der Geschäftsöffnungsstunden jeweils 2 Mitarbeiter im Geschäft zu haben)

3.3.2.3 Räumlich

H2021 Teil 2 Aufg.3| H2019 Teil 3 Aufg.3 | F2022Teil 3 Aufg.3| F2023 Teil 3 Aufg.3

Diese Personalbedarfsbestimmung bezieht sich auf den Einsatzort, also welche Filiale welchen Bedarf haben und wie dieser gedeckt werden kann (Auch temporäre Versetzung denkbar; Betriebsrat beteiligen).
Zudem gibt es unterschiedliche externe Faktoren zu berücksichtigen bei unterschiedlichen Regionen (innerhalb Deutschlands oder auch Ausland).

3.3.2.4 Temporär

H2019 Teil 3 Aufg.3 | F2022Teil 3 Aufg.3| F2023 Teil 3 Aufg.3

Temporäre Personalbedarfsbestimmung ist ein besonders wichtiger Faktor in Unternehmen mit saisonalen Schwankungen oder bei erwarteten Großaufträgen. Hier muss exakt geplant werden zu welchem Zeitpunkt für welchen Zeitraum welche Anzahl an Mitarbeitern mit welcher Qualifikation zur Verfügung stehen muss.
Kann zudem beeinflusst werden durch:

- Rückkehrer aus Elternzeit
- Rückkehrer aus Sabbatical
- Rentenübergang
- Kündigungen

Mögliche Lösungen sind Zeitarbeitskräfte oder befristete Anstellungen.

3.4 Personalbedarfs- und Entwicklungsplanung durchführen

3.4.1 Methoden der Personalbedarfsberechnung

F2020 Teil 3 Aufg.5 | F2021 Teil 3 Aufg.4 | H2022 Teil 3 Aufg.4

3.4.1.1 Vergangenheitsorientierte Methoden

Schätzverfahren: „heuristische" Methode der auf Erfahrung beruhenden Erwartung von Experten.

Kennzahlenmethode: „deterministische" Methode der rechnerischen Ableitung aus vorhandenen Kennzahlen auf die erwarteten Werte.

Trendextrapolation: Trend-Fortschreibung; Trend der Vergangenheit wird in die Zukunft weitergeführt; nur sinnvoll bei längerem Zeitintervall der Vergangenheit

3.4.1.2 Schätzmethoden

Bei der einfachen Schätzmethode greifen erfahrene Führungskräfte auf ihre in der Vergangenheit gewonnenen Kenntnisse zurück und prognostizieren daraufhin ihre Erwartungen an die Zukunft. Diese Methode basiert deshalb auf sehr subjektiven Einschätzungen. Sinnvoll ist es mehrere Meinungen zusammen zu tragen oder die Führungskräfte zuvor in einen Austausch miteinander zu bringen. So fließen unterschiedliche Meinungen, Erfahrungen und Bedenken ein.

Schätzverfahren werden auch von Experten durchgeführt, in kleineren Unternehmen aber in der Regel von den internen Verantwortlichen.

Bei der systematischen Schätzmethode werden mit Hilfe eines Fragebogens Experten (systematisch) befragt. Im Anschluss werden die Fragebögen ausgewertet und die Ergebnisse erneut an die Experten zurück gespielt, um diese erneut zu beurteilen. Diese Methode ist auch unter Delphi-Methode bekannt.

3.4.1.3 Arbeitswissenschaftliche Methoden und Berechnungsformeln

H2019 Teil 3 Aufg.4 und 5 | H2020 Teil 3 Aufg.4 | H2021 Teil 3 Aufg.4 | F2022Teil 3 Aufg.4 | F2020 Teil 4 Aufg.5 | H2022 Teil 3 Aufg.4 | F2023 Teil 3 Aufg.5 | H2023 Teil 3 Aufg.4

Zur Bestimmung des Personalbedarfs ist die Kenntnis über die benötigte Zeit je Arbeitsauftrag/Arbeitspaket notwendig. (sehr theoretisch, da Leistungsfähigkeit individuell ist)

In beratungsintensiven Bereichen können dazu naturgemäß nur sehr grobe, durchschnittliche Annahmen getroffen werden.

MTM: bottom up; Aufteilung der Arbeitsabläufe bis in kleinste Schritte bis hin zu Rüstzeiten, Verteilzeiten als Berechnungsgrundlage. - **Methods-Time Measurement** (MTM) bezieht sich auf die Abhängigkeit zwischen der für einen Arbeitsablauf benötigten Zeit und der gewählten Methode zur Bewältigung der Tätigkeit. Sie wird bei manuellen Arbeitsabläufen genutzt und hilft Verbesserungsmöglichkeiten in den Abläufen zu erkennen. Ebenso werden dadurch Arbeitsabläufe standardisiert und Ablaufzeiten sehr genau festgelegt. Bei MTM handelt es sich um einen weltweit anerkannten Standard.

REFA: top down; Aufteilung der Arbeitsabläufe vom Groben immer kleiner werdend; Hilfestellung zur Berechnung der benötigten Zeiten und dafür benötigtes Personal

Stellenplanmethode: Ermittlung des Personalbedarfs durch Fortschreibung des Stellenplans:

	Soll-Stellen
+	neue Bedarfsstellen
–	entfallende Stellen
=	**Bruttopersonalbedarf**

	Ist-Personalstand
+	Zugänge
–	Abgänge
=	fortgeschriebener **Personalbestand**

	Bruttopersonalbedarf
–	Personalbestand
=	**Nettopersonalbedarf.**

Ermittlung Netto-Personalbedarf

	Ist-Stellen
+	neue Bedarfsstellen
=	Bruttopersonalbedarf

+	Zugänge (Rückkehrer, Übernahme nach Ausbildung, zugesagte Arbeitsverträge)
–	Abgänge (Kündigungen, anstehende Elternzeit, Sabbatical, ...)
=	fortgeschriebener Personalbestand

⇨ **Nettopersonalbedarf**

3.4.2 Methoden zur Ermittlung des Personalbestandes

H2019 Teil 3 Aufg.3 | F2021 Teil 3 Aufg.4 und 5 | H2022 Teil 3 Aufg.3 und 4

Je nach Bedarf kann auf unterschiedliche Informationsquellen zurückgegriffen werden:
Personalcontrolling; Personalinformationssystem; Mitarbeiterstrukturdaten; Stellenpläne; Besetzungspläne; Personalakten

Quantitative Personalplanung:
Festlegung der erforderlichen Anzahl von Stellen in einem bestimmten Bereich.
Diese können anhand des Stellenplanverfahrens konkret berechnet oder mit dem Schätzverfahren oder einer Szenariotechnik grob angegeben werden.
Konkrete Berechnung des Netto- und Bruttobedarfs kann auch durch genaue Aufschlüsselung und Summierung des Bedarfs anhand der wöchentlich benötigten Schichtabdeckung ermittelt werden.

Für einen **qualitativen** Bedarfsüberblick kann eine Strukturanalyse hilfreich sein, die dem IST-Zustand gegenübergestellt wird.

Qualitative Personalplanung:
Personaleinsatzplanung (Personaldisposition) = Zuordnung der Mitarbeiter zu Stellen und Aufgaben; je nach Planungshorizont zu unterscheiden in kurz-, mittel- und langfristige Planung.

Soll-Stellen + neue Bedarfsstellen – entfallende Stellen
= **Bruttopersonalbedarf**
Ist-Personalstand + Zugänge – Abgänge

= fortgeschriebener **Personalbestand**
Bruttopersonalbedarf – Personalbestand = **Nettopersonalbedarf.**

Nach festgelegten Vorgaben den Bruttopersonalbedarf errechnen, z.B. bei vorgegebener Anzahl Öffnungstage und – Zeiten, anwesende Mitarbeiter inkl. Arbeitstage pro Jahr, Urlaubstage, durchschnittliche Krankentage, Wochenarbeitsstunden:
Mögliche Berechnung durch Umrechnung in Geschäftsöffnungs-Stunden und Netto-Arbeitsstunden je Mitarbeiter. Durch Division ergibt sich die benötigte Mitarbeiterzahl. (Geschäftsöffnungs-Stunden * Anzahl der in der Zeit anwesenden Mitarbeiter / Netto-Arbeitsstunden je Mitarbeiter
=> 2000 Stunden * 2 Mitarbeiter = 4000 Stunden
4000 zu besetzende Stunden / 1000 Netto-Arbeitsstunden pro Mitarbeiter = 4
=> es werden rechnerisch 4 Mitarbeiter benötigt, um während der Geschäftsöffnungsstunden jeweils 2 Mitarbeiter im Geschäft zu haben)

H2020 Teil 1 Aufg.3b
Wichtig ist zudem rechtzeitig Schlüsse aus den ermittelten Zahlen zu ziehen und Maßnahmen einzuleiten. Zum Beispiel bei hohem Durchschnittsalter der Belegschaft gezielt jüngere Bewerber anzusprechen und für rechtzeitige Nachbesetzungen beim Ausscheiden der älteren Mitarbeiter zu sorgen.

3.4.3 Profile durch Arbeits(platz)bewertung

Jeder Arbeitsplatz wird analysiert und die Abläufe innerhalb eines Schemas beurteilt.

So ergibt sich ein Anforderungsprofil für die Personalsuche und eine Soll-Vorgabe für zukünftige Mitarbeiterbewertungen auf dieser Stelle.

3.4.3.1 Fähigkeitsprofil durch Personalbeurteilung

Im Zuge der Personalbeurteilung werden auch die Fähigkeiten des Mitarbeiters erkannt und bewertet. Daraus kann ein Fähigkeitsprofil erstellt werden, das für Stellenversetzungen oder Laufbahnplanung relevant ist.

3.4.3.2 Eignungsprofil

Abgleich der persönlichen Fertigkeiten und Fähigkeiten mit den Anforderungen an den Arbeitsplatz. Daraus kann das Eignungsprofil erstellt werden.

Kann auf eine Stelle bezogen oder weiter gefasst werden und als Potenzialanalyse zur Laufbahnplanung oder Weiterqualifizierung genutzt werden:
Systematische Ermittlung und Erfassung der speziellen Fähigkeiten und Eigenschaften der Mitarbeiter unter dem Aspekt der Eignung für unterschiedliche Aufgabenfelder. Setzt standardisiertes Vorgehen bei der Beurteilung und eine Analyse der für die verschiedenen Bereiche im Unternehmen erforderlichen Potentiale voraus.

3.4.4 Maßnahmen zur Anpassung des Personalbedarfs

Personalanpassungsmaßnahmen - *F2019 Teil 3 Aufg.4 | H2020 Teil 3 Aufg.6 | H2022 Teil 2 Aufg.1*

Personalabbau direkt (Reduktion durch Entlassungen):

- Vorzeitiger Ruhestand (Bereitschaft, Ausgleichszahlungen)
- Altersteilzeit
- Aufhebungsverträge (Bereitschaft, Abfindungskosten)
- Outplacement (Bereitschaft, Eignung, Kosten)

Personalabbau indirekt (Reduktion ohne Entlassungen):

- Abbau von Leiharbeit
- Abfeiern von Überstunden
- Kurzarbeit
- Keine Nachbesetzungen (Arbeitsverdichtung mit entsprechenden Folgen)
- Keine Verlängerung von Zeitverträgen
- Keine Übernahme Auszubildender (Investition in Ausbildung und Zugehörigkeit/Bindung)
- Keine Nachbesetzung freiwerdender Stellen
- Interne Umschulungen (Eignung, Zeit, Kosten)

Mögliche **Ursachen** für **Personalanpassung:**

- Markt/ Konjunktur
- Fusion/ Übernahme
- Out-Sourcing
- Standortverlagerung
- Insolvenz (Transfer-, Auffanggesellschaften

Prozess des Personalabbaus – *H2020 Teil 3 Aufg.6*

- Mitarbeiter herausfiltern
- Möglichkeiten, Kosten prüfen (Sozialauswahl, Abfindung)
- Betriebsrat einbeziehen
- Verhandlungen (Interessenausgleich, Sozialplan)
- Betroffene Mitarbeiter informieren, Möglichkeiten besprechen
- Umsetzung (Kündigung)
- Kontrolle (rechtlich, Kosten, Mitarbeiterresonanz)

Einführung von **Kurzarbeit**: - *F2023 Teil 3 Aufg.6*

- Prüfung wirtschaftlicher und rechtlicher Voraussetzungen
- Planung (zeitlich; personell)
- Informieren des Wirtschaftsausschusses
- Informieren der Führungskräfte
- Klärung mit Bundesagentur für Arbeit
- Einbeziehung Betriebsrat
- Einigung Betriebsvereinbarung
- Anzeige bei Bundesagentur für Arbeit
- Nach Anerkennung durch Bundesagentur für Arbeit: Informieren der Mitarbeiter und Umsetzung Kurzarbeit

Kurzfristiger Personalbedarf

H2023 Teil 2 Aufg.8

Kann gedeckt werden durch:

- Freie Mitarbeiter
- Arbeitnehmerüberlassung
- Leistung durch Werkvertrag
- Jahresarbeitszeitkonto
- Studentische Hilfskräfte
- Urlaubssperren
- Teilzeit zu Vollzeit
- Überstunden

On-Boarding / Einarbeitung

F2021 Teil 4 Aufg.3

Praxisbezogene Hinführung von Mitarbeitern an die für ein neues Aufgabengebiet erforderlichen speziellen Informationen, Kenntnisse und Fähigkeiten (technical onboarding). Bei neuen Mitarbeitern kommen dazu die Unterrichtung über interne Strukturen, Regeln und Anweisungen incl. abgestufter Maßnahmen zur sozialen Integration in die Unternehmensstruktur und –kultur (social onboarding).

Maßnahmen, die in diesem Zusammenhang besonders geeignet sein können:

- Tutoring (Patenschaft)
- Mentoring
- Willkommenspaket (Blumen, eigener Kaffeebecher, Werbeartikel mit Firmenlogo)
- Willkommensseite im Intranet (Infos, wo finde ich was/wen)
- Willkommenstermine (Vorgesetzte, Personal, Team)
- Job-Rotation
- Trainee-Programm
- Training Maßnahmen

Tutoring

Praxisorientierte Einweisung eines neuen Mitarbeiters bzw. in ein neues Aufgabengebiet durch einen erfahrenen Mitarbeiter als Paten.

Trainee Programm

Einarbeitungsprogramm für besonders (akademisch) qualifizierte neue Mitarbeiter mit der Perspektive auf Führungspositionen, bei dem einerseits der Trainee auf eigene Erfahrung und Beobachtung gestützte Kenntnisse vieler für seine künftige Tätigkeit relevanten Bereiche erhalten soll, andererseits das Unternehmen konkrete Rückschlüsse auf geeignete Einsatzfelder ziehen kann.

3.4.5 Ziele, Inhalte und Notwendigkeit der Personalentwicklungsplanung

F2020 Teil 3 Aufg.4 | F2021 Teil 3 Aufg.3 | F2021 Teil 3 Aufg.6 | H2019 Teil 4 Aufg.3 | F2022 Teil 4 Aufg.2

Ziele der Personalentwicklung

Unternehmenssicht:

Entwicklung und Förderung der objektiven und subjektiven Fähigkeiten der Mitarbeiter im Einklang mit den sich wandelnden Anforderungen des Unternehmens an Qualifikation und Kompetenzen, die sich aus den Anforderungen des Marktes, insbes. der Kunden ergeben und für eine erfolgreiche Organisationsentwicklung erforderlich sind. Konkret können u.a. genannt werden:

- Kostensenkung dank effektiverer Arbeit
- Qualifizierte Mitarbeiter
- Wettbewerbsvorteile
- Erhöhung der Kundenzufriedenheit durch qualifiziertes Personal
- Erfüllen geänderter rechtlicher Vorschriften
- Steigerung der Motivation der Mitarbeiter
- Erhöhung der Attraktivität als Arbeitgeber
- Kostenersparnis durch optimale Arbeitsabläufe
- Vielfältigkeit der Mitarbeiter

Mitarbeitersicht:

- persönliche Weiterentwicklung
- verbesserte Aufstiegsmöglichkeiten
- Sicherung des Arbeitsplatzes
- Chance auf interessantere Tätigkeit
- Gehaltsverbesserung

Bereiche der Personalentwicklung

- Wissen: Kenntnisse und Erfahrungen
- Können: Handlungsfähigkeiten
- Verhalten: Fähigkeiten in Reaktion und Interaktion

Arten der Personalentwicklung

F2019 Teil 4 Aufg.3 | H2019 Teil 4 Aufg.3 | F2023 Teil 3 Aufg.7

Unterscheidung nach Verhältnis zur Berufsausübung:
Vorbereitend auf: Ausbildung; Praktika; Trainee-Programm
Begleitend: Qualifikationsmaßnahmen zur

- Anpassung an (gestiegene oder veränderte) berufliche Anforderungen
- Erhaltung beruflicher Fertigkeiten
- Erweiterung der Fähigkeiten und Kenntnisse
- Befähigung für einen beruflichen Aufstieg

Verändernd: Vorbereitung auf eine andere berufliche Tätigkeit, Umschulung

Ausbildung; Fortbildung; Förderung
Ausbildung: Erste Vermittlung von Kenntnissen und Fähigkeiten entsprechend der jeweiligen Ausbildungsordnung an Auszubildende.
Fortbildung: Vermittlung von Kenntnissen und Fähigkeiten an Mitarbeiter
Training: Einüben von Arbeits-/ Handlungsabläufen durch Wiederholen
Coaching: individuelle Betreuung zur Förderung und Entwicklung der Leistungsfähigkeit und Kompetenzen eines einzelnen Mitarbeiters
Berufsausbildung – duales System
Kombination aus schulischer, überwiegend theoretischer und betrieblicher, überwiegend praktischer Ausbildung

Ziele: Erwerb von Fachkenntnissen; Aneignung praktischer Fertigkeiten; Sammeln von (Berufs-)Erfahrung; Verbesserung der Allgemeinbildung; Entwicklung der persönlichen und sozialen Kompetenzen; Erlangung anerkannter Abschlüsse.

Förderung innerbetrieblich

Job-Rotation - *H2020 Teil 3 Aufg.5* (= Wechsel / Tausch der Arbeitsplätze/ Aufgabenbereiche) - **Vorteile:** Neue Perspektiven; besseres Verständnis für Zusammenhänge; Ersatz im Krankheitsfall; günstig für Nachfolgeplanung/interne Rekrutierung - **Nachteile:** Einarbeitungszeit; Unruhe durch Veränderung; Zustimmungspflichtig; bei dauerhaftem Wechsel bisherige Stelle vakant; geringere Produktivität während der Einarbeitungszeiten; bei häufiger Rotation hoher Einarbeitungsaufwand

Job-Enlargement – *H2023 Teil 4 Aufg.2* (= Erhöhung der Aufgabenmenge auf gleichem Niveau; Erweiterung des Aufgabenbereichs / horizontale Arbeitserweiterung) - **Vorteil**: Reduzierung von Monotonie; Motivation durch Herausforderung; verbesserte Arbeitsergebnisse - **Nachteil**: Wahrnehmung als Mehrarbeit

Job-Enrichment - *H2023 Teil 4 Aufg.2* (= „Anreicherung“ des Aufgabenbereichs; Erhöhung des Anspruchsniveaus / vertikale Aufgabenerweiterung) - **Vorteil**: größere Entfaltungsmöglichkeiten; interessantere Herausforderung; mehr Eigeninitiative möglich; Erfolgserlebnis - **Nachteil**: Überforderung

Qualifizierungsmaßnahmen durch

Intervalltraining: abwechselnde Phasen der anwendungsorientierten Schulung und der Erprobung in der Praxis

Informationsaufenthalt: Einbeziehung und Mitwirkung der Mitarbeiter bei Vorbereitung und Implementierung der Prozesse, bei denen die zu erwerbenden Qualifikationen benötigt werden

Training Maßnahmen: - *H2021 Teil 4 Aufg.2 | H2022 Teil 4 Aufg.2*

On the job: direkt am Arbeitsplatz (Vorteil: praxisnah, gewohnte Umgebung; Nachteil: Störungen möglich, weniger theoretisch)

Off the job: außerhalb des Arbeitsplatzes; Seminare extern (Vorteil: ungestört, spezialisiert, Erfahrungsaustausch der Seminarteilnehmer; Nachteil: praxisfern, kostspielig, zeitaufwendig, Freistellung)
Near the job: arbeitsplatznahe Förderung; im Unternehmen, aber nicht am Arbeitsplatz, Lernwerkstatt
Along the job: berufsbegleitend
Into the job: Einarbeitung

Als Gruppe innerhalb des Betriebes bieten sich bei Überschneidungen auch gemeinsame Trainings verschiedener Bereiche an (als Präsentation, Gruppencoaching, Rollenspiel, Workshop, ...) Wichtig ist eine homogene Gruppe. Positiv kann sich auch eine Mischung von Teilnehmern aus verschiedenen Bereichen/Standorten auswirken.

F2020 Teil 3 Aufg.4 | H2022 Teil 3 Aufg.4
Phasen der Personalentwicklung

- **Planungsphase**:
  Ist-Analyse Personalstand, Abgleich mit Entwicklungszielen; Festlegung der zu entwickelnden Kompetenzen und Qualifikationen; Budgetierung; Auswahl potenzieller Teilnehmer; Auswahl potentieller externer Veranstalter/ Trainer
- **Durchführungsphase**:
  Festlegung der Teilnehmer; Information über Entwicklungsinhalte und Maßnahmen; begleitende Unterstützung und Kontrolle
- **Transferphase**:
  Auswertung in Zusammenarbeit mit Teilnehmern; Organisation von Informationssicherung und Wissenstransfer; Kontrolle des Umsetzungserfolgs

Ein **mehrstufiges Konzept** könnte folgende Schritte umfassen:

1. Bedarfsanalyse

2. Zieldefinition
3. Planung der Personalentwicklungsmaßnahmen
4. Durchführung
5. Kontrolle (Erfolg und Nutzen der Maßnahmen)
6. Sicherung des Wissenstransfers

3.4.5.1 Zusammenhang zwischen Personalbedarfs- und Entwicklungsplanung

Aufgrund der qualitativen Personalbedarfsplanung kann verstärkt unter den eigenen Angestellten nach möglichen Mitarbeitern zur Bedarfsdeckung gesucht werden, bei denen bereits Entwicklungsmöglichkeiten festgestellt wurden oder aufgrund von neuen Potenzialanalyen festgestellt werden.

Die Personalbedarfsplanung über einen längeren Zeitraum gibt die Möglichkeit die Entwicklungsplanung entsprechend zu gestalten.

Dadurch kann ich rechtzeitig meinen qualifizierten Personalbedarf decken und im Gegensatz zu externer Neubesetzung sicher sein, dass die erforderlichen Fertigkeiten wirklich erfüllt sind.

3.4.5.2 Karriere- und Laufbahnplanung …

F2021 Teil 3 Aufg.6 | F2022Teil 3 Aufg.4

Vorausschauende Gestaltung der Entwicklung von Mitarbeitern; oft gleichgesetzt mit der gezielten Qualifizierung für höhere Hierarchie-Stufen („**vertikale** Laufbahnplanung“) in Verbindung mit der Nachfolgeplanung für ältere leitende Mitarbeiter. Bei kleinen und mittleren Unternehmen und insbesondere bei einer „schlanken“ (hierarchie-armen) Aufbauorganisation ist jedoch wegen der begrenzten Aufstiegsmöglichkeiten mehr die „horizontale Laufbahnplanung" von Bedeutung. Sie bedeutet eine gezielte Weiterentwicklung der beruflichen Kenntnisse und Fähigkeiten auf gleicher Hierarchiestufe durch Übernahme von fachlich anspruchsvolleren Aufgaben und/ oder die Verantwortung für Projekte.

Laufbahnplanung: Vorbereitung von Nachwuchskräften auf Führungsaufgaben durch geplante „Karriere", gezielte Förderung und Beförderung.

So können zum Beispiel rechtzeitig neue Führungskräfte aufgebaut werden oder abwanderndes Wissen (Mutterschutz, Renteneintritt) vorab intern weitergegeben werden.

Instrumente der Personalentwicklung

- Definition der Anforderungen der Stellen incl. Kompetenzen; organisatorische Eingliederung
- Festlegung von Zielen und Hauptaufgaben der Unternehmensentwicklung
- Schaffung einer speziell für PE zuständigen Stelle
- Implementierung und Durchführung regelmäßiger und systematischer Mitarbeiter-Beurteilungen

Zu beachten sind zudem bei jedem Mitarbeiter Leistungsfähigkeit, Leistungsbereitschaft:
Leistungsfähigkeit: die Gesamtheit der Kenntnisse und Fertigkeiten eines Menschen, aber auch die individuell unterschiedliche Begabung, diese zu kombinieren und sinnvoll einzusetzen
Leistungsbereitschaft: die sich aus der individuellen Einstellung ergebende Motivation, die Leistungsfähigkeit auch abzurufen
Einflussfaktoren: Selbstbild des Menschen; Wertesystem; Motivationsstruktur

3.5 Personalcontrolling gestalten und umsetzen

3.5.1 *Ziele des Personalcontrollings*

F2020 Teil 3 Aufg.6 | H2020 Teil 3 Aufg.7 | H2023 Teil 3 Aufg.5
Übergeordnetes Ziel ist ein optimales Kosten-Nutzen-Verhältnis zwischen Personalkosten und Arbeitskraft.
Kontrolle durch Soll-Ist-Analysen, Vorschläge zur Reaktion auf Abweichungen.

Planung durch Abschluss der Planungsprozesse, Festlegung von Methodik und Unterlagen.

Koordination durch Abstimmung der Prozesse zwischen verschiedenen betrieblichen Funktionsbereichen.

Information durch Planung und Kontrolle der Informationsströme und – Prozesse.

3.5.1.1 Grundlage für Entscheidungen

Grundlage für Entscheidungen bilden in der Regel verschiedene Kennzahlen.

Zum Beispiel:

Quantitative: mit messbaren Daten verbunden, beispielsweise Durchschnitt Fehltage / Mitarbeiter, Fluktuationsquote = Anzahl der Eigenkündigungen/Anzahl der Mitarbeiter.
Qualitative: Merkmale betreffend und nicht direkt messbar, beispielsweise Mitarbeiterzufriedenheit, Grad der Motivation, Bereitschaft zur Übernahme von Verantwortung.

Beispiele:
Personalkosten
Fluktuationsquote
Mitarbeiterzahlen
Bewerberquote

3.5.1.2 Chancen und Risiken

Chancen: im Unternehmen vorhandenes Potenzial (der Mitarbeiter) erkennen und nutzen; Prozesse analysieren und Erkenntnisse für die Planung nutzen; Bedeutung deshalb auch im Change-Management:
Die bewusst gewollte und gestaltete nachhaltige Veränderung von Strukturen und Prozessen in Organisationen einschließlich der damit verbundenen Verhaltensweisen und Wertvorstellungen

Risiken: teilweise nur grob messbar, so dass auch subjektive Eindrücke und Meinungen die Vorgehensweisen beeinflussen können; starres Festhalten an Vorgaben und keine frühzeitigen Schlüsse und Anpassungen; durch geringe Flexibilität an unterschiedlichen Stellen im Unternehmen können notwendige Veränderungen verpasst und die Unternehmensentwicklung verzögert werden

3.5.2 Aufgaben des Personalcontrollings

F2020 Teil 3 Aufg.6 | H2020 Teil 3 Aufg.7 | H2022 Teil 3 Aufg.5 | F2023 Teil 3 Aufg.8 | H2023 Teil 3 Aufg.5

Zielsetzung basierend auf den Zielen des Unternehmens

Planung durch Abschluss der Planungsprozesse, Festlegung von Methodik und Unterlagen.

Koordination durch Abstimmung der Prozesse zwischen verschiedenen betrieblichen Funktionsbereichen.

Information durch Planung und Kontrolle der Informationsströme und – Prozesse.

Kontrolle durch Soll-Ist-Analysen, Vorschläge zur Reaktion auf Abweichungen.

Zu den **Aufgaben** des Personalcontrollings gehören:

- Zielcontrolling
- Planungscontrolling
- Aktivitätscontrolling
- Erfolgscontrolling

Zu den Adressaten gehören Geschäftsführung, Führungskräfte, Mitarbeiter, Betriebsrat.

3.5.2.1 Zielcontrolling

H2019 Teil 3 Aufg.3 und 6 | H2020 Teil 3 Aufg.7 | F2021 Teil 4 Aufg.5

Wie alle Ziele gilt auch hier Ziele im Vorfeld genau zu definieren, zum Beispiel mit Hilfe der SMART-Formel

Zielformulierung anhand der SMART-Formel

Spezifisch	präzise, klar abgegrenzt
Messbar	genaue quantitative und qualitative Zielkriterien für Kontrolle bei Zielerreichung (Soll-Ist-Vergleich)
Attraktiv	anspruchsvoll, akzeptiert von allen Beteiligten
Realistisch	anspruchsvoll aber erreichbar unter gegebenen Mitteln und Zeitrahmen
Terminiert	Zeitrahmen vorgegeben, Deadline zum festgelegten Zeitpunkt

So bietet sich die Möglichkeit zu zuvor bestimmten Zeitpunkten die Zielerreichung (Ist) mit den gesteckten Zielen (Soll) abzugleichen.

3.5.2.2 Planungscontrolling

H2019 Teil 3 Aufg.6 | H2020 Teil 3 Aufg.7

Die aktuelle Planung auf Ihren Nutzen prüfen, Alternativen entwickeln und gegenüberstellen, Entscheidungen für Erhalt oder Änderung der Planung treffen

3.5.2.3 Aktivitätscontrolling

H2019 Teil 3 Aufg.6 | H2020 Teil 3 Aufg.7

Überwachung des Personalbereichs und Überprüfung der Teilzielerreichung zu zuvor gesetzten Zeitpunkten (häufig Meilensteine, aber auch kleinere Zwischenschritte möglich); so können Verzug erkannt und/oder zeitliche Anpassungen vorgenommen werden

3.5.2.4 Erfolgscontrolling

H2019 Teil 3 Aufg.3 und 6 | H2020 Teil 3 Aufg.7

Beitrag des Personalbereichs zum Unternehmenserfolg werden durch Soll-Ist-Abgleich überprüft; relevant unter anderem Fluktuationsquote, Personalbeschaffung; bietet die Möglichkeit in bestimmten Abschnitten der Planung noch rechtzeitig eingreifen/nachsteuern zu können

Balanced Score Card (BSC) - *F2020 Teil 3 Aufg.6 | H2021 Teil 3 Aufg.2 | F2022Teil 3 Aufg.2 | F2023 Teil 3 Aufg.2 | H2023 Teil 3 Aufg.2*

Zur strategischen Ausrichtung und Messung des Beitrags der Personalabteilung.
Bewertung und Abhängigkeiten aus/zwischen verschiedenen Perspektiven:

- Finanzperspektive (monetärer Wert/wirtschaftliche Situation)
- Kundenperspektive (Kunden der Personalabteilung!)
- Prozessperspektive (Prozessanalyse einzelner Vorgänge)
- Potenzialperspektive (Mitarbeiter/Entwicklung)

3.5.3 Das Personalinformationssystem als Hilfsmittel

F2021 Teil 3 Aufg.7
Ein **Personalinformationssystem**, auch **Human Resources Information System (HRIS)** genannt, greift, je nach Konfiguration, auf bereits vorhandene und im Personalbereich genutzte Software zu und führt so verschiedene Daten zusammen.
In der Regel wird es zur weiteren Pflege dieser Daten genutzt, dazu zählen alle Vorgänge ab Erfassung über Datenpflege (der Stammdaten, Arbeitszeitkonten, ...) bis hin zu Abrechnungen und Auswertungen.
Ein sensibles Thema, insbesondere bei integrierten Schnittstellen, ist auch hier der Datenschutz und die Sicherheit der Daten. Das betrifft vor allem die Verarbeitung und Speicherung, aber auch die Bearbeitungsmöglichkeiten ab Rechten zur Ansicht bestimmter Daten.
Besonders bei Zugriffsmöglichkeiten von außen durch Bewerber oder durch Mitarbeiter für Urlaubs- und Schichtanträge ist verstärkt darauf zu achten.
Ebenfalls für die Personaleinsatzplanung ist es durch die vielfältig zu gestaltenden Zugriffsmöglichkeiten interessant.

Ein **PIS** (Personal Informationssystem) kann bereits für die Einreichung der Bewerbungsunterlagen und das Bewerbermanagement genutzt werden, so wie **CV Parsing**, das die Daten (Lesbarkeit vorausgesetzt) aus den Lebensläufen übernehmen kann. Der Begriff steht für „Curriculum Vitae und Parsing“. Lebensläufe werden durch eine Software auf ihre Inhalte überprüft und Schlagworte aus Lebensläufen und Unterlagen in einer Datenbank generiert. Dadurch werden Bewerbungen übersichtlicher und schneller nach vorgegebenen Kriterien überprüfbar.

3.5.4 Elemente des Personalcontrollings

H2019 Teil 1 Aufg.3 | H2020 Teil 1 Aufg.3 | F2020 Teil 3 Aufg.6 | H2021 Teil 3 Aufg.5 | F2022Teil 3 Aufg.5 | F2019 Teil 4 Aufg.4 | H2021 Teil 4 Aufg.4 | H2023 Teil 3 Aufg.2 und 5

Das Personalcontrolling greift für seine **Auswertungen** häufig auf vorher festgelegte Kennzahlen zurück. Vorteile sind unter anderem die schnelle Lesbarkeit und Vergleichbarkeit mit vergangenen Perioden oder Soll-Zahlen. Häufig genutzte Kennzahlen sind:

Bereich	**Kennzahlen**
Personal-bedarf	Nettopersonalbedarf; Qualifikationsstruktur
Rekrutierung	Bewerber/Ausschreibung; Kosten/Ausschreibung; Kosten Beschaffungsweg; Genehmigung bis Besetzung; Anzahl Einladungen; Resonanzqualität/Ausschreibung; Kündigungen in Probezeit; Ausschreibungskosten/Jahresgehalt;
Mitarbeiter-bindung	Fluktuationsquote; Krankenstandsquote; Beteiligung an Maßnahmen
Personaleinsatz	Überstundenquote; Arbeitsproduktivität; Personalkosten/Umsatz
Personal-entwicklung	Ausbildungsquote; Anteil von Mitarbeitern in Maßnahmen; weitergebildete Mitarbeiter zu Gesamtbelegschaft; Anteil Personalentwicklungskosten in Personalkosten
Berufsaus-bildung	Ausbildungsquote; Übernahmequote; Auszubildende zu Gesamtbelegschaft; Anteil Ausbildungskosten in Personalentwicklungskosten

Zustandsanalysen - *F2019 Teil 3 Aufg.5*
Dienen der Ist-Aufnahme zu einem bestimmten Zeitpunkt; quantitativ durch Bestandsberechnungen; qualitativ zum Beispiel durch Mitarbeiterbefragung (siehe auch unter 1.2.3.1)

Nutzenanalysen
Vor Umsetzung eines Vorhabens (zum Beispiel Mitarbeiterschulung; besondere Art der Bewerbersuche) sollte der Nutzen geprüft werden – ist der Aufwand/sind die Kosten gerechtfertigt für das zu erwartende Ergebnis? In manchen Fällen ist eine Analyse mit Hilfe des return of Investment in einfacher Formel möglich:
ROI = Gewinn/Kapitaleinsatz; Angabe in %: ROI = Gewinn/Kapitaleinsatz * 100

Vorgangsanalysen
Dafür werden Vorhaben in Teilschritte aufgeschlüsselt und die einzelnen Schritte bewertet im Hinblick auf Vollständigkeit innerhalb des Teilschritts und lückenlosem Anschluss an den folgenden Schritt. So sollen Schwachstellen und Lücken im Vorfeld erkannt und geschlossen werden. Zusätzlich wird nach Optimierungsmöglichkeiten gesucht. Ähnlich dem kontinuierlichen Verbesserungsprozess (KVP). Ziel ist in der Regel Ansätze zur Kosteneinsparung und Optimierung des Prozesses zu finden.

Dokumentationsmöglichkeiten IST-Zustand

- Verbaler Bericht
- Ablaufliste
- Ablaufplan
- Ablaufdiagramm
- Prozesslandkarte
- Vorgangsknotennetz (Vorgänger,-Nachfolgerbeziehungen)
- Netzplan
- Andere Prozessmodelle

„Personal- und Organisationsentwicklung steuern“

Im Handlungsbereich „Personal- und Organisationsentwicklung steuern“ soll der Prüfungsteilnehmer nachweisen, dass er den Aufbau von fachlichen, sozialen und methodischen Kompetenzen im Unternehmen unterstützen, an entsprechenden Personalentwicklungsprojekten mitarbeiten, Zusammenarbeit und Führungsqualität fördern und betriebliche Veränderungsprozesse mitgestalten kann.

4.1 Mitarbeiter beurteilen, deren Potenziale erkennen und fördern

Eine Mitarbeiterbeurteilung erfolgt meist in regelmäßigem Turnus (2-jährig) und zu besonderen Anlässen (Ende der Probezeit, Versetzung, ...)

Die Beurteilung wird dem Mitarbeiter in einem persönlichen Gespräch durch den Vorgesetzten eröffnet.

Sie dient als Grundlage für eine Rückmeldung an den Mitarbeiter zur Zufriedenheit seiner Arbeitsleistung und fortlaufend zur Entwicklungsbeurteilung. Darüber hinaus werden durch eine strukturierte Beurteilung Potenziale erkannt und sie ist ein wichtiger Baustein in der Laufbahn- und Entwicklungsplanung.

4.1.1 Mitarbeiterbeurteilung

H2019 Teil 4 Aufg.1 | F2020 Teil 4 Aufg.1 | H2020 Teil 4 Aufg.1 | F2021 Teil 4 Aufg.1 | H2021 Teil 4 AUfg.1 | H2023 Teil 4 Aufg.1

Mitarbeiterbeurteilung: Vorgesetzte beurteilen Mitarbeiter

Gründe für Einführung eines Beurteilungssystems
- Ermittlung von Leistungsniveau der Mitarbeiter
- Voraussetzung für Potentialanalyse
- Basis für gezielte Personalentwicklung
- Schaffung objektiver Voraussetzungen für Leistungszulagen
- Material für Erstellung von (Zwischen-) Zeugnissen
- Voraussetzung für gezielte Versetzungen zur Personalentwicklung

Grundsätze für die Durchführung einer Beurteilung:
- maximale Objektivität
- vorbereiteter strukturierter einheitlicher Ablauf durch Verwendung von Beurteilungsformularen (siehe unten)
- einheitliche klare Kriterien der Beurteilung
- Abgrenzung der zu beurteilende Bereiche
- Geschulte Führungskräfte für die Beurteilung

Relevant für die Beurteilung ist die vergangene Leistung. Diese kann weitergeführt werden in eine Potenzialanalyse.

Eine Möglichkeit der Darstellung über eine gesamte Abteilung oder Belegschaft ist das Personalportfolio nach Odiorne (angelehnt an BCG-Matrix)

Leistung > Schnitt	**Arbeitstiere**	**Stars**
Leistung < Schnitt	Leistungsschwache	Problematische
	Potenzial niedrig	Potenzial hoch

Beurteilungsfehler:

- **Übernahmefehler:** Wiederholung einer früheren Beurteilung unter Verkennung eingetretener Änderungen
- **Halo-Effekt**: Rückschluss von bekannten Eigenschaften / Verhaltensweisen auf unbekannte
- **Hierarchieeffekt**: tendenziell bessere Beurteilung bei höherer Stellung
- **Primacy-Effekt**: stärkere Gewichtung der ersten Eindrücke
- **Recency- (Nikolaus-)Effekt**: stärkere Gewichtung jüngerer Ereignisse
- **Andorra-Phänomen**: Anpassung des Verhaltens an Erwartungen/ Vorurteile der Umwelt, damit Selbsterfüllung der Beurteilung
- **Pygmalion-Phänomen:** Anpassung des Verhaltens an Erwartungen, Vorurteile des Vorgesetzten
- **Kontrastfehler**: unbewusste Verfälschung des Urteils durch Vergleich mit anderem Mitarbeiter oder eigenem Verhalten
- **Projektions- (Ähnlichkeits-)fehler**: Übertragen von Eigenschaften oder Problemen auf den zu Beurteilenden
- **Tendenzfehler**: entweder aus der persönlichen Einstellung des Beurteilenden oder Verwendung eines falschen Maßstabs resultierende Verzerrung in eine Richtung („Tendenz zur Milde" bzw. „Tendenz zur Strenge") oder („Tendenz zur Mitte") aus Unsicherheit Vermeiden eindeutiger Urteile.

Zum Vermeiden von Beobachtungsfehlern ist v.a. die selbstkritische Betrachtung des Beurteilenden erforderlich *(siehe z.B. Johari-Fenster)*

4.1.1.1 Personalgespräche

H2021 Teil 4 Aufg.1 | F2023 Teil 4 Aufg.1

Zeit und Ort

Mitarbeitergespräche finden üblicherweise in der vertraglich vereinbarten Arbeitszeit und am Arbeitsplatz statt.

Ausnahme:

Bei Mitarbeitern im Schichtbetrieb, die nachts arbeiten. In diesem Fall darf das Gespräch auf den Tag zu den gängigen Bürozeiten gelegt werden.

Das Mitarbeitergespräch kann für Home-Office-Mitarbeiter in einem Büro des Unternehmens stattfinden. Die Reisezeit zählt dabei als Arbeitszeit. Ggf. anfallende Reisekosten trägt der Arbeitgeber.

Mitarbeitergespräche zur **Mitarbeiterzufriedenheit**

Gespräche zum Thema Zufriedenheit mit Arbeitsbedingungen, Tätigkeitsbereich und Aufgaben sowie der persönlichen Selbsteinschätzung der Mitarbeiter, um Maßnahmen zur Verbesserung der Arbeitsbedingungen und Erhöhung der Motivation ableiten zu können.

Grundsätze für Mitarbeitergespräche:

- Gute eigene Vorbereitung
- Gesprächsleitfaden zur eigenen Hilfestellung
- Vertraulichkeit („Vier-Augen-Gespräch“)
- störungsfreie Umgebung
- sachliches Verhalten; respektvoller Umgang
- aktives Zuhören
- Gelegenheit zu Stellungnahmen
- zielorientierte Führung
- Anstreben einer einvernehmlichen Beendigung

Im Anschluss:

- Gesprächsprotokoll erstellen
- Information an Personalabteilung

Ablauf eines Mitarbeitergesprächs („KOALA“)

- **K**ontaktphase (Begrüßung, Gesprächseröffnung; evtl. Einstieg mit Gemeinsamkeiten am Rande des eigentlichen Themas)
- **O**rientierungsphase (Benennung des Themas und der generellen Zielsetzung des Gesprächs)
- **A**nalysephase (Sichtung der Informationen; Auswertung zur Erarbeitung eines einvernehmlichen Ergebnisses)
- **L**ösungsphase (Einigung über weiteres auch zeitliches Vorgehen)
- **A**bschlussphase (Zusammenfassung, Ausblick)

Trennungsgespräch

Ein Trennungsgespräch mit einem Mitarbeiter wegen einer Beendigung des Arbeitsverhältnisses durch das Unternehmen stellt naturgemäß besonders hohe Anforderungen an Empathie und soziale Kompetenz der Führungskraft. Aber gerade deshalb gelten für die Gesprächsführung gerade hier die generellen **Grundsätze** für Mitarbeitergespräche:

- Gute eigene Vorbereitung
- Ggf. Betriebsrat einbeziehen
- Gesprächsleitfaden zur eigenen Hilfestellung
- Vertraulichkeit („Vier-Augen-Gespräch“)
- störungsfreie Umgebung
- sachliches Verhalten; respektvoller Umgang
- aktives Zuhören
- Gelegenheit zu Stellungnahmen
- zielorientierte Führung
- Anstreben einer einvernehmlichen Beendigung

Im Anschluss:

- Gesprächsprotokoll erstellen
- Information an Personalabteilung
- Aufhebungsvertrag erstellen lassen

Exit-Gespräch – *F2019 Teil 4 Aufg.1*
Trennungsgespräch mit einem Mitarbeiter, der von sich aus gekündigt hat. Neben dem vorbeugenden Charakter gegen Imagebeschädigung durch negative Urteile früherer Mitarbeiter in sozialen Netzwerken ist Ziel eines solchen Gesprächs, die Chance auf sachliche und nicht von Eigeninteressen beeinflusste Informationen darüber zu nutzen, wo Verbesserungsmöglichkeiten im Personalmanagement bestehen oder eventuell sogar bisher nicht erkannte Probleme angepackt werden müssen.

Weitere mögliche **Gesprächsanlässe**:
Krankenrückkehrergespräch; Gespräch zum Probezeitende; Zielvereinbarungsgespräch; Kritikgespräch

4.1.1.2 Beurteilungssystem
F2021 Teil 4 Aufg.1 | F2023 Teil 4 Aufg.1

Bewertungssysteme / -kriterien

freie Bewertung: unstrukturiert erzählend oder teil-strukturiert durch Vorgabe von Fragestellungen, Verwendung von Beurteilungsformularen

Gebundene Bewertungen:
Rangordnungsverfahren: vergleichende Beurteilung einer begrenzten Zahl von Mitarbeitern nach gleichen Merkmalen zur Erstellung einer Rangliste; Auswertung insgesamt nach Platzierungssummen oder nach einzelnen Merkmalen möglich
Einstufungsverfahren: Beurteilung verschiedener Merkmale oder Eigenschaften auf einer mehrstufigen Skala
Beurteilungsformulare (Beurteilungsbögen)
Geschlossene (gebundene) Form: Fragen und Antwortmöglichkeiten vorgegeben; Vorteil: Vergleichbarkeit; Transparenz; Zeitersparnis.

Freie Form: weitgehende Freiheit in Reihenfolge und Methode der Angaben. Vorteil: Differenzierungen; Flexibilität
Mischform: Kombination der Vorteile; Möglichkeit für Kommentare zu Bewertungen

Beurteilungsrichtung
Vorgesetztenbeurteilung: Mitarbeiter beurteilen Vorgesetzte
Mitarbeiterbeurteilung: Vorgesetzte beurteilen Mitarbeiter
Kollegenbeurteilung: gegenseitige Beurteilung auf gleicher Hierarchie-Ebene
Selbstbeurteilung: Mitarbeiter beurteilen sich selbst
360°-Beurteilung: alle genannten + Beurteilung durch Kunden (soll ein umfassenderes, objektiveres Bild ergeben)

Beurteilungskriterien / -merkmale
In Abhängigkeit von Beurteilungsziel und Funktionsbereich:
- Fachwissen
- Flexibilität
- Belastbarkeit
- Teamfähigkeit
- kommunikative Kompetenzen
- Engagement
- Gewissenhaftigkeit, Genauigkeit
- Selbständigkeit
- Arbeitsqualität
- Lernfähigkeit und Lernbereitschaft

Anforderungen an Führungsnachwuchs
- Effizienz und Belastbarkeit
- Fähigkeit zu analytischem Denken
- Objektivität und Fähigkeit zu Selbstreflexion
- Kostenbewusstsein, unternehmerisches Denken
- Motivation und Fähigkeit zu motivieren
- Teamfähigkeit
- Selbstbewusstsein

Ablauf Beurteilungssystem – *H2022 Teil 4 Aufg.1*

- Beobachten
- Beschreiben
- Bewerten
- Beurteilungsgespräch führen
- Auswerten
- Dokumentieren

Polaritätenprofil = Beurteilung der persönlichen Stärken auf einer Skala, meist von 1 – 5 für die Bereiche:

- **Fachkompetenz** (z.B. Grundlagenwissen; spezielles Fachwissen; Allgemeinbildung; fachliche Ausbildung; Sprachen)
- **Methodenkompetenz** (Beherrschung von Arbeitsmitteln; Planungstechniken; Zielorientierung)
- **Persönliche Kompetenz** (Motivation; Belastbarkeit; Flexibilität)
- **Sozialkompetenz** (Kommunikation; Teamfähigkeit; Konfliktverhalten)

4.1.1.3 Methoden der Leistungsmessung

Es gibt verschiedene Methoden Leistung zu messen. Eine Möglichkeit ist, die für die Arbeit erforderlichen Fähigkeiten/Kompetenzen mit den Fähigkeiten/Kompetenzen des Mitarbeiters zu vergleichen.

In der Produktion können die erwartbaren Zahlen zu Grunde gelegt und mit der Leistung des Mitarbeiters (qualitativ und quantitativ) verglichen werden.

Da sich bei vielen Tätigkeiten auch soft Skills in unterschiedlicher Gewichtung positiv auswirken, sollte auch das mit in die Leistungsmessung einfließen (zum Beispiel Teamfähigkeit, Verlässlichkeit, u.a.)

4.1.2 Auswertung der Potenzialanalyse

Potentialanalyse – *F2019 Teil 4 Aufg.1 | F2021 Teil 4 Aufg.1 | H2021 Teil 4 Aufg.1 und 4 | F2022 Teil 4 Aufg.1 | H2023 Teil 4 Aufg.1*
- Voraussetzung für Ermittlung des Qualifizierungsbedarfs
Systematische Erfassung von Stärken, Schwächen und speziellen Eigenheiten der Mitarbeiter unter dem Aspekt, eine objektive Basis für den Einsatz passender Maßnahmen der Personalentwicklung (zukünftig) zu gewinnen und/oder eine Beurteilungsgrundlage für die interne Beförderung.
Einheitliches Schema mit Aufstellung von verschiedenen Anforderungen bzw. Eigenschaften zur Bewertung auf normierter Skala; zugleich Basis für die Erstellung eines (graphischen) **Profils** und einen Vergleich der Entwicklung im Laufe der Zeit. Mögliche Bewertungsfelder in Abstimmung mit in gleicher Weise standardisierten Anforderungsprofilen der verschiedenen Stellen und Arbeitsbereiche je nach Zielsetzung und Funktionsbereich.

Besonders umfangreiche Ermittlung durch **360-Grad-Feedback:** Einschätzungen nicht nur durch Vorgesetzte, sondern auch durch Kollegen, andere Abteilungen, Kunden und Lieferanten möglich.

Da es um die Einschätzung zukünftiger Entwicklungsmöglichkeiten geht, ist auch das Mittel Job-Rotation denkbar (Einsatz an angedachter Stelle).

Assessment-Center - *F2022 Teil 4 Aufg.1 | F2023 Teil 2 Aufg.6 | H2023 Teil 4 Aufg.1*
Gleichzeitige Beobachtung einer Gruppe von Mitarbeitern bzw. Bewerbern (max. 18) durch mehrere Personen zur Beurteilung des Potentials und der Kompetenzen in praxisbezogenen Situationen. Es kann über einen oder auch mehrere Tage gehen und sowohl berufsbezogene Aufgabenstellungen als auch

verhaltensorientierte Übungen oder psychologische Testverfahren beinhalten.
Vorteile sind unter anderem, die Prüfmöglichkeit der Teamfähigkeit, Belastungsfähigkeit und der Beobachtung und Einschätzung durch mehrere kompetente Beobachter.
Nachteile sind der zeitliche Aufwand und die hohen Kosten. Je nach Aufgabenstellung und Anforderung an die zu besetzende Stelle werden relevante Kompetenzen nicht ausreichend geprüft.
Durchführung Schritte:

1. Klärung der Ziele
2. Analyse der zu beobachtenden Eigenschaften und Fähigkeiten
3. Auswahl der einzusetzenden Mittel und Übungen
4. Auswahl und Schulung der Beobachter
5. Organisation und Durchführung
6. Evaluation und Controlling des AC

Beispiele für **Übungen** im Rahmen eines AC:

- Rollenspiele
- Gruppendiskussionen
- Präsentationsaufgaben
- Übungsaufträge, Teamaufgaben
- Selbst- und Fremd-Beurteilungen

4.1.2.1 Qualifikationsstand

Informationsbeschaffung - *F2020 Teil 4 Aufg.1*
Zur Feststellung des Ist-Zustandes bei den Mitarbeitern können eingesetzt werden:

- Mitarbeitergespräche
- Assessment Center
- Testverfahren
- Befragung des Vorgesetzten
- Beobachtung
- Arbeitsproben

Beobachtung

Es werden auf die zu ermittelnden Fähigkeiten abgestimmte konkrete Aufgaben gestellt, um durch Betrachtung und Analyse der Aufgabenbewältigung Rückschlüsse auf die Eignung ziehen zu können. Geeignete **Aufgaben** können z.B. sein:
Teamaufträge zur Beobachtung von Sozialverhalten und Initiative; Komplexe Arbeitsaufgaben zum Test von Organisationsgeschick und Belastbarkeit; Arbeitsaufträge mit Zeitvorgaben zu fachspezifischen Anforderungen; Rollenspiele zur Ermittlung kommunikativer Kompetenzen.
Mögliche **Beobachtungsfehler** über die auch hier zu beachtenden Beurteilungsfehler hinaus können z.B. dadurch entstehen, dass Einflussfaktoren nicht erkannt werden (Mitarbeiter beteiligt sich an einem praktischen Teamauftrag kaum, weil er wegen einer Sportverletzung durch einen Verband behindert ist; Bearbeitungszeit einer Postkorbübung ist länger, weil gerade beträchtlicher Lärm ist).

Fragebogen

Vorteile: geringere Kosten; Zeit zum Nachdenken für Befragte; keine Beeinflussung durch Interviewer; hohe Anonymität
Nachteile: keine Hilfe bei Missverständnissen; einfache Gestaltung des Fragebogens erforderlich; keine Kontrolle, wer tatsächlich den Fragebogen ausgefüllt hat; Aufwand bei der Daten-Erfassung (entfällt bei Durchführung per Mail)

Interview

Vorteile: Einsatz von Hilfsmitteln, Vorlagen möglich; Möglichkeit zusätzlicher Beobachtungen; größere Differenziertheit der Fragen möglich
Nachteile: teuer; erheblicher Aufwand über Interviewer; großer Zeitraum zwischen Start und Abschluss der Befragung

4.1.2.2 Qualifizierungsgespräche

F2019 Teil 4 Aufg.1 | H2020 Teil 4 Aufg.1 | H2021 Teil 4 AUfg.1 | H2023 Teil 4 Aufg.3

Qualifizierungsgespräche richten sich nach den üblichen Regeln eines Mitarbeitergesprächs. Dazu kommen die positiven und besonderen Beurteilungen. Es sollte im Gespräch geklärt werden, welche Entwicklungsziele sich der Mitarbeiter vorgenommen und/oder vorstellen kann und inwieweit sich diese mit den Vorstellungen des Vorgesetzten decken.

Sollte der Mitarbeiter von sich aus wenig Interesse zeigen, ist es im Sinne des Unternehmens ihm seine Potenziale aufzuzeigen und die positiven Seiten dieser Entwicklungsmöglichkeit. Diese können von Mitarbeiter zu Mitarbeiter sehr individuell sein.

Grundlegende Ziele

- Erhöhung der Leistungsfähigkeit der Mitarbeiter;
- Ausschöpfung des Leistungspotentials;
- Förderung der Leistungsbereitschaft;
- Förderung intrinsischer Motivation;
- Stärkung der Identifikation mit dem Unternehmen;
- geringere Fluktuationsrate.

Unternehmenssicht:

- parallel zur Organisationsentwicklung Schaffen der Fähigk eiten der Mitarbeiter, die daraus resultierenden Anforder ungen zu erfüllen
- Nachwuchsförderung zur Verringerung der Abhängigkeit v om externen Arbeitsmarkt
- Verbesserung des Betriebsergebnisses durch Kostensenku ng und/oder Umsatzsteigerung dank effektiverer Arbeit
- Erfüllen der Anforderungen von Kunden
- Erfüllen geänderter rechtlicher Vorschriften

Mitarbeitersicht:

- persönliche Weiterentwicklung
- verbesserte Aufstiegsmöglichkeiten
- Einkommensverbesserung
- Sicherung des Arbeitsplatzes

4.1.2.3 Stärken/Schwächen

Im Rahmen des Mitarbeitergesprächs werden Stärken und Schwächen und ihr Umgang mit ihnen besprochen. So kann es notwendig sein an bestimmten Schwächen zu arbeiten, zum Beispiel durch entsprechende Schulungen (Gesprächsführung, Ablauf in der Produktion). Es gibt aber auch persönliche Schwächen, die zwar offenbar werden, aber keinerlei Beachtungsbedarf mitbringen.

Im Hinblick auf Potenzialentwicklung sollten die Stärken besonders analysiert werden, um die weiteren Entwicklungsmöglichkeiten rechtzeitig starten zu können, zum Beispiel durch entsprechende Fortbildungen.

4.1.2.4 Qualifizierungspläne

F2019 Teil 4 Aufg.2 | H2021 Teil 4 Aufg.3 | F2022 Teil 4 Aufg.2 und 3 | H2022 Teil 4 Aufg.1 und 2

Sofern sich aus den Qualifizierungsgespräche erforderliche oder gewünschte Qualifikationen ergeben, werden diese konkretisiert und in einen verbindlichen Qualifizierungsplan umgewandelt. Die dort festgehaltenen Maßnahmen sollten vorher genau geprüft werden (zeitliche Kapazitäten des Mitarbeiters, ggf. Vertretung organisieren, finanzielle Möglichkeiten des Unternehmens, freie Kapazitäten der gewünschten Qualifizierungsmaßnahme, ...). Durch die schriftliche Fixierung entsteht eine Verbindlichkeit für beide Seiten, sowie Klarheit über die vereinbarten Ziele.

Konzeptionsentwicklung

- Ist-Analyse vorhandener Qualifikationen und Potentiale
- Prognose der bevorstehenden Anforderungen
- Planung der erforderlichen Entwicklungsmaßnahmen
- Machbarkeitsanalyse / Budgetierung
- Umsetzung in Aufträge bzw. Maßnahmen und Evaluation
- Erneute Kontrolle der erreichten Qualifikationen

Inhalte eines **Qualifizierungsplans**:

- Name, Vorname
- Entwicklungsziel
- Geplante Maßnahmen
- Aufgaben Vorgesetzter
- Aufgaben Mitarbeiter
- Kosten der Maßnahme
- Verantwortliche
- Vereinbarte Termine (Reflexion/Abstimmung)
- Unterschrift der Beteiligten (Mitarbeiter/Vorgesetzter)

4.2 Konzepte für die Kompetenzentwicklung der Mitarbeiter sowie Qualifikationsanalysen und Qualifizierungsprogramme entwerfen und umsetzen

Die Kompetenzentwicklung der Mitarbeiter richtet sich nach den Anforderungen des Unternehmens.

Die Konzepte dazu können grob für einzelne Bereiche/Abteilungen und darauf abgestimmt verfeinert für jeden Mitarbeiter erstellt werden.

Grundsätzlich ist heute davon auszugehen, dass eine Ausbildung in jungen Arbeitsjahren als Grundlage bis zur Rente nicht mehr ausreichend ist. Die Entwicklung führt immer mehr in die Voraussetzung zur Bereitschaft zu lebenslangem Lernen.

4.2.1 Stellenwert der Kompetenzentwicklung

H2020 Teil 4 Aufg.3 - Siehe auch 4.1.1.2

Kompetenzentwicklung ist heute ein wichtiger Faktor für jedes Unternehmen. Durch diese Investitionen in seine Mitarbeiter zeigt das Unternehmen nicht nur seine Wertschätzung und steigert dadurch auch die Bindung an das Unternehmen und die Motivation der Mitarbeiter, sondern stärkt vor allem sich selbst für die zukünftige Wettbewerbsfähigkeit. Die schnellen Weiterentwicklungen in allen Bereichen, auch technologisch, erfordert ein „dranbleiben", um nicht über die Jahre den Anschluss an die Gesellschaft und Konkurrenzprodukte zu verlieren. Zusätzlich stärken Unternehmen, in denen Kompetenzentwicklung gelebt wird, das Lernvermögen und die Lernbereitschaft ihrer Mitarbeiter.

Für die Mitarbeiter bedeuten Fort- und Weiterbildungen darüber hinaus eine Stärkung ihres eignen Wertes auf dem Arbeitsmarkt und Möglichkeiten innerhalb des Unternehmens aufzusteigen. Ein Aufstieg bedeutet wiederum Anerkennung, höheres Ansehen und höheres Einkommen.

4.2.1.1 Kompetenzbegriff und Qualifikationsbegriff

H2021 Teil 3 Aufg.3 | H2019 Teil 4 Aufg.2 | F2020 Teil 4 Aufg.1 | H2020 Teil 4 Aufg.2 | H2021 Teil 4 AUfg.2

Kompetenzen sind in der Regel auf die Arbeitskraft/den Mitarbeiter bezogen und fußen auf Erfahrung, Können und Wissen:

Fachkompetenz: Kenntnisse im Tätigkeitsbereich
Methodenkompetenz: Beherrschen von Entscheidungs- und Führungsmethoden, organisatorischen Techniken
Sozialkompetenz: kommunikative Fähigkeiten, Teamfähigkeit
Zur Sozialkompetenz gehören:
persönliche Kompetenzen: Belastbarkeit, Leistungsfähigkeit, Verlässlichkeit
und interkulturelle Kompetenzen

Qualifikationen sind in der Regel auf die benötigten Kenntnisse, Fertigkeiten und Fähigkeiten zur **Aufgabenerledigung** bezogen.

Allgemeinere Beispiele für Kompetenzen:
Fachkompetenz (z.B. Grundlagenwissen; spezielles Fachwissen; Allgemeinbildung; fachliche Ausbildung; Sprachen)
Methodenkompetenz (Beherrschung von Arbeitsmitteln; Planungstechniken; Zielorientierung)
Persönliche Kompetenz (Motivation; Belastbarkeit; Flexibilität)
Sozialkompetenz (Kommunikation; Teamfähigkeit; Konfliktverhalten)

4.2.1.2 Schlüsselqualifikationen

Schlüsselqualifikationen
Grundlegende Fähigkeiten, die ihrerseits dazu befähigen, Fachkompetenzen und Fachwissen zu erwerben. Nach einer Empfehlung des Europäischen Parlaments zählen dazu:

1. Muttersprachliche Kompetenz
2. Fremdsprachliche Kompetenz
3. Mathematische und naturwissenschaftlich-technische Kompetenz
4. Computerkompetenz
5. Lernkompetenz
6. Soziale Kompetenz
7. Eigeninitiative
8. Kulturbewusstsein und kulturelle Ausdrucksfähigkeit

4.2.1.3 Kompetenz, Qualifikations- und Unternehmensentwicklung

Die Kompetenzentwicklung der Mitarbeiter richtet sich nach den Anforderungen des Unternehmens.

Grundlage der Kompetenz- und Qualifikationsentwicklung ist im ersten Schritt die Unternehmensstrategie – welche Entwicklung plant das Unternehmen für die Zukunft.

Auch die Erhaltung der Wettbewerbsfähigkeit fließt hier ein.

Danach wird die Belegschaft auf die Anforderungen hin geprüft und entsprechender Bedarf an Weiterentwicklungen für verschiedene Abteilungen und Angestellte zusammengestellt.

4.2.2 Lernen

Es gibt unterschiedliche Lerntypen und Lernmotivationen.

Bei Lerntypen unterscheidet man zwischen auditiv, visuell, haptisch und kognitiven Lerntypen. Die meisten Menschen gehören zu einer Mischform aus mehreren Lerntypen.

Lernmotivationen werden in intrinsische (aus eigenem Antrieb heraus) und extrinsische (zur Vermeidung oder Bestätigung) Motivation.

Zum Lernen gehört grundsätzlich auch eine gute Fehlerkultur im Unternehmen. Das bietet die Möglichkeit aus Fehlern zu lernen, zukünftig zu vermeiden und dadurch die Qualität zu erhöhen.

4.2.2.1 Lernfähigkeit und Lernbereitschaft

Lernfähigkeit bezeichnet die Fähigkeit Lerninhalte zu verstehen, zu behalten, sich eigenständig anzueignen und aus Fehlern zu lernen.
Lernbereitschaft bezeichnet die Bereitschaft/den Willen etwas zu lernen und sich weiterzuentwickeln.

4.2.2.2 Formales und informelles Lernen - F2020 Teil 4 Aufg.2

Formales Lernen: Ausbildung, Weiterbildung, Studium; extern organisiert, unter Anleitung; endet mit einer Form eines Zertifikats
Informelles Lernen: ohne Organisation durch Externe; unbewusst und ungeplant im Alltag, bei der Arbeit; automatisch Erlerntes

4.2.2.3 Learning on the job, near the job, off the job

H2022 Teil 4 Aufg.2
On the job: direkt am Arbeitsplatz (Vorteil: praxisnah, gewohnte Umgebung; Nachteil: Störungen möglich, weniger theoretisch)

Off the job: außerhalb des Arbeitsplatzes; Seminare extern (Vorteil: ungestört, spezialisiert, Erfahrungsaustausch der Seminarteilnehmer; Nachteil: praxisfern, kostspielig, zeitaufwendig, Freistellung)
Near the job: arbeitsplatznahe Förderung; im Unternehmen, aber nicht am Arbeitsplatz, Lernwerkstatt

4.2.2.4 Möglichkeiten des E-Learning

H2019 Teil 1 Aufg.5 | H2020 Teil 1 Aufg.5 | F2021 Teil 1 Aufg.5 | F2020 Teil 4 Aufg.2 | H2022 Teil 4 Aufg.2

E-learning
Lernen auf technischer Grundlage von elektronischen Kommunikationssystemen. Im engeren Sinne: unter Nutzung von Servern über Internet (auch: Computer Based Training; online-Lernen). Teilweise Unterteilung in einzelne Module, die aufeinander aufbauen; Test danach oder davor (Wissenstand zur Einstufung) möglich; als Webinare, Aufzeichnungen oder extra produzierte Lerneinheiten; Bildung von Lerngruppen, Chatmöglichkeiten können dazu gehören; weitere Tools denkbar;
Vorteile: ortsunabhängig, Wegfall von Zeit und Kosten für Anfahrt; durch Speicherung von Sitzungen und Lernfortschritten Reproduzierbarkeit, versäumte Sitzungen können als Aufzeichnung nachgeholt werden; vielfältige Interaktionsmöglichkeiten; Individualisierung von Lerntempo und Lerninhalten möglich; kostengünstiger als Präsenz durch mögliche höhere Teilnehmerzahl; gleichbleibende Qualität der vermittelten Inhalte; Lernstandsüberprüfungen möglich; teilweise in identisches Modul in verschiedenen Sprachen wählbar
Nachteile: Ablenkung durch Umgebung; Lernhaltung nicht durch Lehrer kontrollierbar; keine Interaktion mit anderen Lernenden, fehlender Klassen-/ Gruppen-Effekt; ggf. Zeitunterschiede bei großer räumlicher Distanz; Technik muss vorhanden sein und Mitarbeiter über entsprechende Kompetenz verfügen; Methode nicht

für jeden passend; bei Anpassungen oder Erstellen eigener Inhalte ggf. hoher Zeit-/Kostenaufwand; nicht alles lässt sich hierüber gut als Lerninhalt vermitteln

Blended learning:
Mischform aus Präsenzunterricht und e-learning
Learning on demand: - F*2021 Teil 4 Aufg.2*
Neues Wissen wird angeeignet, wenn es benötigt wird (selber Zeitpunkt). Nicht nur durch selbständiges Handeln, sondern mit Unterstützung von Lehrmaterialien, die meist online abrufbar sind.

4.2.2.5 Qualifizierungsprogramme

H2021 Teil 4 Aufg.1 | F2022 Teil 4 Aufg.3 | H2022 Teil 4 Aufg.3
Als **Qualifizierungsprogramm** bezeichnet man eine Bündelung von Maßnahmen zur Qualifizierung. Diese können sich über einen längeren Zeitraum verteilen (z. B. alle 12 Wochen 4 Präsenztage in einem Fortbildungszentrum über einen Gesamtzeitraum von zwei Jahren). Gängige Unterteilung ist: Berufsausbildungsvorbereitung, Berufsausbildung, berufliche Fortbildung, berufliche Umschulung.

Qualifizierungsprogramm für **Führungskräfte** könnte umfassen:

- ➢ Führungstraining (meine neue Rolle, Team führen, steuern, vermitteln, Herausforderungen)
- ➢ Lehrmethoden (Moderation, Gruppenanleitung, Besprechungen; Qualitätsmanagement)
- ➢ Changemanagement

Geeignete **Maßnahmen**:
Coaching; Mentoring-Programm; Gruppenarbeiten; Projektarbeit; Austauschrunden; Job-Rotation

4.2.3 Betriebliche Weiterbildung

Fortbildungsarten (Ziele und Anlässe):

- **Erhaltung** der beruflichen Fähigkeiten
- **Anpassung** an veränderte berufliche Anforderungen
- **Weiterentwicklung** der Kenntnisse und Fähigkeiten

4.2.3.1 Fachlicher und persönlicher Weiterbildungsbedarf

Ergibt sich aus dem Abgleich von Anforderungsprofil mit dem Qualifikationsprofil des Mitarbeiters.

Entsprechend werden Bedarfe herausgearbeitet und passende Weiterbildungsmöglichkeiten gesucht.

Zum Beispiel bei Umstrukturierungen und damit einhergehendem Arbeitsplatzwechsel innerhalb eines Unternehmens oder der Anschaffung neuer Maschinen. Je nach Bedarf reicht die Maßnahme von Einarbeitung durch Kollegen bis zu extern gebuchten Kursen deren Kosten vom Arbeitgeber (inklusive des Arbeitskraft-Ausfalls) übernommen werden.

4.2.3.2 Qualifikationsanalysen

F2019 Teil 4 Aufg.2 | F2022 Teil 4 Aufg.2
Qualifikationsanalyse
Innerhalb des Entwicklungsgespräches wird besprochen welche Kompetenzen der Mitarbeiter mitbringt und welche durch Weiterbildung gefördert werden sollen.

Diese Analyse findet sowohl unter dem Gesichtspunkt des Unternehmensbedarfs, als auch unter Berücksichtigung der persönlichen Gegebenheiten und Vorstellungen des Mitarbeiters statt.

Das kann kurzfristige Maßnahmen zur Leistungssteigerung am Arbeitsplatz, als auch langfristige Maßnahmen im Hinblick auf andere Einsatzmöglichkeiten auf gleicher Ebene oder Übernahme von Verantwortlichkeiten.

Wichtig ist, dass hier sowohl die für die Personalentwicklung verantwortliche Person, als auch der Mitarbeiter Verantwortung übernehmen für eine realistische Analyse, Einschätzung und Planung der Potenzialentwicklungsmaßnahmen.

4.2.3.3 Weiterbildungsmaßnahmen und Abschlüsse

Besonders in größeren Unternehmen sind **interne** Weiterbildungsmaßnahmen durchgeführt von eigenen Mitarbeitern nicht selten. Es gibt einzelne Verantwortliche oder eine Abteilung, die für die Organisation und Ausarbeitung der Inhalte verantwortlich ist.

Häufiger genutzt werden Weiterbildungsmaßnahmen bei **externen** Anbietern, die individuell zugeschnitten oder als fertiges Angebot für einzelne Personen oder ganze Gruppen gebucht werden können.

Bundesländer uneinheitlich gibt es Angebote und Ansprüche zu Weitebildungsgutscheinen oder Bildungsurlaub.

Auch die Agentur für Arbeit, das Jobcenter oder die Rentenversicherung finanzieren unter bestimmten Voraussetzungen Weiterbildungen, Fortbildungen oder Umschulungen.

Qualifikationen sind bestenfalls innerhalb des **DQR (Deutscher Qualifikationsrahmen)** oder **EQR (Europäischer Qualifikationsrahmen**) einzuordnen. Das macht es der Personalabteilung einfacher vorgelegte Qualifikationszeugnisse miteinander zu vergleichen.

Der DQR umfasst 8 Niveaus (Stufen): von der Berufsausbildungsvorbereitung als Niveau 1 über 3- und 3,5-jährige Ausbildungsberufe auf Niveau 4, Fachwirt/Meister als Bachelor-Niveau auf Niveau 6 bis zur Promotion auf Stufe 8.

Transfererfolg - *F2022 Teil 4 Aufg.4*
Erlerntes wird im Alltag umgesetzt; auch das Verhalten betreffend. Zusätzlicher Erfolg: neue Motivation; Stärkung des Selbstbewusstseins; eigenständigeres Arbeiten; Innovatives Denken; besserer Umgang mit Problemstellungen; höheres Tempo bei der Bearbeitung der Arbeiten; höhere Teambereitschaft; auch über Kennzahlen abbildbar

4.2.3.4 Externe Bildungsdienstleistungen

Externe Bildungsmaßnahmen
H2020 Teil 4 Aufg.4 | F2021 Teil 4 Aufg.4 | H2023 Teil 4 Aufg.4
Formen

- Kurse
- Seminare
- Lehrgänge
- Workshops
- Kongresse
- Konferenzen

Externe Maßnahmen: Seminare
zu beachten ist bei der Planung, u.a.:

- Schulungszweck
- Seminarinhalte
- Auswahl der Teilnehmer
- Budget
- Umfang der Maßnahme

Externe Bildungsmaßnahmen: - *F2019 Teil 4 Aufg.4| F2020 Teil 4 Aufg.4 | H2023 Teil 4 Aufg.2*
Auswahlkriterien zum Seminaranbieter:
- Inhalte/Aufbau der Schulung
- Referenzliste
- Zertifizierung
- Qualifikation der Dozenten
- Nachweis der eingesetzten didaktischen Methoden
- Technische Ausstattung
- Professionelles Qualitätsmanagement
- Preis-Leistungs-Verhältnis
- Räumliche Nähe
- Nebenkosten für Anfahrt, Übernachtung, Verpflegung
- Niveau, Tauglichkeit der Unterlagen
- Einstufungstests vor den Maßnahmen
- Unterstützung bei Umsetzung nach der Maßnahme
- Testat, Prüfung, Zeugnis / IHK-Abschluss am Ende der Maßnahme

Externe Anbieter sind zum Beispiel zu finden unter:
- Handelskammern
- Handwerkskammern
- TÜV-Akademien
- Gewerkschaften
- Öffentlich-rechtliche Anbieter
- Private Anbieter
- Volkshochschulen

Erfolgskontrolle (intern und extern):
- Befragung der Teilnehmer
- Auswertung von Beurteilungsbögen der Teilnehmer
- Durchführen eigener Tests
- Beobachtung über einen längeren anschließenden Zeitraum

- Befragung der Vorgesetzten
- Befragung der Kunden
- Praxistransfer

4.2.3.5 Modelle lebensbegleitenden Lernens

Die Bereitschaft sich während seines Arbeitslebens ständig weiterzuentwickeln und Neues zu lernen wird heute vorausgesetzt. Ohne diese Bereitschaft zu lebenslangem Lernen gehen über die Jahre entsprechende Qualifikationen verloren, beziehungsweise werden diese nicht an den aktuellen Bedarf angepasst. Dieser Bedarf an lebensbegleitendem Lernen ist unabhängig vom Verbleib über viele Jahre bei einem Arbeitgeber oder häufigen Arbeitsplatz- und geber-Wechseln.

4.3 Zielgruppenspezifische Förderprogramme erarbeiten und umsetzen

Förderprogramme sind die umfassendsten Qualifizierungsmaßnahmen. Große Firmen haben extra Programme, wie zum Beispiel duale Studiengänge für Quereinsteiger, um benötigten Nachwuchs für die zu besetzenden Stellen zu finden und aufzubauen.

4.3.1 Zielgruppen für Förderprogramme

F2022 Teil 4 Aufg.3
Innerbetrieblich gibt es unterschiedliche Zielgruppen für **Förderprogramme**:

- Führungskräfte
- Trainees
- Berufsausbildung
- Wiedereinsteiger (nach Elternzeit, Pflegezeit, Krankheit)

Wichtig bleibt die Offenheit für neue Zielgruppen. Im Gegensatz zu früheren Jahren ist man sich heute des Wertes von Wiedereinsteigern und Mitarbeitern 50+ bewusst. Im Zuge des Mitarbeitermangels auf vielen Ebenen, werden heute diese Zielgruppen bewusst angesprochen, ihre Werte genauso wie ihre zu schließenden Lücken erkannt. Die Werte (Fähigkeiten, Kenntnisse, Erfahrungen aus anderen Betrieben und/oder privater Erfahrungen) wiegen die Investition für entsprechende Wiedereinstiegsschulungen auf. Darüber hinaus stärkt dieses Engagement des Arbeitgebers und die Schaffung der Möglichkeit des Wiedereinstiegs die Identifikation mit und die Bindung an das Unternehmen.

4.3.2 Individuelle und gruppenbezogene Förderprogramme

F2019 Teil 4 Aufg.6 | H2019 Teil 4 Aufg.3 | H2020 Teil 4 Aufg.3 | F2023 Teil 4 Aufg.3
Individuelle Förderprogramme sind auf einen einzelnen Mitarbeiter zugeschnitten.

Gruppenbezogene Förderprogramme fassen eine Gruppe von Mitarbeitern mit demselben Förderbedarf zusammen. Zum Beispiel bei der Nachwuchsförderung oder einer großen Einstellungswelle desselben Sachgebietes. Diese Bündelung bringt planerische, organisatorische und finanzielle Vorteile mit sich. Die Vergleichbarkeit der Entwicklung der Mitarbeiter untereinander kann einen Kritikpunkt darstellen. Für die Gruppe besteht der Vorteil der stärkeren Bindung und Vernetzung untereinander, was wiederum eine stärkere Bindung an das Unternehmen nach sich ziehen kann.
Als Methode für ein Training sind denkbar: Präsentation, Gruppencoaching, Rollenspiel, Workshop, Exkursion

4.3.2.1 Betriebliche Förderprogramme

H2019 Teil 2 Aufg.5 | F2020 Teil 2 Aufg.6 | F2021 Teil 2 Aufg.5 | H2023 Teil 2 Aufg.6
Förderprogramme können zu unterschiedlichsten Bereichen entwickelt werden.

Ein großes Thema ist das **BGM – Betriebliches Gesundheitsmanagement**. Dazu zählen Angebote wie Gesundheitstage, Kurse zur Resilienz-Stärkung, bewegte Mittagspause oder Anleitungen zur Stärkung der Nacken- und Schultermuskulatur (gegen Verspannungen) am Arbeitsplatz.

Auch Angebote zum Thema Suchtprävention können hierunter fallen (Informationsveranstaltungen, Gruppe gleichgesinnter, ...). Je nach Thema sind auch Kooperationen mit Fitnesscentern, Rückenschule möglich.
Zu beachten sind das Mitbestimmungsrecht des Betriebsrats (siehe auch § 87 BetrVG)

Ein wichtiger Teilbereich des BGM betrifft das **betriebliche (Wieder-)Eingliederungsmanagement)**, z.B. nach längerer Krankheit oder bei häufigen Fehlzeiten (Krankenrückkehrgespräche)

4.3.2.2 Staatliche Programme

H2023 Teil 4 Aufg.3

Unter staatlichen Förderprogrammen sind Maßnahmen zur Aktivierung und beruflichen Eingliederung, verschiedene Förderprogramme wie Meisterbonus oder auch Bildungsurlaub zu verstehen.

Das Aufstiegs-BAföG (Meister-BAföG) gilt für mehr als 700 Fortbildungsabschlüsse (Meister, Fachwirt, Techniker, Betriebswirt) (siehe auch AFBG). Wichtigste Voraussetzung ist eine abgeschlossene Erstausbildung. Es soll Fortbildungen ermöglichen durch finanzielle Unterstützung.

4.4 Qualitätsmanagement in der Personal- und Organisationsentwicklung einsetzen

Qualitätsmerkmale können sein: - *H2019 Teil 4 Aufg.4*

- Personalstrategie
- Qualität
- Bearbeitungs-/Durchlaufzeiten
- Modernität (Technik, Entwicklungsmethoden)
- Führungsstil
- Offene Kommunikation
- Gute Fehlerkultur
- Optimierungsstreben

4.4.1 *Qualitätsstrategien*

H2022 Teil 4 Aufg.4
Abläufe gemäß den Anforderungen des PDCA-Zyklus (siehe unten); Implementierung eines kontinuierlichen Verbesserungsprozesses.

PDCA-Zyklus
Das Ziel hinter dem PDCA-Zyklus ist ein kontinuierlicher Verbesserungsprozess. Durch den zyklischen Verlauf der vier Phasen können fortlaufend neue Potenziale und Möglichkeiten entdeckt, ausprobiert, kontrolliert und umgesetzt werden.
Dieser Zyklus kann damit dazu beitragen, Erstarrung und Festhalten an nicht mehr effektiven Regelungen zu verhindern.
Die Stufen:

- **Plan**: Ist-Aufnahme analysieren, Verbesserungspotenziale erkennen
- **Do:** Durchführung der geplanten Verbesserungen
- **Check**: Erfolgskontrolle und Analyse
- **Act**: Fixierung und Auswertung für einen veränderten Plan; Korrektur; vollständige Umsetzung

KVP (Abk. für **K**ontinuierlicher **V**erbesserungs-**P**rozess)
Weiterentwicklung bzw. Adaption von KaiZen. Ziel ist eine permanente (nicht nur schubweise) Optimierung aller Prozesse durch Verbesserung der Qualität, Effizienzsteigerung des Prozesses selbst und höhere Motivation und Qualifikation der Mitarbeiter.

4.4.2 Qualitätsnormen/Zertifizierung

F2023 Teil 4 Aufg.4

Qualitätsmanagement (QM) Qualitätsmanagementsysteme DIN EN ISO 9000 ff.
Anforderungen niedergelegt in den Normen ISO 9000 ff. Im Mittelpunkt steht **Prozessvalidierung** = Prüfung eines Prozesses auf hinreichende Zuverlässigkeit zur dauerhaften Erfüllung der Anforderungen.
Vorteile: weltweite Gültigkeit und Grundlage für ein einheitliches Qualitätsverständnis im internationalen Warenverkehr.

Die **Dokumentation** muss enthalten:

- Qualitätspolitik und –ziele
- QM-Handbuch
- QM-Verfahren
- Dokumente zur Sicherstellung der Planung, Durchführung und Lenkung der Prozesse, laufende Aufzeichnungen des QM

Das **QM-Handbuch** muss stets aktualisiert werden incl. der Dokumentation von Änderungen mit dem Zeitpunkt.

Zertifizierung nach DIN EN ISO 9001
Eine Zertifizierung stärkt das Vertrauen von Kunden und Lieferanten in das Unternehmen und wird teilweise als Nachweis gefordert. Zusätzlich kann es das entscheidende Kriterium für oder gegen eine Geschäftsbeziehung sein und ist häufig Voraussetzung für eine Angebots-Abgabe bei öffentlichen Ausschreibungen.

Auszug aus Grundsätze nach DIN EN ISO 9001

2. **Führung**: Vorbildhaftes Verhalten und Handeln der Führungskräfte entsprechend den Leitlinien des Unternehmens. Führungskräfte sorgen für die einheitliche Zielsetzung und Ausrichtung der Organisation. Sie sollten das interne Umfeld schaffen und aufrechterhalten, in dem die Mitarbeiter sich voll und ganz für die Erreichung der Ziele der Organisation einsetzen können.

3. Einbeziehung der **Mitarbeiter**: Die Mitarbeiter sind auf allen Ebenen der prägende Faktor der Organisation. Ihre umfassende Einbeziehung ermöglicht es, ihre Fähigkeiten zum Vorteil der Organisation zu nutzen.

6. Ständige **Verbesserung**: Die kontinuierliche Verbesserung aller Leistungen sollte eine ständige Aufgabe der Organisation sein.

7. Sachliche **Entscheidungsfindung**: Wirksame Entscheidungen beruhen auf der Analyse von Daten und Informationen.

Integration des KVP in das QM - Ablauf für Aufnahme ins QM:

- Prozess aufnehmen und dokumentieren
- Festlegung des Prozessverantwortlichen
- Definieren des Prozessablaufs
- Zugehörige Dokumente festlegen
- Verfahrensanweisungen nachvollziehbar dokumentieren
- Veröffentlichen

TQM (Total Quality Management)

Weiterentwicklung des Qualitätsmanagements zu einem kontinuierlichen und alle Unternehmensbereiche und -prozesse umfassenden, auf stete Qualitätssicherung gerichteten System.

Ein europäisches Modell des Konzepts (**EFQM-Modell**) wurde von der **E**uropean **F**oundation for **Q**uality **M**anagement konzipiert, wird weiterentwickelt und u.a. durch eine nach ihr benannte Auszeichnung gefördert.

4.4.3 Kosten-Nutzen-Analyse

F2022 Teil 4 Aufg.4 | F2023 Teil 3 Aufg.2

Eine Kosten-Nutzen-Analyse ist eine wirtschaftliche Betrachtungsweise von Projekten. Eine Entwicklungsmaßnahme wird genauso unter wirtschaftlichen Gesichtspunkten betrachtet. Nur wenn ein wirtschaftlicher Vorteil für das Unternehmen entsteht (das kann auch mittel- oder langfristig sein), werden angedachte Maßnahmen/Investitionen auch umgesetzt.

Eine Kosten-Nutzen-Analyse im Personalbereich ist immer subjektiven Einschätzungen mitbestimmt.

Als Kosten sind hier unter anderem die direkten Fortbildungskosten, aber auch die Mitarbeiterkosten für die Planung und Organisation, sowie der Ausfall der Arbeitskraft während der Schulungstage zu sehen. Auch Raum oder Reisekosten können anfallen.
Dagegen steht der Nutzen von qualifizierteren Mitarbeitern, Wettbewerbsfähigkeit und Imagegewinn die alle mittel- bis langfristig zu bewerten sind.
Zusätzlich nicht zu verachten sind eingesparte Kosten bei der Suche nach entsprechenden Fachkräften. Die Suche nach Fachkräften mit niedrigerem Ausbildungsstand ist in der Regel günstiger da mehr Bewerbungen eingehen, mehr potenzielle Mitarbeiter zur Verfügung stehen und offene Stellen schneller (nach)besetzt werden können.

Im Bereich der Weiterbildung bietet sich nach den Fortbildungen im Zuge der Kosten-Nutzen-Analyse eine **Evaluation** an:

Methode zur Bewertung und Überprüfung von Projekten und Maßnahmen, insbesondere bei Seminaren und Schulungen. Kriterien einer Evaluation von Weiterbildungsmaßnahmen sind generell:

- Zufriedenheit der Mitarbeiter mit der Weiterbildung
- Lerngewinn (Wissenstest am Ende der Weiterbildung)
- Verhaltensveränderungen am Arbeitsplatz, umgesetzter Führungsstil (Transfererfolg)
- Leistungssteigerung (Unternehmenserfolg)
- Feedbackgespräche
- Budget-SIV
- Zufriedenheit der anderen Mitarbeiter (besonders bei Führungskräfte-Entwicklung)

  Wichtig ist, Evaluationen in regelmäßigem Abstand/Zeitintervall zu wiederholen.

4.4.4 Qualitätssichernde Maßnahmen in der Personalentwicklung

H2020 Teil 4 Aufg.4

In der Ausbildung:
passende Ausbildungsstätte zum Ausbildungsberuf, zum Ausbildungsgang passender Auszubildenden, Ausbildungsrahmenplan, ausgebildeter Ausbilder, passende Lehrmethoden

Grundsätzlich:
Zahlenorientiertes Controlling (besonders bei größeren Schulungswellen aber auch um Jahres- oder Abteilungswerte zu vergleichen); setzt voraus, dass im Vorfeld Ziele festgesetzt wurden.

Evaluation der Maßnahme (siehe oben):
Überprüfung der Anwendung im Arbeitsalltag, zeitversetzte Kurz-Evaluation zum Nutzen; Überprüfung der Anwendung der Schulungsinhalte durch Dritte oder Tests

4.5 Führungsmodelle und Führungsinstrumente anwenden, Führungskräfte beraten

F2022 Teil 1 Aufg.2

4.5.1 Führungsmodelle

F2022 Teil 1 Aufg.2 | F2019 Teil 4 Aufg.5 | H2019 Teil 4 Aufg.5 | H2023 Teil 4 Aufg.5

Management-Techniken (auch: Management-Methoden; **Führungstechniken** – nicht verwechseln mit Führungsstil!)
Allen Methoden gemeinsam ist das Ziel, Führungsebenen zu entlasten und auf die wesentlichen Führungsaufgaben zu fokussieren, indem nachgeordneten Instanzen mehr Aufgabe und Verantwortung übertragen werden (‚**Management by delegation** (MbD).
Weitere **Vorteile**: Förderung von Motivation, Identifikation und Engagement der Mitarbeiter
Resultierende **Probleme** und Aufgaben: Gefahr der Überforderung der nachgeordneten Instanzen; Problem der Organisation einer wirksamen Kontrolle

Management by Objectives (MbO)
Führen durch Zielvereinbarungen; Anforderung an Ziele: SMART; wichtigste der Management-Techniken
Motivation der Mitarbeiter durch Identifikation mit dem Ziel durch einvernehmliche (schriftlich fixierte) Festlegung der Ziele; weitgehend eigenverantwortliche Verfolgung dieser Ziele, Kopplung von Prämien an Zielerreichung
Gefahr von Überforderung oder Überschätzung.

Management by Results (MbR**)**
Führen durch Zielvorgaben, die im Unterschied zu MbO als erwartete Resultate vorgegeben werden.

Management by Exception (MbE)
Eingreifen der Führung bei Abweichung von einem vordefinierten Entwicklungspfad. Entlastung der Führung von Routine um den Preis, nur mit meist negativen Abweichungen befasst zu werden; aufwändige Definition und Abgrenzung

Management by Systems
weitgehende Selbstregulierung der einzelnen Systeme im Unternehmen auf Basis EDV-gestützter Verknüpfungen und Rückkopplungen.

4.5.1.1 Ziele und Aufgaben von Führungskräften

| F2020 Teil 4 Aufg.3 | F2021 Teil 4 Aufg.5 | H2021 Teil 4 Aufg.3 | F2022 Teil 4 Aufg.1 und 3 | F2023 Teil 4 Aufg.3

Anforderungen und Aufgaben an Führungskräfte
- Führungsautorität – führen/Entscheidungen treffen
- Konfliktlösungsfähigkeit – schlichten/moderieren
- Delegationsfähigkeit – Aufgaben verteilen
- Kommunikationsfähigkeit – Inhalte vermitteln/ansprechbar sein
- Empathie – Einfühlen in Mitarbeiter/Situationen
- Lernfähigkeit/Innovationsfähigkeit – neue Anforderungen umsetzen
- Anpassungsfähigkeit – Neuorganisation inkl. Vermittlung an die Mitarbeiter
- Selbstmanagementfähigkeit

- In internationalen Unternehmen besonders kulturelle Gegebenheiten berücksichtigen, Umgehen mit sprachlichen Hindernissen, ggf. Zeitverschiebungen

4.5.1.2 Führungsstile

F2022 Teil 1 Aufg.2 | H2020 Teil 4 Aufg.5 | H2023 Teil 4 Aufg.5 | H2022 Teil 4 Aufg.5

Autoritärer (autokratischer) Führungsstil; Kennzeichen: Entscheidungen durch den Vorgesetzten ohne Rücksprache und ohne Begründung

Vorteile: klare Regelung des Informationsflusses; einheitliche Anweisungen; klare Zuständigkeit und Verantwortung

Nachteile: fehlende Teilhabe der Mitarbeiter; Motivation der Mitarbeiter rückläufig; evtl. Überforderung des Vorgesetzten; Gefahr von Fehlentscheidungen

Geeignet in Funktionsbereichen ohne hohe Anforderungen an Flexibilität und Kreativität wie z.B. Durchführung von Buchungen, Eingabe von Daten; bei unmotivierten und/ oder unqualifizierten Mitarbeitern.

Patriarchalischer Führungsstil unterscheidet sich davon durch besondere Fürsorge des Führenden (Unternehmers) für „seine“ Mitarbeiter und entsprechend besonderer Identifikation und Treue der Mitarbeiter.

„**bürokratisch**“ durch eine rein formale Ableitung der Anweisungen aus starren Vorschriften

Charismatischer Führungsstil meint eine auf der persönlichen Ausstrahlung des Führenden beruhende Autorität und ist so gesehen auch kein „Führungsstil“, sondern eine Form der Führungs-Kompetenz.

Patriarchalischer Führungsstil: eher eine spezielle Ausprägung des autoritären Führungsstils, bei der die besondere Rolle eines charismatischen alleinigen Chefs hinzukommt, der als fürsorglich wahrgenommen wird.

Kooperativer Führungsstil
Kennzeichen: Entscheidungen durch den Vorgesetzten nach Rücksprache mit den betroffenen Mitarbeitern, argumentative Information über Entscheidungen, um Einhaltung aus Überzeugung zu erreichen.
Vorteile: Berücksichtigung aller Aspekte und Erfahrungen; Motivation der Mitarbeiter; qualifizierte Umsetzung
Nachteile: Zeitbedarf; evtl. Verunsicherung der Mitarbeiter über Autorität des Vorgesetzten
Geeignet in Funktionsbereichen mit höheren Ansprüchen an Flexibilität und Kreativität; bei motivierbaren und kompetenten Mitarbeitern.
Partizipativer, integrativer, informativer Führungsstil und ähnliche mehr bezeichnen unterschiedliche Schwerpunkte innerhalb des kooperativen Führungsstils; „demokratischer" wird meist gleichbedeutend mit „kooperativ" verwendet.
Laissez-faire: ist genau genommen gar kein „Führungs"-Stil sondern das Ausbleiben von Führung durch den Vorgesetzten. Einziger Vorteil: kreative und engagierte Mitarbeiter können sich entfalten. Geeignet bei spezialisierten und motivierten Teams.

Situativer Führungsstil; Kennzeichen: je nach Situation, zu entscheidender Frage, betroffenem Funktionsbereich und Niveau der beteiligten Mitarbeiter mehr autoritäres oder mehr kooperatives Vorgehen. Je höher das Niveau, desto kooperativer der Führungsstil. Von Bedeutung für die Wahl des Stils können auch sein: Unternehmenskultur, gesellschaftliches Umfeld, Branche

Mehrdimensionaler Führungsstil
Kombination aus zwei oder mehr Verhaltensaspekten; z.B. nach Blake/Mouton Kombination aus Personen- und Sachorientierung,

jeweils auf einer Skala von 1 – 9. Dementsprechend bedeuten die Extreme: 1.9 = reine Orientierung an den persönlichen Interessen der Mitarbeiter; 9.1 = reine Sachorientierung ohne Rücksichtnahme auf persönliche Faktoren; 1.1 Minimum an Aufwand; 9.9 = hohe Sachorientierung verbunden mit Engagement und persönlicher Identifikation.

4.5.1.3 Zusammenhang von Führungsmodell und Organisationsentwicklung

H2020 Teil 4 Aufg.2 | H2022 Teil 4 Aufg.5

Im Sinne der DIN EN ISO 9001:
Vorbildhaftes Verhalten und Handeln der Führungskräfte entsprechend den Leitlinien des Unternehmens. Führungskräfte sorgen für die einheitliche Zielsetzung und Ausrichtung der Organisation. Sie sollten das interne Umfeld schaffen und aufrechterhalten, in dem die Mitarbeiter sich voll und ganz für die Erreichung der Ziele der Organisation einsetzen können.

Führungsleitlinien / Führungsgrundsätze
Werden entwickelt zur Einheitlichkeit der Führung innerhalb eines Unternehmens. Leitlinien werden individuell passend zum Unternehmen entwickelt. Zu beachten sind dabei:

- Klarheit
- Einfachheit
- Unmissverständlich
- Umsetzbar
- Passend zu den Grundsätzen des Unternehmens

Bekanntgabe/Implementierung nach Entwicklung der Führungsleitlinien: durch Informationsveranstaltung für Mitarbeiter; via Intranet; über die Homepage.

Danach geht es an die Umsetzung und ggf. Anpassung an bestehende Abläufe sowie Schulung/Coaching der Führungskräfte. Optimalerweise haben die Führungskräfte an der Entwicklung mitgewirkt. So ist die Akzeptanz und Bereitschaft zur Umsetzung und „Leben der Leitlinien" am ehesten gegeben. Entsprechende Zeit nach Einführung wird via Mitarbeiterbefragung evaluiert und bei Bedarf angepasst.

Organisationsentwicklung - Change-Management (siehe auch 1.3.3.1)
Die bewusst gewollte und gestaltete nachhaltige Veränderung von Strukturen und Prozessen in Organisationen einschließlich der damit verbundenen Verhaltensweisen und Wertvorstellungen. Change-Management:

Organisationsentwicklung: Gründe und Ziele
Veränderungen der Aufbau- und Ablauforganisation werden häufig vorgenommen
entweder pro-aktiv aufgrund bevorstehender Anforderungen oder auch re-aktiv aufgrund auftretender Risiken bzw. Anforderungen:

Führungskräfte haben neben der Organisation die Aufgabe die verschiedenen Mitarbeiter mit unterschiedlichen Ansichten und Belangen zu einem produktiven, positiv gestimmten Team zu formen.

Rollen - „Typen" von Mitarbeitern in Veränderungsprozessen
Mitläufer – leisten weder Widerstand noch einen eigenständigen Beitrag
Emigranten – ziehen den Wechsel der Firma der Anpassung an eine Veränderung vor

Opportunisten – sind zu aktiver Mitwirkung bereit, soweit sie daraus einen unmittelbaren Vorteil oder zumindest das Vermeiden eines drohenden Nachteils für sich erkennen können
Missionare – sind von der Richtigkeit des Prozesses überzeugt (intrinsisch motiviert) und versuchen andere ebenfalls zu überzeugen
Saboteure – streben an, den Wandel zu verhindern durch das Herbeiführen von Problemen
Verweigerer – versuchen in einer Art passivem Widerstand, alte Prozesse beizubehalten

4.5.2 Führungsinstrumente

F2022 Teil 1 Aufg.2 | F2023 Teil 4 Aufg.5
Führungsinstrumente
Führungskräfte arbeiten mit unterschiedlichen Führungsinstrumenten. Der Einsatz ist von der Person und der Situation abhängig.

Eines der wichtigsten Instrumente ist die Kommunikation gegenüber dem Team oder Mitarbeiterbezogen und umgekehrt. Frühzeitiges Ausräumen von Unverständnis oder Unwissenheit wirken sich positiv auf die Arbeitsleistung und das Betriebs-/Teamklima aus.

Weiter Führungsinstrumente: Motivation durch Anerkennung; Personalentwicklungsmöglichkeiten/-maßnahmen; Zielvereinbarungen; Anreizsysteme (auch monetär); guter Informationsfluss; Mitarbeitereinbindung; Teamentwicklungsmaßnahmen

4.5.2.1 Zielvereinbarungsprozesse

F2019 Teil 4 Aufg.5 | F2021 Teil 4 Aufg.1 | F2021 Teil 4 Aufg.5
Führen durch Zielvereinbarungen; Anforderung an Ziele: SMART; Ziele sollten gemeinsam erarbeitet werden, nur so ist die Akzeptanz und das Streben nach Erfüllung des Ziels gegeben; unrealistische Ziele führen zu Frustration und Demotivation statt zur Zielerreichung

H2019 Teil 2 Aufg.2
Bei Einführung eines **Zielvereinbarungssystems** ist der Betriebsrat über relevante Details (wer ist betroffen, wie wird umgesetzt/geprüft (auch digital?), was wird vereinbart, wie lange gilt diese Zielvereinbarung, welche Entgeltregelungen wurden vereinbart) zu unterrichten.

Sollte ein Bonussystem vereinbart und/oder Daten elektronisch gespeichert werden ist der Betriebsrat mitbestimmungspflichtig. Bei Erstellung von Bewertungs-Kriterien hat er Mitbestimmungsrecht. (vergl. BetrVG §§ 87 und 94)

4.5.2.2 Informationsprozesse

Grundsätze der Zusammenarbeit
Rechtzeitige und ausreichende Information der Mitarbeiter; respektvoller Umgang; Möglichkeiten für Mitarbeiter zu Stellungnahme bzw. Mitwirkung; Vorbildfunktion der Vorgesetzten; Verhalten und Entscheidungen nach sachlichen nachvollziehbaren einheitlichen Kriterien, positive Fehlerkultur, Wertschätzung der Mitarbeiter

Informationen können in vielfältiger Weise weitergegeben werden:
Per E-Mail, Intranet, persönlich, auf Teambesprechungen, u.a.

4.5.2.3 Kommunikationsprozesse

(siehe auch 1.2.6.5)

Interne Kommunikation
Interne Kommunikation verfolgt unterschiedliche Ziele. Dazu zählen zum Beispiel:

- Informationsweitergabe innerhalb einer Abteilung oder des gesamten Unternehmens
- Wissenstransfer, damit vorhandenes Wissen weitergegeben und genutzt wird
- Kommunikation unterschiedlicher Hierarchieebenen
- Mitarbeitermotivation durch Einbindung der Mitarbeiter
- Erhöhung der Produktivität

Man kann ähnlich wie im Marketing zwischen **Push-** und **Pull-Kommunikation** differenzieren.
Unter **Push-Kommunikation** versteht man die direkte Weitergabe von Informationen an Mitarbeiter. Die Mitarbeiter werden aktiv ausgewählt und mit der Information versorgt.
Im Gegensatz dazu steht die **Pull-Kommunikation**, bei der sich Mitarbeiter eigenständig informieren müssen. Dafür stehen diese Informationen allen oder zumindest einem definierten Kreis zur Verfügung.
Vorteile der Push-Kommunikation sind unter anderem die Möglichkeit der Steuerung der Informationen, sowie die Verlässlichkeit, dass die gewünschten Mitarbeiter die Information auch erhalten. Zusätzlich können bewusst Mitarbeiter nicht informiert und der Empfänger-Kreis gezielt eingeschränkt werden.
Vorteile der Pull-Kommunikation ist die Einfachheit der Weitergabe durch einmaliges Einstellen der Information an festgelegtem Ort, sowie die Abrufbarkeit durch viele interessierte Mitarbeiter. Diese Methode setzt auf die Eigenverantwortung der Mitarbeiter.
Beispiel zur **Implementierung interner Kommunikation:**
Zur Orientierung hilft PDCA

- Istzustand – Aufnahme und Analyse
- Definition Sollzustand – was soll erreicht werden
- Gap-Analyse
- Strategie-Entwicklung – wie kann die Kommunikation verbessert werden
- Maßnahmen definieren zur Umsetzung der Strategie
- Kontrolle – funktioniert alles wie geplant? Andernfalls wird nachgebessert

Für die **interne Kommunikation** sind unterschiedliche Mittel und **Wege** hilfreich:

- E-Mail – nicht inflationär einzusetzen
- Präsentation – je nach Empfängergruppengröße bis hin zur Betriebsversammlung; nur für größere Neuerungen sinnvoll
- Intranet
- Mitarbeiterzeitung oder Newsletter – bestenfalls digital und jederzeit abrufbar
- Blog /Vlog
- Video-Tutorials – hierzu kann ein extra Chanel angelegt werden, sinnvoll sind regelmäßige Erscheinungstermine
- Podcasts – hierzu kann ein extra Chanel angelegt werden, sinnvoll sind regelmäßige Erscheinungstermine
- Social Intranet – ermöglicht einen engeren und persönlicheren Kontakt und ist dem geläufigen Intranet vorzuziehen

4.5.2.4 Motivation

F2019 Teil 3 Aufg.3 | F2019 Teil 4 Aufg.1 | H2021 Teil 4 Aufg.5

Motivation

Triebkraft für das Handeln von Menschen. Unterschieden wird in „**intrinsische**“ und „**extrinsische**“ Motivation, wobei die intrinsische mit dem Bedürfnis nach „Entwicklung“ in der Bedürfnispyramide gleichgesetzt wird.

Intrinsisch bedeutet um der Tätigkeit selbst willen, aus Freude an der Tätigkeit, Spaß an der Sache; Förderung durch neue Aufgaben, Gestaltungsraum für Kreativität.

Extrinsisch: um daran geknüpfter Effekte willen wie Prämien, Lob, Beförderung, Machtsymbole

Ursachen für **Demotivation** können sein:

- nicht angemessener Führungsstil
- fehlende Rückmeldung durch Vorgesetzte

- Beziehungskonflikte mit Kollegen
- schlechte objektive Arbeitsbedingungen
- Benachteiligung, Ungleichbehandlungen beim Gehalt

Indikatoren für steigende **Demotivation**:

- Zunahme von Fehlzeiten
- sinkende Kommunikationsbereitschaft
- Lustlosigkeit ausdrückende Körpersprache
- Nicht-Teilnahme an betrieblichen Veranstaltungen

Maßnahmen

bei unzureichender Motivation der Mitarbeiter können sein:

- Verbesserung der internen Kommunikation/ Information
- Möglichkeiten für Mitarbeiter zur Stellungnahme
- Mitwirkung der Mitarbeiter durch Vorschlagswesen
- Verbesserung der Arbeitsbedingungen
- Angebote für Fortbildung
- Umsatzbeteiligung/ Prämien bei Zielerreichung
- Durchführung von Gemeinschaftsveranstaltungen, Events
- Aufgaben ganzheitlich und eigenverantwortlich gestalten
- Entwicklungsmöglichkeiten bieten
- Sozialleistungen
- Verbesserung des Betriebsklimas
- Wertschätzungskultur/Anerkennung

Bedürfnispyramide nach Maslow:

- Existenzbedürfnisse (physiologische Bedürfnisse)
- Sicherheitsbedürfnisse
- soziale Bedürfnisse
- Persönliche Bedürfnisse
- Selbstverwirklichung

4.5.2.5 Teamprozesse

Kohäsion
Zusammenhalt der Gruppe auf Basis gemeinsamer Normen und Wertvorstellungen; „Wir-Gefühl“ von Gemeinsamkeit und Zugehörigkeit. **Faktoren** für diesen Zusammenhalt können sein:

- gemeinsame Wertvorstellungen
- Größe der Gruppe,
- Kontakthäufigkeit und –dauer,
- Art und Bedeutung der Aufgabe,
- Vorprägung durch frühere Kontakte,
- Altersunterschieden bzw. Gleichaltrigkeit.

Teamarbeit (Gruppenarbeit) - *F2019 Teil 4 Aufg.6 | H2019 Teil 4 Aufg.3 | F2023 Teil 4 Aufg.6*
Vorteile: Bündelung und Vernetzung von Kenntnissen; gegenseitige Inspiration; Verbesserung des Verständnisses und der Zusammenarbeit über die Phase der Teamarbeit hinaus; Stärkung der sozialen und kommunikativen Kompetenzen der Beteiligten durch Praxis.
Einflussfaktoren: Gruppengröße, Zusammensetzung, eindeutige Aufgabenverteilung, eindeutige Kompetenzverteilung, gute Führung, passender Führungsstil

Konfliktursachen: (siehe auch 1.6.2) - *F2019 Teil 4 Aufg.6 | F2022 Teil 4 Aufg.5*
Konkurrenz, persönliche Differenzen, Überforderung einzelner, Interessenkonflikte, Missverständnisse, unklare Aufgabenverteilung
Zur Vermeidung sollte auf Risiken, Konfliktmöglichkeiten und bestmögliche Kommunikation aller Beteiligten geachtet werden. Feedbacktermine und Projektmeetings ggf. in unterschiedlicher Zusammensetzung sollten dafür eingeplant werden.

Phasen der **Gruppendynamik** / Modell nach B. **Tuckman**

- **Forming**: Orientierung, erste Konfrontation mit Aufgabe und Begegnung mit Team
  Aufgaben der Leitung: Strukturierung, Kontaktmöglichkeiten schaffen, Offenheit, zu Eigenverantwortlichkeit anhalten
- **Storming**: Konflikte, Rangordnungskämpfe;
  Aufgaben der Leitung: alle Mitglieder integrieren, Methodenvielfalt, bei Bedarf Moderation
- **Norming**: Entwicklung gemeinsamer Normen und Werte, Herausbildung eines Wir-Gefühls
  Aufgaben der Leitung: Beobachten und Lösungshilfe bei Konflikten, Eigenverantwortung der Gruppe einfordern
- **Performing**: Integration, Lösungen von Problemen, Fokussierung auf Projektaufgabe
  Aufgaben der Leitung: Unterstützung bei Bedarf, achtet besonders auf Termin- und Zieleinhaltung

Tuckman – Phasen der Gruppendynamik

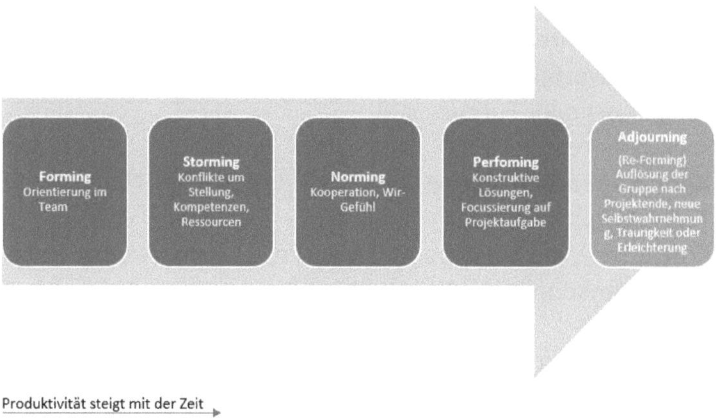

In erweiterter Fassung folgt noch:

- **Adjourning** (auch Re-Forming, Termination), was als Abschluss des Modells zum Kreis gemeint ist
  Aufgaben der Leitung: Debriefing, Lessons Learned, offene Punkte ansprechen/klären, Unterstützung im Übergangsprozess

Moderation
Gestaltung eines kreativen Lösungsprozesses in einer Gruppe durch einen an der Kommunikation Beteiligten, der auf Einhaltung von Kommunikationsregeln und Zielorientierung achtet und zwischen Positionen, Thesen und Vorschlägen vermittelt.

4.5.2.6 Innovationsprozesse

Innovationen können ausgelöst werden durch:

- Entstandene Fehler, durch die zur Fehlerbehebung der eigentliche Prozess/das Produkt weiterentwickelt wurde
- Vorschlagsmanagement
- Beachten des KVP-Gedankens
- Design-Thinking
- Studien mit Beteiligung von Externen oder Mitarbeitenden
- Innovationszirkel zum Generieren neuer Ideen und Problemlösungen

4.5.3 Beraten der Führungskräfte

Aufgabe der Personalabteilung ist es, wie allen Mitarbeitern, Führungskräfte für Fragen in Personalangelegenheiten zur Verfügung zu stehen.

Dazu zählen zum Beispiel Themen wie:

- Arbeitszeitkonten
- Zeiterfassung
- Urlaubsansprüche
- Sonderurlaub
- Abrechnungen
- Sozialversicherungen
- Möglichkeiten der individuellen Personalentwicklung
- Personalbeurteilungen
- Angelegenheiten von Auszubildenden
- Besonderheiten bei Arbeitnehmern unter 18 Jahren

4.5.3.1 Berater-/Coachrolle

F2020 Teil 4 Aufg.3 | H2023 Teil 4 Aufg.3

Der Anspruch an Führungskräfte ist vielfältig. Auch die Rolle als Fachexperte gehört dazu. Bei Unklarheiten zu Vorgängen muss die Führungskraft Klarheit schaffen. Auch unter dem Aspekt der Beurteilungskompetenz sollte von der Führungskraft mehr Fachwissen erwartet werden dürfen.

Beratend ist die Führungskraft zum Beispiel beim Finden der passenden Weiterbildung gefordert. Hier kann Sie aufgrund ihrer Erfahrungen Argumente für oder gegen eine Weiterbildung in die Waagschale werfen.

Als Coachrolle wird häufig auch die Begleitung während der Einarbeitung verstanden, in der es darum geht mit den richtigen Fragen und Hinweisen zum richtigen und eigenständigen Handeln anzuregen.

Auch die Führungskraft selbst benötigt dann und wann einen Fachexperten, der auf ganz spezielle Fragen Antworten geben kann. Denkbar ist auch eine Führungskraft, die neu in ihrem eingesetzten Bereich ist und eigenen Bedarf an Fachschulungen hat.

Einen Coach oder Berater bekommen Führungskräfte besonders am Anfang ihrer neuen Rolle an die Seite gestellt, bei denen sie Rat zu ihrer neuen Rolle und dem Umgang im und mit dem Team erhalten können.

4.5.3.2 Beratungskonzepte

H2023 Teil 4 Aufg.3

Coach können sowohl ein externer Coach, ein auf dieses Thema spezialisierter interner Coach, eine erfahrene Führungskraft auf gleicher Hierarchie-Ebene oder eine übergeordnete Führungskraft sein.

Während ein Coach durch gezielte Fragen zur eigenständigen Lösung führen will, gibt ein **Mentor** vorwiegend Hilfe durch Teilen seiner eigenen Erfahrungen. Ein Mentor steht dem Mentee in allen Angelegenheiten das Unternehmen betreffend zur Seite (Organisatorisches genauso wie Fachthematiken).

Wichtig ist eine gute Atmosphäre zwischen Coach und Coachee/Mentor und Mentee, damit Problemfelder vorbehaltlos und offen besprochen werden können.

Je nach Unternehmen gibt es auch Konzepte der kollegialen Fallberatung. Hierzu steht in regelmäßigem Abstand ein Gruppentermin zur Verfügung, in dem untereinander problematische Vorgänge/Situationen besprochen werden und man sich gegenseitig helfen kann.

4.5.3.3 Beratungsprozesse

F2022 Teil 4 Aufg.5

Auch bei Konflikten anwendbar

Abfolge in Anlehnung an den **Management-Regelkreis**, unterschiedliche Definitionen der einzelnen Schritte. Allen gemeinsam ist die Rückkopplung zum Anfang des Prozesses (daher Regel-KREIS). ausführliche Darstellung:

1. Grobziel – Vision, Leitbild eines erstrebenswerten Zustands
2. Ist-Analyse – Untersuchung der Ausgangslage
3. Zieldefinition – Formulierung des Ziels (SMART-Methode)
4. Strategie – Erarbeitung und Festlegung des generellen Wegs zum Ziel
5. Planung – Umsetzung der Strategie in Teilabschnitte mit jeweils zugehörigen taktischen Maßnahmen
6. Umsetzung – Abarbeitung der erforderlichen operativen Schritte
7. Soll-Ist-Vergleich – Analyse der Übereinstimmung von angestrebtem und erreichtem Zustand
8. Rückkopplung – Schlussfolgerungen aus Soll-Ist-Vergleich; evtl. neue Zielformulierungen

4.6 Betriebliche Arbeitsformen mitgestalten, Grundsätze moderner Arbeits- und Lernorganisation umsetzen

4.6.1 Moderne Arbeitsorganisation

Als **Humanorientierung** wird die Ausrichtung an oder zumindest Berücksichtigung von Mitarbeitern als Individuen mit zu respektierenden und zu berücksichtigenden eigenen („privaten“ / „persönlichen“) Interessen bezeichnet. Konkret können diesem Ansatz **Maßnahmen** auch der Work-Life-Balance Rechnung tragen:

Work-Life-Balance entspricht dem Gleichgewicht zwischen „Arbeitswelt“ und „Privatleben“, um ausreichende auch emotionale Erholung für den Erhalt bzw. die Wiedergewinnung der Leistungsfähigkeit zu erreichen. Für das Personalmanagement folgt daraus die Aufgabe, die Arbeitsbedingungen und insbesondere die Arbeitszeiten so zu organisieren, dass ausreichend lange ungestörte Zeitspannen für Freizeit bleiben und die Flexibilität der Mitarbeiter, ihre Arbeitszeiten den privaten Bedürfnissen anzupassen, beispielsweise durch Zeitkonten zu erhöhen.

4.6.1.1 Gruppen-/Teamarbeit/Inselkonzepte

F2023 Teil 4 Aufg.6

Teamarbeit (Gruppenarbeit)

Vorteile: Bündelung und Vernetzung von Kenntnissen; gegenseitige Inspiration; Verbesserung des Verständnisses und der Zusammenarbeit über die Phase der Teamarbeit hinaus; Stärkung der sozialen und kommunikativen Kompetenzen der Beteiligten durch Praxis.

Teamarbeit als **Projektarbeit:**
Vorteile der Projektarbeit

- Neue Erfahrungen sammeln
- Teamfähigkeit stärken (Zusammensetzung des Teams durch unterschiedliche Personen aus unterschiedlichen Abteilungen)
- Motivation (durch Teamzugehörigkeit, Teamarbeit auf ein Ziel hin, Zieleerreichung)
- Organisation (gute Planung, Struktur und Organisation für die Zielerreichung werden gelernt)
- Steigerung der Leistungsfähigkeit durch neu Erlerntes in der Projektarbeit.
- Konzentration auf das Problem.
- Bündelung von Kompetenzen.
- Vernetzung von Blickwinkeln.
- Kostenersparnis durch Einsatz eigener Mitarbeiter

Nachteile der Projektarbeit:

- Überforderung (inhaltlich / zeitlich) von Mitgliedern
- Belastung anderer Mitarbeiter durch Freistellungen
- zusätzliche Belastung der Linie.
- Probleme der Re-Integration nach Projektende
- Konkurrenzsituation innerhalb des Teams

Inselkonzepte: Begriff aus der Produktion; Mitarbeiter arbeiten an speziellen „Inseln" als Gruppe zusammen an einer Produktionsaufgabe; die Produktion kann in einzelne Arbeitsschritte untereinander aufgeteilt werden; gewisse Eigenständigkeit und Eigenorganisation möglich; Vorgaben betreffen oft die Gruppe statt einzelner Mitarbeiter, so dass durch Eigenorganisation ein besseres Ergebnis erzielt werden kann

4.6.1.2 Konzepte der Telearbeit

H2021 Teil 2 Aufg.5 | H2020 Teil 4 Aufg.6 | F2022 Teil 4 Aufg.6 | H2023 Teil 2 Aufg.5

Telearbeit ist ein Bildschirmarbeitsplatz, der vom Arbeitgeber gestellt und zu Hause beim Mitarbeiter installiert wird. Zeiten und Dauer werden im Vorfeld festgelegt. Diese Möglichkeit gab es schon vor der aktuellen Home-Office-Möglichkeit, z. B. bei Pflege von Angehörigen zu Hause. Telearbeit ist in der Arbeitsstättenverordnung gesetzlich verankert. Darüber hinaus ist ein Anspruch unter bestimmten Umständen in einigen Betrieben vereinbart.

Homeoffice ist die Möglichkeit, ganz oder an unterschiedlichen Tagen von zu Hause zu arbeiten. Die Möglichkeit ist in der Regel vom Entgegenkommen des Arbeitgebers abhängig und nicht gesetzlich geregelt. Viele Unternehmen haben Homeoffice zu Pandemie-Zeiten erstmalig möglich gemacht und sind danach zu einer gewissen Präsenzpflicht zurückgekehrt.

Mobiles Arbeiten gestattet Arbeiten von jedem Ort aus. Daraus entstand im weiteren Verlauf „Workation“ – eine Verbindung von Arbeit und Reisen („Vacation“).

Egal ob Telearbeit, Homeoffice oder mobiles Arbeiten: das **Arbeitsschutzgesetz** gilt immer. Ob der Betriebsrat bei Lösungen zum mobilen Arbeiten zu beteiligen ist, hängt auch von kollektiven (Betriebsvereinbarung) oder Einzelmaßnahmen ab.

Voraussetzung für gelungene Telearbeit oder mobiles Arbeiten sind:

- Passende elektronische Ausstattung
- Geeignete Aufgaben
- Gute Selbstorganisation und Disziplin
- Zuverlässigkeit
- Problemlose Kommunikationsmöglichkeiten jederzeit
- Akzeptanz im gesamten Team

Vorteile für Arbeitgeber: Attraktivität; größerer Mitarbeiter-Einzugsbereich; geringere Raumkosten möglich; Mitarbeitermotivation; Flexibilität; Wettbewerbsvorteil

Risiken für Arbeitgeber: soziale Isolation; geringere Teambindung; Mitarbeiterüberforderung; Datenschutz/Datensicherheit; individuell schlechte technische Voraussetzungen; Überforderung Führungskräfte; Arbeitsschutz schwer einzuhalten/zu kontrollieren

F2023 Teil 1 Aufg.7

Häufig werden Schulungen oder Besprechungen mittlerweile als **Videokonferenz / virtuelle Besprechung** durchgeführt. Dabei als hilfreich erweisen sich:

- Auswahl des geeigneten Tools (für Besprechungen, Gruppenarbeiten, Dokumentaustausch, ...)
- Gute Vorbereitung (vorab das ausgewählte Tool testen/üben)
- In größeren Runden einen Helfer dazu nehmen, der den Chat moderiert/dortige Fragen beantwortet; Teilnehmern bei Technikproblemen hilft
- Zu Beginn der Veranstaltung Regeln festlegen (alle stumm schalten, Handzeichen geben, WB (Wortbeitrag) in den Chat schreiben, ...)
- Für Gruppenarbeiten extra Räume einrichten oder rechtzeitig die Modalitäten bekannt geben und erklären
- Zeiten festlegen (zu Beginn Überblick über Pausen und Gruppen-Arbeitszeiten)

4.6.2 Lernförderliche Arbeitsgestaltung

Hauptfaktor ist das selbstbestimmte Lernen, das gilt sowohl für den Ort als auch für den Zeitpunkt. Die Inhalte sollten realitätsnah und situationsbezogen sein. Das Klima/die Akzeptanz innerhalb der Abteilung und des Unternehmens und von Vorgesetzten müssen für erfolgreiches Lernen den Rückhalt bieten. Voraussetzung zum Lernen ist auch zugestandene Zeit und eine ruhige Lernumgebung. Besonders für eigenständiges Lernen (Bearbeitung von Unterrichtsmaterialien, Online-Kurse) ist Ruhe und das passende Equipment (Headset, Kamera, stabile Internetverbindung) sinnvoll.

4.6.2.1 Arbeits- und Lernbedürfnisse der Beschäftigten

Die Arbeits- und Lernbedürfnisse der Beschäftigten kristallisieren sich in Jahres- und Entwicklungsgesprächen heraus.

Sie entstehen aus der persönlichen Motivation und Interessen und den Unternehmenserfordernissen aufgrund der Unternehmensentwicklungsplanung.

4.6.2.2 Lernchancen am Arbeitsplatz

F2022 Teil 4 Aufg.2
Besonders bei motivierten Mitarbeitern sollte die Chance zur Weiterqualifikation genutzt werden. Eine einfache Möglichkeit dafür ist Job Enrichment oder Job Enlargement.

4.6.2.3 Handlungsspielräume am Arbeitsplatz

On the job: direkt am Arbeitsplatz (Vorteil: praxisnah, gewohnte Umgebung; Nachteil: Störungen möglich, weniger theoretisch)
Job-Rotation (= Wechsel / Tausch der Arbeitsplätze/ Aufgabenbereiche) - **Vorteile:** Neue Perspektiven; besseres Verständnis für Zusammenhänge - **Nachteile:** Einarbeitungszeit; Unruhe durch Veränderung

4.6.3 Moderne Lernorganisation

H2019 Teil 4 Aufg.6 | F2021 Teil 4 Aufg.6 | F2023 Teil 4 Aufg.2

Organisationales Lernen
In einer „**lernenden Organisation**" ist die zentrale Aufgabe, aus Erfahrungen mit unerwünschten oder unzureichenden Ergebnissen Konsequenzen zu ziehen als Voraussetzung für Verbesserung.

Wissensformen
Individuelles Wissen einzelner Mitarbeiter wird durch Verbindung in der gemeinsamen Tätigkeit an Prozessen zu **kollektivem** Wissen einer Gruppe von Menschen, das durch dieses Zusammenwirken als **strukturelles** Wissen von organisatorischen Einheiten/ Ebenen praktisch nutzbar wird.
Explizites Wissen lässt sich ausdrücken, damit auch schriftlich fixieren und in Verbindung mit Schlagwörtern und Suchbegriffen auffindbar speichern, während **implizites** Wissen aus konkreter Erfahrung entstandene situationsbezogene Intuition darstellt, die eher durch Beispiel und Anwendung/ Zeigen weitergegeben werden kann.
Das **Interne Wissen** (innerhalb des Unternehmens verfügbar) kann durch **externes Wissen** bereichert werden in Form von Kooperationspartner oder externen Beratern.
Impliziertes Wissen in explizites Wissen umzuwandeln, erscheint schwierig. Es ist hilfreich, wenn eine zweite Person dabei hilft, zum Beispiel in Form eines Interviews zur Dokumentation von Vorgängen. Auch die Anleitung durch erfahrenen Mitarbeiter, bringt individuelles Wissen zum Vorschein. Weiter Möglichkeiten dabei sind Mentoring-Programme oder Workshops.

Um Wissen gezielt und sinnvoll weiter geben zu können sind verschiedene Kompetenzen und deren Ausbau/Schulung sinnvoll.

Dazu gehören: Fachkompetenz zur Lernstoffvermittlung; Methodenkompetenz zur Moderation, Präsentation, Organisation für die Vorbereitung, Strukturierung und Aufbereitung der Schulung; Sozialkompetenz – hier insbesondere Kommunikationsfähigkeit; Persönliche Kompetenzen

Corporate Knowledge
zusammenfassende Bezeichnung für die Gesamtheit des Wissens, der Kenntnisse und Erfahrungen aus dem Zusammenwirken aller Mitarbeiter innerhalb eines Unternehmens; Teil der **Corporate Identity**.

Bedeutung des Wissensmanagements
H2023 Teil 4 Aufg.6
Systematische Steuerung und Kontrolle des im Betrieb vorhandenen Wissens; das vorhandene Wissen zusammentragen, aufbereiten, speichern und für alle verfügbar machen. Wissen soll im Unternehmen gehalten, ausgebaut und genutzt werden.
Häufig definiert als Einordnung von Informationen oder allgemein Wissen als eigenem Produktionsfaktor. Steigende Abhängigkeit von Wert und Marktstellung der Unternehmen von dieser Informations- und Wissensbasis im Vergleich zu sinkender Bedeutung des Produktionsfaktors Kapital.

Ziele beim Wissensmanagement
H2022 Teil 4 Aufg.6 | H2023 Teil 4 Aufg.6

Transfer von individuellem in kollektives Wissen

- Alle Mitarbeiter mit den für ihre Tätigkeiten und Entscheidungen erforderlichen Fertigkeiten, Kenntnissen und Informationen versorgen
- Das von Mitarbeitern angesammelte Wissen erschließen, nutzen und sichern

- Die Übertragung, Auffindbarkeit, Anwendbarkeit und Aktualisierung des Wissens organisieren
- Steigern der Lern- und Innovationsfähigkeit

Möglicher **Nutzen** von Wissensmanagement:

- Optimierung von Prozessen, insbes. durch Best-Practice-Beispiele
- Entwickeln neuer Lösungen und Produkte durch Verknüpfung sonst isolierter Informationen
- frühzeitige Entdeckung unternehmensrelevanter Änderungen im technischen oder sozialen Umfeld des Unternehmens
- Ausschöpfung von Fähigkeiten und Kreativität der Mitarbeiter
- Verringerung des Verlustes an Erfahrung (implizitem Wissen) durch Ausscheiden von Mitarbeitern
- Höhere Effizienz der Suche nach erforderlichen Informationen
- Überall verfügbares Wissen (Standorte, mobiles Arbeiten)
- Je nach Aufbereitung Nutzbarmachung für Einarbeitung

Informationsvorbehalt

Mögliche Motive für die **Zurückhaltung von Informationen**:

- „Herrschaftswissen", Angst um die eigene Position
- Antipathie gegen den Informationsempfänger
- Unkenntnis des Informationsbedarfs
- Fehlende Motivation mangels eigenen Vorteils
- Vergesslichkeit und/oder Faulheit und/oder Überforderung

4.6.3.1 Lernprozesse

F2020 Teil 4 Aufg.6

In der (1978 begründeten) Theorie zu selbstgesteuertem Lernen, wird dieses Lernen in drei Stufen unterschieden:

1. Ordnung („**Single-Loop-Learning**")

Verhalten wird angepasst, das „Lernen" bleibt damit auf den Einzelnen beschränkt

2. Ordnung („**Double-Loop- Learning**")

die zugrunde gelegten Ziele und Regeln werden überprüft, damit ein Lernen der Organisation
3. Ordnung („**Deutero-Learning**“)
die Lernformen selbst werden in Frage gestellt
Davon zu unterscheiden sind auf **Lernprozesse** gerichtete Modelle, die auch Wechselwirkungen und Rückkopplungen zwischen individuellen Verhalten, Umwelteinflüssen und Organisationsverhalten abbilden.
Lernprozesse haben die Verinnerlichung der neuen Abläufe/Fähigkeiten zum Ziel.

4.6.3.2 Zentrales und dezentrales Lernen (örtlich)

H2021 Teil 4 Aufg.6
Dezentrales Lernen / On the job: direkt am Arbeitsplatz (Vorteil: praxisnah, gewohnte Umgebung; breites Wissen / Nachteil: Störungen möglich, weniger theoretisch)
Zentrales Lernen / Off the job: außerhalb des Arbeitsplatzes; Seminare extern (Vorteil: ungestört, spezialisiert, Erfahrungsaustausch der Seminarteilnehmer / Nachteil: praxisfern (Übungsaufgaben), ggf. verschulte Vermittlung, kostspielig, zeitaufwendig, Freistellung)

4.6.3.3 Überbetriebliches und betriebliches Lernen

Überbetriebliches Lernen: mehrtägiger oder -wöchiger Lehrgang in anderen Stätten z.B. bei Kammern, Innungen, Ausbildungszentren, in denen spezielle Kenntnisse vermittelt werden. Für jede Unternehmensgröße interessant, da ein erfahrener Trainer/Dozent die Ausbildung durchführt, somit ist sichergestellt, dass alle notwendigen Informationen weitergegeben werden und auch der zeitliche Rahmen ausreichend ist. Für die Mitarbeiter ist die externe Umgebung häufig angenehm, weil die Konzentration vollständig bei dem Lernthema bleibt.

Externe Bildungsmaßnahmen

Formen

- Kurse
- Seminare
- Lehrgänge
- Workshops
- Kongresse
- Konferenzen

4.6.3.4 Möglichkeiten des Wissensmanagements

Wissensdatenbank – *H2022 Teil 4 Aufg.6*
Speicherung von spezifischem Wissen über Strukturen, Prozesse und Produkte des Unternehmens. Ziel ist die Verallgemeinerung von individuellem Wissen, die Sicherung des Wissens älterer Mitarbeiter, die schnellere Einarbeitung neuer Mitarbeiter, die Vermeidung der Fehlerwiederholung, Vereinheitlichung von Entscheidungen und Vorgehensweisen, Qualitätssicherung.

Wissensbilanzen
Darstellung der Entwicklung des „intellektuellen Kapitals" eines Unternehmens.
Zweck: Veranschaulichung des Zusammenhangs zu Unternehmenszielen, Geschäftsprozessen und Geschäftserfolg. Grundlage für strategische Planung, Dokumentation des „wahren" Werts des Unternehmens.

Bestandteile:
Humankapital: mit den Mitarbeitern verbundene Kompetenzen, Qualifikationen und Fertigkeiten
Strukturkapital: Rahmenbedingungen im Unternehmen für die Mitarbeiter zur Erfüllung ihrer Aufgaben

Beziehungskapital: für die Geschäftstätigkeit nutzbare Kontakte zu Kunden, Lieferanten, Anteilseignern, Kooperationspartnern und Öffentlichkeit („Stakeholder“).

Allgemeine **Problemfelder** des Wissensmanagements

- Erkennen der Relevanz des Wissens
- (Mit-) Teilen des Wissens
- Methoden der Dokumentation
- Zugriffswege und-Berechtigungen
- Aktualisierung und Pflege

Wissensaufbereitung

Bearbeitung gewonnener Daten mit dem Ziel besserer Übersichtlichkeit durch Herausarbeiten von Zusammenhängen, Zusammenfassen von einzelnen Daten zu Teilmengen und Gruppierung.

Informationsaufbereitung: **Anforderungen**

- Einfachheit
- Übersichtlichkeit
- Prägnanz
- Stimulanz
- Gestaltung
- Einheitliche Aufbereitung der gesammelten Informationen

Kreislaufmodell zum Wissensmanagement

- Identifikation des Wissens und alle Informationen einheitlich darstellen
- Erwerb des Wissens
- Entwicklung des Wissens
- Verteilung des Wissens (für alle zugänglich machen)
- Nutzung des Wissens
- Bewahrung des Wissens

4.6.3.5 Möglichkeiten von Internet/Intranet

Informationsquellen, interne

- Rechnungswesen
- Warenwirtschaftssysteme
- Befragung der Mitarbeiter
- Arbeitsplatzbeschreibungen
- Data Warehouse
- Handbücher; Checklisten
- FAQ-Listen

Informationsquellen, externe

- Forschungsinstitute
- Bibliotheken
- Verbände
- Behörden

Textrecherche
Suche nach Informationen innerhalb einer aus Texten bestehenden Datenbank durch Eingabe von Suchbegriffen.
Thesaurus
definierte begrenzte Menge von Schlagwörtern, die den Dokumenten bei der Speicherung als Meta-Informationen („Tags") mitgegeben werden können, so dass auch eine Suche nur unter Verwendung dieser Schlagwörter möglich und sinnvoll ist.
Index
meist automatisch software-gesteuert aus den gespeicherten Texten generierte Auflistung vorkommender Begriffe. Zur Suche kann jeder beliebige Begriff eingegeben werden und erzeugt eine Rückmeldung der Trefferzahl bzw. eine Anzeige der Fundstellen.
Volltextsuche
Eingabe einer kompletten Phrase oder von Sätzen bzw. Satzteilen zum Abgleich auf Identität mit Textstellen in der Datenbank.

Suchbegriffe
können kombiniert eingegeben werden mit Angabe Ihrer logischen Verknüpfung, z.B. „und/oder“, „und nicht“. (Boole´sche Algebra)

Semantische Suche
Unterstützung der Suche nach Begriffen durch eine Software, die den jeweiligen Kontext von Fragestellung und Fundstellen berücksichtigt, um v.a. bei mehrdeutigen Begriffen die Antworten zu liefern, die dem Sinnzusammenhang entsprechen.
Beispiel: „Auflauf“ kann eine Zusammenrottung von Menschen sein oder auch etwas zu essen...

Register